同じ時代の風をうけながら

――アジアの中で、現在・過去・そして日本の法的責任を考える

江口保先生からいただいたアオギリの種は 1990 年 2 月に発芽し、このように大きく成長しました。真ん中が被爆 2 世、両側はその実生の木。（66 頁）
（2015 年 7 月 24 日、筆者撮影。西南学院中学校中庭で）

同じ時代の風をうけながら

――アジアの中で、現在・過去そして日本の法的責任を考える

同じ時代の風をうけながら

――アジアの中で、現在・過去そして日本の法的責任を考える

目　次

はじめに …… 5

第一章　ピースボート追想 …… 10

一、長崎から中国へ …… 11

二、フィリピンへ …… 21

三、ベトナムへ …… 33

四、シンガポールそして日本へ …… 48

目　次

第二章　核兵器廃絶と被爆者 54
一、江口保先生と被爆アオギリ、そしてA・クメント大使の思い 54
二、在日コリアンと海外の被爆者 67
三、核兵器禁止・廃絶を推し進める被爆者と阻む日本政府 91

第三章　韓国併合と国際法 134
一、伝統的国際法と日本の国際法学 134
二、韓国植民地化と日本軍の役割 152
三、第二次日韓協約の不法・不成立論と合法・不当論 192
四、二人の国際法学者の条約無効論とG・F・マルテンス 210
(1) 中村進午の見解
(2) 高橋作衛の見解
(3) 伝統的国際法時代の真の条約無効原因
(4) ハーバード草案における条約無効原因との類似

第四章　日本による「過去の清算」の法的検討……256
一、戦後補償・戦後責任についての日本とドイツの評価……256
二、日本の最高裁判決は破綻している……278
三、「サ条約の枠組み」を打ち砕いたスイスの請求権処理……341
四、「従軍慰安婦」・「徴用工」問題と人道に対する罪……358
五、「従軍慰安婦」・「徴用工」に対する日本の国家責任は何時成立したか？……390
六、日韓請求権協定で「すべて解決済み」は、成り立つか？……403

あとがき……431

領土問題及び韓国植民地化関連軍事年表……434

はじめに

わらびらの　触れるや　花の歓会門

※わらび＝沖縄の言葉で、14、15歳ころまでの少年少女

一月の下旬、沖縄県本部町の八重岳では日本で一番早い「桜まつり」が開かれます。沖縄の桜は緋寒桜で、一月から三月にかけて桜前線が北部から南部へと南下するのは、「本土」（ヤマト）の桜＝ソメイヨシノとちがうところです。

冒頭の句は、沖縄戦が始まる前、首里城の正門にあたる歓会門《かんかいもん》の前で、後に「ひめゆり部隊」の隊員となる宮城喜久子さんたち第一高等女学校の一年生が、桜の木のところで撮った一枚の写真を見て、詠んだものです。当時歓会門の前には桜並木があり、春はもちろんのこと、このあたりは年中静かで美しく、琉球の文化と自然が息づいていました。

一昨年（二〇一九年）一〇月末の火災で消失する前、沖縄戦後ようやく復元された首里城は、歓会門を含め多くの観光客でにぎわっていました。しかし、そこに桜の木は一本もなかったの

です。首里城公園の方に聞きますと、復元にあたっては植物のこともある程度調べられたということでしたが、桜のことは忘れられてしまったようです。沖縄戦は、人だけでなく、人々が愛した文化や自然を根こそぎ破壊し、さらに戦後の長い年月は、それらの記憶でさえ風化させたようです。

二〇一五年一月に亡くなったドイツのワイツゼッカー元大統領は、終戦四〇年の日に議会で次のように演説しました。「この日はドイツの間違った歴史の終わりの日であり、また記憶の日です。……私たちは、暴力的な政権によって殺されたすべての人、特に強制収容所で殺された六〇〇万人のユダヤ人を記憶します。……先人は重い遺産を残しました。だれもが過去を背負わなければなりません。……過去に目を閉ざす者は、現在も見えなくなります。……和解は記憶なしではあり得ないことを理解すべきです」と。そして「若者は、当時のことに責任はありません。しかし、歴史から生み出されるものに責任はあります」と付け加えました。「歴史から生み出されるものに責任はある」とは、どういう意味でしょうか。私にとって身近な存在であった父を例に考えてみました。

私の父は一九三九（昭和十四）年八月、満二八歳で補充兵として応召、支那派遣軍第三四師団歩兵第二一六連隊第一機関銃中隊上等兵として一九四二（昭和一七）年七月、中国江西省南昌の西北西・貴渓県帯宝山の戦闘で中国側陣地に突入の際、手榴弾により左側胸部と右太ももに破片傷を受けました（父は私に胸の小さな窪みを見せ、麻酔薬もなく気を失いそうになるたび軍医に叱られ破片を取り出してもらったと、話してくれました）。その後脚気になりながらも幾度かの戦闘に参加し、一九四三（昭和一八）年日本に帰還、五月に召集解除となりました。そして、翌一九四四（昭和一九）年に再び臨時召集されましたが、幸い（？）手榴弾の破片がまだ残っていたため即時帰郷を命じられ、そのまま破片とともに九十歳まで生き抜きました。幼いころから私には一度も怒ったことのない父でしたが、他の兄弟や母に対しては違いました。亡くなった伯母によると、父の性格が変わったのは戦争に行ってからだということでした。父が戦友の死や自殺などについて話すことはありましたが、中国人を殺した話はしませんでした。父は戦争には批判的だっただけに、恐らくそのことには触れたくなかったのでしょう。父はよく悪夢にうなされていましたが、戦争で押し殺していた記憶や感情が悪夢という形でもあらわれていたのではないかと私は思っています。

父のように日中戦争の残酷さ、醜悪さ、不条理を本当に知る人は、年齢では九〇歳代後半以上、現在の日本人のごくわずかにすぎません。父や父と同じ時代に生きた日本人が日本の侵略戦争や植民地支配の中で行ったことに対して、私たちに直接の責任がないのは明らかです。なぜなら、まだ生まれてもいなかったのですから。しかし、日本によって生み出された負の遺産（例えば被害を受けた人々の苦難と悲しみ、憎しみと敵意。この点では、「ヤマト」日本による琉球国滅亡後の沖縄も同じです）に対しても、私たちに全く責任がないといえるでしょうか？今生きている私たちは皆、父や父と同じ時代に生きた人々の家族であり、子孫であり、親戚であり、同じ日本国民なのです。そして、過去の日本による戦争や植民地支配を受けた国や地域の人々の苦しみや悲しみ・怒りは、今なお続いています。かつて日本政府や企業を相手取って、何度裁判が起こされたことでしょう。今も訴訟を準備している多くの人々がいるといわれています。このような事実を考えれば、私たち日本人は少なくともこの「負の遺産」を被害者の心に思いを寄せて理解し、補償と和解を日本政府に促していく責任があるのではないでしょうか。ドイツの故ワイツゼッカー元大統領の「歴史から生み出されるものに責任はある」という言葉を、私は今このように受け取っています。

これらの問題に対して、私たちはどのように取り組めばよいのでしょうか。

私はこれまで折りに触れて、その時々に湧いてきた疑問や憤りを新聞に投書してきましたが、もっと根本的にこれらの問題を調べ、考えをまとめたいと思うようになりました。そうすることが自分自身のためにもなり、ひいてはまた問題解決のためのいくばくかの貢献になるのではないかと考えた次第です。幸い私は、三〇年ほど前に初めて企画されたピースボート〔青年たちが中心になって平和のための船旅を企画・運営する日本のＮＧＯ〕の「地球一周の船旅」（私が参加したのは、そのうちの二週間アジア・コースですが）に参加していろいろな人に出会い、戦争と平和、環境、貧困などについて学ぶことができました。そのことが、今回の問題探求の方向づけと基礎を与えてくれています。ピースボートの旅で学んだことや体験と、その後のアジアや世界各地で起こったことなどをつなぎながら、日本の隣国との「和解のための処方箋」を私なりに提示してみたいと思います。ちなみに本書の書名は、この船旅で習った「ピースボートの歌」の一節から採ったものです。作詞・作曲者のお名前を書くべきところ、どうしても思い出せません。失礼をお許し下さい。

※本書では、国の略称を朝鮮王国＝朝鮮、大韓帝国＝韓国、現代では朝鮮民主主義人民共和国＝朝鮮（北）または単に朝鮮、大韓民国＝韓国（南）または単に韓国、と適宜表記することにします。また、中国の内戦で中国国民党が敗北して台湾に移ってから現在までの「中華民国」を中国（台北）または単に台湾、中華人民共和国を中国（人民）または単に中国と、適宜表記します。また、引用文中に挿入された注１、注２などの記号は、すべて引用者（つまり私）によるものです。

第一章　ピースボート追想

私が乗った船の名前は「オセアノス号」、ギリシア船籍の船で五五〇人乗り、一万四〇〇〇トンの旅客船です。一九九〇年一一月二日にギリシアのピレウスを発ち、北アフリカの国々にも立ち寄りながら地中海から大西洋に出てマイアミ（ＵＳＡ）へ。そして、カリブ海の国キューバを経てパナマ運河を通過、太平洋に出た後ニカラグア・メキシコを経てハワイのホノルルに到着。再び太平洋に出た船は日本に向かい、広島を経てようやく一九九〇年一二月二四日、私が乗船する長崎にやってきました。このあと「オセアノス号」は中国・東南アジア・南アジアを経て、スエズ運河から再び地中海に入り、翌年の一月二七日ギリシアに戻りました。私が参加したのは、長崎からシンガポールまでの二週間。短い期間でしたが、今も時折その情景が目に浮かぶ、忘れられない船旅になりました。もっとも、船の中では船酔いでほとんど寝ていましたから、最後の日の歓送会では「もう二度と参加しないと思います」などと、皆をがっかりさせるようなバカなことをいってしまい、そういう意味でも忘れられない「船」旅になってしまいました。
それではしばらく、私の二週間の旅にお付き合い下さい。

一、長崎から中国へ

・一九九〇年一二月二四日

長崎港の岸壁には、すでにオセアノス号が優雅な船体を浮かべていた。倉庫が並ぶ埠頭で乗船手続きをすませ、船に近づいてみた。視界の中に入り切れない大きな白鳥のような船体は本当に頼もしく、初めての海外旅行の不安も忘れてしまった。この旅をただの観光旅行にしてはいけないと心に決め、カメラも本も家に置き、着替えと洗面用具の他は小さな手帳と鉛筆だけを持って来た。こんな機会は二度とないだろう、自分の心と目に焼き付けよう、そんな思いでやって来たのだ。

私の船室は甲板よりずっと下の方にあり、室内には幾つかの二段ベットがあって狭かった。しかし、船旅を楽しみにきたわけではないし、ユースホステルで二段ベットや相部屋にも慣れていたので、全く気にはならなかった。そんなことより、同室になった田中常世さんとすぐに打ち解けることができて、嬉しかった。夕方、汽笛とともにオセアノスは岸壁を離れていく。見送りの人々との色とりどりのテープが海と空に流れていく。

いよいよ船は中国へ向かうのだ。

・一二月二五日

ピースボートの船旅では、船中でいろんな催しが行われる。今日は、「ピースボート・パレスチナとの連帯」と銘打った企画の一つ、「パレスチナ人から見た湾岸危機」という題でPLO日本常駐代表部のアブデル・バカル・モメムさんの講演がある。一九四八年にヨルダン川西岸地区のラマラで生まれ、苦学して三つの博士号を取得された方だ。初めにパレスチナの歴史を話された。

「富士山と美しい湖のある土地をある軍隊が占領、人々を殺し、追い出し、木を全部切り倒し、町をつくり、イスラエルと名付けるという想像をして下さい。国連に行き、それを認めさせるということを想像して下さい。これがパレスチナで実際におこったことです。皆さん、これを認めるでしょうか。パレスチナの人々は、これを認めなかった。

僕たちは組織をつくり戦った。これがPLO（パレスチナ解放機構）です……」モメムさんの話は続く。父、おじ、いとこなどがヨーロッパから逃げて来たユダヤ人に食べ物や住むところを与えたこと、六歳の子どもが石を投げてインティファーダ（イスラエルの占領に抵抗するパレスチナ住民の非武装民衆蜂起）に参加したこと。そして今、中近東には湾岸とパレスチナという二つの台風の目があり、両方の目を平和の方にもっていかなければならないと話され、最後にこういわれた。「何人かの方に〝パレスチナのために何ができるか〟と聞かれました。日本のことわざで答えます。『塵も積もれば山となる』、アラブにも似たことわざがあります。小さな連帯感から大きな連帯が生まれます。パレスチナ人と日本人との連帯感が長く続きますように」

一九世紀末、旧約聖書に基づいて、「神から選ばれた民族」ユダヤ人が「神から与えられた約束の地」パレスチナに国をつくろうと続々とやってきて、何百年と住み続けてきたパレスチナ人を排斥して（注1）ユダヤ人だけの国をつくろうとし、それを当時事実上の支配国だったイギリスが利用、さらに第二次大戦後成立まもない国連が認め、イスラエルという国ができた。この時から、パレスチナ人の本格的な不幸と苦難が始まった。

モメムさんの話を聞いて想像した。もし、私が住んでいる福岡に、ある日突然大挙して見知らぬ人々が押しかけて来て、ここは魏志倭人伝の卑弥呼の時代以前に「神が約束した土地だ」

といって私たちを追い出し、国連が認めて彼らだけの国をつくったとしたら……⁉

私は、モメムさんが言った「塵」のひとつにでもなってきただろうか。講演の後、そんなことを考えていた。

(注1) ユダヤ人だけの国…『パレスチナ』(広河隆一、岩波新書、二〇〇二年)によれば、イスラエルにとってユダヤ人とは、民族でも単に宗教による分類でもなく、国籍を表すものでもありません。イスラエルの身分証明書には「ナショナリティ、国籍、宗教」という欄があって、この三つは違うものなのでスイスラエル人(イスラエルの国籍をもっている人)にとって、ナショナリティのところに「ユダヤ人」と書かれるかどうかは最も重要で、それによってイスラエル国家でさまざまな権利を認められるか、差別されかが決まります。「ユダヤ人」とは、ユダヤ教を信仰する者の中で、「ユダヤ人を母親として生まれた者またはユダヤ教に改宗した者で、他の宗教を信仰していない者」とされています。だから、例えばある男性がユダヤ人であっても、非ユダヤ人の女性と結婚して生まれた子どもはユダヤ人ではないので、イスラエル国内で差別を受けることになります。イスラエル国内に残っていたパレスチナ人(多くはイスラム教徒)は国籍はイスラエル人ですが、もちろんユダヤ人ではないので土地を奪われたり差別を受けてきました。彼らがどんな気持ちになるのか、多くのユダヤ人にはわかりません。なぜならイスラエルはユダヤ人のための国だからです。
なお、イスラエルの領土ではないのに、今も事実上の占領支配を受けているヨルダン川西岸地区および占領下にはないが今も封鎖されているガザ地区の、イスラエル国籍ではないパレスチナ人がどんな苦しみを味わってきたか、推して知るべしでしょう。同書『パレスチナ』は、その問題を詳しく紹介しています。

・一二月二六日

上海に着くと、私たちはバスに乗って市内を巡った。車中で、人民元は円と交換できないこと、商店の営業時間は朝九時から午後八時までだが郵便局は二四時間開いているということ、ビデオ一台は三〇〇元（一元は約二六円）、高校生の三十パーセントぐらいが大学に進学すること、一八四五年にイギリスが初めて上海に租界（中国の主権が及ばない外国人居留地）を設け、その後フランス・アメリカなども租界を設けたことなど、戦前と現在の上海の街について説明があった。やがて、バスが友誼商店に着き、私たちは広いホールで、まず南京記念館の副館長さんから（注2）南京大虐殺について説明を受けた。

※（ ）内は、すべて引用者による注です。

一九三七年一二月一三日朝、日本軍が南京に入城したとき中国人の抵抗はまったくなかったのに、日本軍は市内各地で獣のような様々な暴行をおこないました。街々で略奪を行っただけでなく、子どもや男女を殺害し、路上や水の中に投げ捨てたのです。一カ月のうちに、暴行事件（婦女暴行事件のこと。南京のいたるところに死体がありました。

後出の（注2）『南京事件』笠原十九司著によると、特に総勢七万以上の中支那方面軍の入城式が行われた一二月一七日前後から一〇数日間兵士たちによる強姦、輪姦行為が激増し、城内で一日一〇〇〇件以上も発生しています。同書一九三〜二〇〇頁）は二万件余りあり、また日本軍の放火によって南京の三分の一の建物が灰になりました。一〇万人余りが埋葬されましたが、一九万人ほどは火葬したり水に流したりして、虐殺を隠しました。一九八三年末に、江蘇省に南京記念館をたてるように要望し、実現しました。館内には一三の石碑があり、一七〇〇あまりの人名簿があります。松井石根中支那派遣軍司令官の写真や軍人の日記なども展示されています。しかし日本人民にはこの事件の責任はありません。

副館長さんは、あらましこのように話された。

〈リー・シューインさん（女性・七二歳）の証言〉

私は当時一九歳で、五台山（南京城内の南西、漢中門の近く）の外国人学校の隣に住んでいました。一九三七年一二月一八日、私の住んでいる地下室に日本軍が来ました。最初は何もしなかったけれど、翌日女性を連れ去り暴行しました。一九日の午後です、忘れることはできません。五人の日本兵が来て女性たち五人を連れ去ったのです。当時私は自殺しようと思い、壁に頭をぶつけて死んだようになりました。その後目が覚めるとベッドに寝かされていました。逃げようとしてもつかまるので、私は生きられないと思っていましたが、また来たら抵抗しようとも思っていました。夕方ごろまでに三人の日本兵が来ました。二人の日本兵が二人の女性を外に追い出したので、私はまた壁に衝突して頭に傷を負い、チャイナドレスを着てベッドに横たわっていました。私はもう一人の日本兵の刀の柄をとると、その日本兵は心配になったのか、外の二人を呼びました。二人は私が手に持っている刀をとりあげ、私の足を刺しました。それから、私の顔をその刀でたくさん切りつけました。その時の傷がまだたくさんあります。切られたとき血が水のように流れましたが、その血を日本兵の方に投げました。最後にその刀で、自分の腹を刺しました。私は妊娠7カ月でしたが、死んだようになりました。三人の日本兵は、私が死んだと思って行ってしまいました。父は私が血の中に寝ているのを見て、死んだと思ったそうです。私たちが住んでいたところに穴を掘って、埋葬しようとしました。ところが、私を持ち上げたとき一回咳をしたので、まだ生きているとわかり、病院につれて行きました。鼓楼病院（国際難民区内の金陵大学付属病院）でみてもらうと、三七カ所傷があり、子どもは死んでしまいました。私の家は日本兵が放火して、灰になってしまいました。それで、アメリカの人が私を（注3）国際難民区に送りました。私の主人がそのことを知り、武漢から広州、そして南京に来ました。それからは逃げる力もなく、主人は南京電信局の試験を受けました。私は顔だけでなく、足にもたくさんの傷が残っています。戦争はとても悪いことだと思います。でも、日本の民衆も受難者だと思っています。

〈ファン・カイミンさん（男性）の証言〉

一九三七年一二月一三日に日本軍が入城し、一四日に私が外に出ると、三人の日本兵に会いました。三人は私に「止まれ」といいました。私は夜人力車をやっていて、そのときはいつも帽子をかぶっていますが、それを見て中国兵だといったのです。それで私を一日、小さな部屋に閉じ込めました。一五日、一六日と二日間何も食べさせてくれないし、水もくれませんでした。十六日の午後二時ごろ、民間人と無抵抗の中国兵を空き地に連れていきました。三〇〇人ほどいましたが、みんなをヒモで縛り、五人ずつ立つようにいいました。たぶん、日本軍がどこかで仕事をさせるんだろうと思いました。当時、街の路上は死体ばかりで、見たくありませんでした。日本軍は私たちが逃げられないように、一メートルおきに立っていました。結局私たちは、そこから三〜四キロメートル離れた南京の西の方の港に連れていかれました。そこに着くと機関銃が置かれていました。そして、一声聞こえたその直後、日本軍が射撃しました。私は二、三日何も食べてなかったし、ビックリして死んだようになり、何もわからなくなりました。目が覚めると月が見えました。そのとき私は鬼になったかと思いました。人なら先ほどの射撃で死んだはずでしょう。ヒモで縛られ、私の上に死体があるので、とても起きられません。動こうと思っても仕方がないので、助けてくれといいました。一二月一六日ごろ私は何とかヒモを切りました。そこは長江の近くです。私は二〇〇～三〇〇メートル歩いて長江に行き、血を洗いました。血がついた服は捨て、そばにいた人の服をもらいました。夜十時ごろ、歩けなくなって建物の外で寝、夜明けまで待ちました。六時半ごろ目が覚め、お年寄りからご飯をいただきました。ご飯を食べ終わると、今は行かない方がよい、今行くと日本軍に殺されるといわれました。それで私は草の中に隠れていましたが、夕方五時ごろ、今なら行けるとおじいさんがいいに来てくれました。家では、私が一六歳のとき父も母も亡くなり、おばと一緒に住んでいました。おばは九死に一生を得たといい、二人で泣きました。それから、私は階段の下に隠れていましたが、三八年一月三人の日本兵が来て、上の方のリュウさんの家に行きました。三人の日本兵は、二〇歳ぐらいの奥さんを暴行しました。それから私を見つけ、別のところに連れていって、お前は中国兵だといって撃とうとしたので、私は難民ですといいました。それから証明書を書いて（聞き取れない）、家まで連れて行きました。五〇日間、日本軍は殺害、放火を続けました。戦争はするなというのが私の考えです。みなさんもいやだと思います。戦争は、どちらにもいいことはありません。世々代々中日友好のために努力しましょう。

(注2) 南京大虐殺…日中戦争初期に日本軍（陸軍と海軍）が、中華民国の首都南京特別市（城壁で囲まれた南京城区と、その近郊の6県）を攻略占領し、中国軍民に対し大規模な虐殺、放火、略奪、強姦など国際法に反する不法で残虐な行為を行った事件のこと。この事件をめぐって多くの論争が行われましたが、丹念な史料批判を通じて学問的にはすでに決着済みです。笠原十九司都留文化大学名誉教授は、殺害された中国軍民の数を二〇万人近いかあるいはそれ以上と推測し、今後日本軍側の資料の発掘・公開が進み、中国側の近郊農村部の犠牲者数の調査が進展すれば、より実数に迫る数字を推定できると考えています。（笠原十九司『南京事件』岩波新書、一九九七年、二二二頁）

(注3) 国際難民区…日本軍が南京にせまってきたとき、南京安全区国際委員会（委員長は、ジーメンス社南京支社支配人・ナチス支部長代理でドイツ人のジョン・ラーベ。南京在住の十五人の外国人により結成されました）が市民の安全を守るために設定した区域のことで、国際安全区ともいいます。この難民区にも度々日本軍が侵入し、昼夜を問わず一一～七六歳の女性を凌辱したり、「敗残兵」と見なした無抵抗の数千にのぼる軍民を連れ出し、処刑しています。

お二人の証言を聞いた後、友誼商店内で絵葉書などを買い、上海の街を少し散策することにした。上海の街の大通りは広く、建物も近代的だ。立ち止まって風景を眺めていると、中国人の男性が話しかけてきた。円やドルと人民元を交換しないかといっているようだ。もちろん答えは「ノー！」。男性はあっさり離れていった。

初めて中国に、というか海外に来たのだから、もっと庶民の暮らしを感じたいと思い、路地裏に入ってみた。古いビルと多くの個人商店が立ち並んでいる。売る人と買う人の熱気がある。見上げるビルの窓は観音開きで、窓の下方にはずらりと干された布団や洗濯物が並んでいる。さながら庶民の万国旗だ。国はちがっても、みんなたくましく一所懸命生きている。そんなことを思いながら、何だか元気が湧いてきた。

二、フィリピンへ

・一二月二七日

オセアノス号は上海を発った。長江の河口はとても広く、海との境がわからない。船が大陸から離れ南下するにつれて、まわりが徐々に青くなっていく。遠くの陸地を眺めると、茶色く濁った巨大な泥流が陸地にまつわりつきながら流れているように見える。長江が運んできた膨大な土砂の流れだ。昔から「江」といえばそれだけで長江を表した。まさに、中国一の大河だ。

船上では、軍事研究者の前田哲男氏の講演が始まった。これから向かうフィリピンについての学習だ。前田氏は、「アメリカの世界戦略におけるフィリピンの位置」というテーマで、一九世紀末の米西戦争にさかのぼる米比関係、太平洋戦争で戦った日米間の歴史、戦後フィリピンが独立してからの米比の軍事同盟と米軍基地の役割など、フィリピン訪問にあたって知っておくべき歴史的、軍事的な米比関係についての講演だった。

やがて私たちの船は、台湾海峡を抜けて南シナ海に入った。青く広大な海が、目の前に広がっている。熱帯の海だ。甲板からの眺めを楽しんだ後、私は船室に降りていった。しばらく休んでいると、艦内放送が流れた。「本日は、穏やかです。波高七メートル」ん？　波高七メートル……七メートル!!　船室の丸い小窓から外を見ると、テレビ画面のように下から水平線が迫り上がり、小窓のほとんどが海に覆われていく。と、思ったとたん今度は水平線が下がっていき、空ばかりになる。オセアノスには横揺れ防止装置がついているはずなのに、まるで海の底へ潜っていくようで、しばらくすると次は空へ昇っていく……私はひどく気分が悪くなり、トイレで全部吐いてしまった。胃の中が空っぽになっても胃液を吐き続け、目がまわる。完全な船酔いだ。それからの船旅は、大変だった。できるだけ横になっておく。香辛料の匂いが強い船の料理は食べる気がしない。ピースボートの売店で売っていたおにぎりとチキンラーメンでなんとか食いつないだ。一二月二九日になるとだいぶ気分が良くなったので、写真家の石川文洋氏と橋本某氏（名前の記録を忘れてしまった）の対談を聞きにいった。ベトナム戦争と日本のジャーナリズム（新聞、雑誌、テレビなどによる報道・解説・批評などの活動。また、それを行う会社や組織）、そしてフィリピンのスラム（貧しい人々が密集して住んでいる地域）のことが、話題の中心だった。とりわけ、アメリカが行ったベトナム戦争の話は悲惨だった。

※（　）内は引用者による注です。

前線に行くと地獄ですね。村に入る前、ジェット機が爆弾、ナパーム（強力な油脂焼夷弾。熱を発し広範囲を焼き尽くす。生き残ってもケロイドになり、痛み苦しみ続ける）を落とし、そしてガンシップ（武装ヘリ。毎分六千発の弾丸を撃つ）が来て撃つ、中に民衆がいるのに。村はめちゃくちゃになる。……テト（旧正月）で農民が大きな船に農産物を運んでいるところを、ガンシップで殺した。そこに行ったら、血の臭いでいっぱいになっていた。……不発弾。ベトナムではいっぱいある。この前いったときも、畑作業していて血だらけでベトナム人が運ばれていく。（注4）ボール爆弾が爆発した。水牛がボール爆弾をけってしまい、乗っていた子どもがやられたということもある。……マングローブ林（熱帯や亜熱帯の河口や遠浅で干満をくりかえす泥地に発達する常緑の樹林）に枯葉剤をまいた。戦争よりひどい環境破壊はない。

（注4）ボール爆弾…広範囲にいる多数の人間を一挙に殺傷し、あるいは長期にわたって苦しめることを目的とする爆弾の一つ。現代のクラスター爆弾の原型になりました。『北ベトナム』（本多勝一、朝日新聞社、一九七三年八月二〇日）によると、爆撃機からまず親爆弾を落とします。親爆弾は空中で破裂し、中から六百個ほどの子爆弾（これがボール爆弾で、一つの大きさはテニスボールより少し小さい）がいろんな方向にばらまかれます。ボール爆弾は空気抵抗で回転しながら落下し、一定の回転数に達すると安全装置がはずれ、地面や木の枝などに当たり次第爆発します。そのとき、中に埋め込まれていた三〇〇個ほどの小さな鋼球（パチンコ玉より小さい）があらゆる方向の人間に向かって飛び出していきます。アメリカはこれをさらに改良し、新型ボール爆弾をつくりました。ボール爆弾の中に鋼球を埋め込むのではなく、中心の火薬のまわりを薄い鋼鉄の表皮で覆い、次にその外側をまず格子状の溝をつけた鋳鉄で、さらにその外側を同じく格子状の溝をつけたプラスチックで覆いました。こうして一層「効果的」で大量生産に適したものにしたのです。

この新型ボール爆弾が炸裂すると、無数の鋭い断片が秒速一二〇〇メートル（ピストルの弾丸の二倍ぐらいの速さ）で飛び散り、人間を殺傷します。またプラスチックの小さな破片は不規則な形で軽いため、貫通しないで筋肉や臓器を引き裂きながら曲がりくねって体内に入り、しかもレントゲンに写りにくいので手術による摘出がむずかしく、いつまでも生き残った被害者を苦しめました。（同書、三十一〜三十四頁参照）

・一二月三〇日

ようやく、フィリピンの首都マニラだ。船を降りるのは嬉しい。でも、何だか宙に浮いているような感じで、足が定まらない。少し歩くとやっと感覚がもどってきた。

ピース・ボートでは、寄港地ごとに幾つかのオプショナル・コースが組まれていて、私はスモーキーマウンテン訪問コースを選んでいた。私たちを乗せた中古のバスは、窓が開いたまま雑踏のマニラ市街を抜けていく。外を眺めていると、ホームレスの人が作ったのだろうか、ときどき道路脇に、ダンボールでできた小さな「小屋」（といってもせいぜい一人が入れるぐらいの大きさだ）が見えてくる。やがて、周囲に特別目立ったものはないのに、突然猛烈な異臭が鼻をついた。一瞬バスの中でざわめきがおこった。この臭いは一体何だろうか。だれもが訝しく思ったようだ。実はこれこそ、私たちの目的地・スモーキーマウンテンと呼ばれるフィリピン最大のスラムがある巨大なゴミの山の臭いだった。

ここスモーキーマウンテンで、私たちが最初に行ったことは、日本から持って来た学用品を子どもたちに贈る式典だった。ノオト、鉛筆、消しゴムなど勉強が好きな子どもたちにとっては、とても大切なものなのだ。

私は父が幼いころの話を思い出した。父は明治末の生まれで貧しかったため、弟や妹の子守や家計を助けるための納豆売りなどで、尋常小学校は半分ぐらいしかいけなかった。鉛筆やノオトも満足に買えなかったから、よく空や地面に字を書いて覚えたと話していた。幸い勉強好きだった父のために、先生の取り計らいで小学校を卒業でき、働きながら大阪の浪商夜間部を卒業したという。時代と国はちがっても、スモーキーマウンテンの子どもたちも父と同じように勉強が好きなのだ。私はこの旅に参加できたことが嬉しかった。

式典の後しばらく自由時間があったので、スモーキーマウンテンを手帳にスケッチしたり、散策して過ごした。ここはマニラの巨大なゴミ捨て場で、市内で毎日出る四〇〇〇トンのゴミのうち九割が運ばれてくる。そのゴミが大きな山のようになり、自然発火していつもくすぶっている。それがスモキーマウンテンの名の由来だ。この山の麓の方に約五万人が住んでいて、小さな店もある。中を見ると、お米や卵、トマト、それにジュース、飴、アイスクリームなども売っていた。しかし水は、水道がないのでゴミの山の向こうから井戸の水を汲んでこなければならず、大変だ。不衛生なこの場所に、どうしてたくさんの人々が住み着いたのか。それは、彼らにとってゴミの山は、暮らしを支える宝の山であるからだ。彼らの住む家は、すべてここで拾ったトタン、段ボール、木材、タイヤ、シーツなどで作ったものだし、ガラス瓶や空き缶、金属、プラスチック、服、布などは、自分で再利用したり、売って小銭を稼ぐこともできる、大事な元手なのである。

私はスラムを抜けて、ゴミの山の上まで登っていった。そこでは、子どもから老人まで、たくさんの人々が働いていた。熱帯の日差しを浴びながら、みんな一所懸命にゴミを漁っている。長さ三〇センチぐらいの、先をJ字型に曲げた手製の鉄棒で何かを探している人がいる一方、手袋もつけずゴミの中に手を突っ込んで、割れたガラスを握り分類している子もいる。見ている方が心配になるが、みんな黙々と作業を続けていく。ここでは、ゴミにたかる蝿さえ、人間に負けておれないと必死に働いているようだ！

スモーキーマウンテンのスケッチ。細い道がスラムを通りゴミの山の頂上まで続いていた。

ゴミの山の頂上は凹凸はあるが、ブルトーザーにならされて広い台地のようになっている。私は彼らから離れ、人が踏み固めて道のようになっているところを、ぼんやりと歩いていた。すると突然、ピトッと誰かが私の左手をとった。おやっと思って見ると、小さな女の子だった。三つか、四つぐらいの子だろうか、そのまま一緒に三〇メートルほどゆっくりと歩いた。すると今度は立ち止まって、ダッコしてと両手を差し出した。ふと歩いてきた方を振りかえると、一人の女性がこちらを見て立っている。この子のお母さんのようだ。きっと心配しているのだ。私はその子を近くまで連れていき、「お母さんが待ってるよ」といって手を離し、軽く母親に会釈して別れた。

スラムの子どもたちはみんな明るい。あの女の子のように、貧しくても温かい家庭があるからだ。しかし、幼いうちに亡くなる子も多いと聞く。ここでも皮膚病にかかっていると思える子どもを何人か見た。スラムはやはり不衛生な環境だし、ケガや病気が悪化してもどれだけ満足な治療をうけることができるだろうか。帰りのバスの中で、あの女の子のことや（注5）スモーキーマウンテンの問題について考えていた。

（注5）スモーキーマウンテンの問題…スモーキーマウンテンの人々の暮らしはどう考えても「人間らしい暮らし」とはいえません。人間らしく暮らしていける収入、住居、衣服、食べ物がえられるなら明日にでもスモーキーマウンテンはなくなるでしょう。

一九九五年マニラ市で国際会議が開かれることになり、フィリピン政府は同年一一月に、貧困の象徴として批判されてきたスモーキーマウンテンを閉鎖しました。ここで生活していた人々に対して、政府は公共住宅をつくりましたが、家賃が高かったために多くの人々はマニラ市に隣接するケソン市にあった廃棄物処分場パヤタス・ダンプサイトに移住しました。この処分場にはスモーキーマウンテンに運ばれていたゴミも加わって、毎日六千トン以上のゴミが集められ、巨大なゴミの山ができていきました。この結果、今ではスモーキーマウンテンに匹敵するスラムが生まれスモーキーバレーとも呼ばれています。

東南アジアやメキシコ以南のラテンアメリカの都市にあるスラムに住む多くの人々は、もともと土地を持たない貧しい農民で、農村では生きていけないから仕事を求めて都市にきたのです。ですからスラムをなくすためには、都会での仕事や安い公共住宅を増やし、職業訓練や学業支援などを行うこと、農村での土地改革（これらの国々では、少数の人が広大な土地を持つ大土地所有制が広くみられます）を進め、農村で自活できるようにすることが必要です。でも、今の状況をみればそれがまだまだ進められていないようです。

ちなみに、戦前の日本では大地主が大きな力を持っていて、小作料は収穫の半分近くから六割を占めました。以前、作家の小田実が敗戦後ＧＨＱの指令で行われた農地改革がなければ、日本も東南アジアやラテンアメリカのようになっていたはずだと語っていたのが印象的でした。

スモーキーマウンテンのあるトンド地区から帰った私たちは、フィリピンの合法団体〝農民運動〟のメンバーの二人から、フィリピンの農民がかかえている問題について、お話しをうかがった。

一番の問題は、人口の一パーセントの資本家、政府の役人、大地主、海外から進出してきた人が経済を握っていて、フィリピンの農地三〇〇〇万ヘクタールのうち八十パーセント以上を大地主が管理し、それを政府が助けています。この国では一〇〇〇万人の小作人が働いているが、その七十五パーセントはまったく土地を持っていません。一〇人の農民のうち、三人が一ヘクタールの土地を持ち、七人はまったく土地を持てないのです。土地が自分たちのものにならないことが一番の問題なのです。

二番目の問題は、土地を借りて耕すのが、ものすごく高いことです。地主から高い地代で借りなければなりません。一方、つくったものを売るときは安くしか売れない。この問題はずっと続いています。アキノ大統領（独裁者の前マルコス大統領が亡命、一九八六年に国民的人気を得てフィリピン初の女性大統領に就任した。名門財閥の生まれ）になって、もっと悪くなりました。軍隊がやって来て、農民の家を破壊し、殺害する。土地改革を求める二〇〇〇人の農民のデモに、警官隊が発砲し、二〇人が殺されました。アキノになって、民主主義になったと思ったのに。アキノは一九八八年に土地改革の法律にサインしましたが、上院で地主に有利に変えられ、一九九〇年に至るまで何もやっていない。アキノ自身たくさんの土地を持っています。山も海岸も地主のもの。パイナップル、バナナの農園や水田などでは、それ以外のものは作らせない。だから農民は、自分たちが食べるものも買わなければならないのです。

農業労働者の場合、一日八時間働いて賃金は一五～二〇ペソ。六人家族が生活するのに二〇〇ペソ必要です（筆者注：マニラの観光地でビン入りコーラ一本五ペソ、Tシャツ一枚一五〇ペソで売っていました）。小作人の場合は、収穫の三〇パーセントしか残りませんが、これで肥料その他必要なものすべてを払います。そうすると、ほとんど残りません。これはまだ良い方です。また、日本企業により追い出された農民もいます。
農村の人口は少しずつ減っていますが、町に出て行っても失業率は高い。それでフィリピンでは、マニラに行こうというより、外国に行く人の方が多いです。

フィリピンの農民たちが自活できるように、日本の生協やNGOが支援をしていると聞くが、そんな動きがもっと広がってほしいと願わずにはおれなかった。

一二月三一日は、再び石川文洋氏の講演が行われた。ベトナムにおける、三世紀前半の古代の王国から現代に至るまでの外国に対する長い抵抗の歴史についての話だった。また、ベトナムの隣国ラオス、カンボジア、タイはインド系文化だが、ベトナムはちがうということだ。石川氏の講演で初めて知ったことがある。

一九四六年一二月からの第一次インドシナ戦争（ベトナムの独立と統一をめぐる、植民地ベトナムの宗主国だったフランスとの戦争）の時、ベトミン軍（「ベトミン」とは一九四一年五月に民族統一戦線として結成されたベトナム独立同盟の略称。日本軍がフランスの植民地だったベトナム北部に進駐すると、抗日武装闘争を展開して北部トンキン地方の多くを手中におさめ、一九四五年九月ベトナム民主共和国を成立させた）に旧日本軍の将校も多数入って軍事指導し、この戦争の休戦協定である一九五四年のジュネーブ協定後も五、六〇名ほど（その中には沖縄出身者もいた）がベトナム南部に入り、ベトナム人の側に立って戦った。そして、彼らは寿会という日本人の会をつくったという。旧日本軍が中国と同様ベトナムでも酷いことをしたということは知っていたが、（注6）このような日本人がいたということも、歴史の真実として記憶に留めておきたい。

（注6）このような日本人がいた…『ベトナム戦争のアメリカ』（白井洋子、刀水社、二〇〇六年九月二九日）では次のように紹介されています。

日本軍は一九四五年三月に軍事クーデターを起こし、それまでフランスとの共同支配にあったベトナムを単独占領するにいたった。このとき以来ベトミンは「日本ファシズム」をベトナム革命の「主要な当面の唯一の敵」と位置づけるようになったのである。日本の敗戦後、一度武装解除された日本軍兵士はイギリス軍によって再武装され、アメリカ輸送船に運ばれてベトナムにもどってきたフランス軍がベトミンの抵抗を弾圧する際に利用されたのだった。ベトナム人に同情してベトナム人とともにフランス軍と戦った旧日本軍兵士も少なくなかったという。これについては元日本兵とベトナム人への聞き取り調査をもとにした貴重な記録として、吉澤南著『私たちの中のアジアの戦争』（朝日新聞社、一九八六）、同『ベトナムの日本軍―キムソン村襲撃事件―』（岩波ブックレット、一九九三）にまとめられている。（同書、一一〇～一一一頁）

三、ベトナムへ

・一九九一年一月一日

オセアノスはマニラを発ち、ベトナムに向かった。船中では「奪われたエビ」と題するスライド上映とお話があった。フィリピン、台湾、インドでのエビの養殖とそれを大量に輸入する日本の問題を考えるものだった。例えば、台湾ではエビに各種の抗生物質を与えていること、日本では二〇年前の三倍の量のエビを食べるようになり、世界一の消費国だということ、フィリピンではエビの胴体は日本に輸出され、労働者の口に入るのは頭だということ、養殖池のために一ヘクタールのマングローブをつぶすと年間一四〇トンの魚がとれなくなることなど、当たり前にエビを食べている日本人の食生活が、アジア各地の人々の暮らしや環境に大きな影響を与えているということを教えられた。

この後、船中で日本円をベトナムのお金「ドン」に切り替える手続きが行われた。私は一万五〇〇〇円をドンに替えたが、為替レートは一円が約五〇ドンなので、思いもよらない札束が手に入り、驚いてしまった。日本とベトナムの圧倒的な経済力の差を見せつけられる一方で、急に金持ちになった気がしてくるのは、妙な気分だ。私の母は、大金など見たことがないのに、「金は天下の回りもの」とよくいっていた。働くことが好きで、老後もホテルの食堂の賄いなどをやっていたが、お金に執着しない人だった。お金に対する私の感覚は、この母と父から受け継いだものにちがいない。

・一月二日

この日の早朝、私たち「クチ地区探訪コース」に参加する者は、バスに乗り込んだ。ホーチミン市（旧サイゴン）の西方約三〇キロに位置するクチは、ベトナム戦争中に南ベトナム解放民族戦線がつくった地下道で有名なところだ。車窓から眺める風景は、とても牧歌的だ。ホーチミン市は人口五〇〇万の大都市だが、いたるところに田畑がある。畑にはたくさんの人々が出て、働いている。野菜、ヤシ、バナナ、米（熱帯なので二期作だ）など、いろいろなものがつくられている。茅葺きの家やレンガの家、自転車よりカブに乗っている人が多い。ホンダの五〇CCや七〇CCで、たいてい二～三人乗りだ。道路を横切るアヒルの群れ。水路で遊ぶ子どもたち、水は泥水だ。草のにおい、畑を焼いたにおいがバスの中に流れてくる。道路でモミを広げて干す人々。ムシロを敷いている人は稀だ。鶏も放し飼いしている。フランスパンを売る人やうどんを売る人もいる。粗末な服だがきれいなバッグを持った二人乗りのカブが通りすぎる。

やがて、まったくの田園風景となった。稀にトラクターが見える。ピーナツの畑や林が続き、時折洗濯物を干した家が見える。しかし、バラックはない。通り過ぎる私たちのバスに挨拶し、手をふるかわいい子どもたち。雨上がりなのか、小川の水はすべて茶色。女竹や孟宗竹のような太い竹があちこちに生え、適当に集落が広がる農村だ。水牛を追う子どもが、チャオと叫んだ。クチに着き、ビンのコーラを四〇〇〇ドン（約八〇円）で買った。外国からの品物は高いそうだ。解放戦線がつくった地下道は、総延長三五〇キロにも及ぶという。複雑につながる地下道は三段階ぐらいに下がっていき、途中に井戸や出口もあって、最後はサイゴン川に出る。地下道の広さは、普通横幅、高さともに八〇センチぐらいという。

朝七時半ごろ、私たちは地下道に一人ずつ入った。中は真っ暗で、途中何度も曲がっている。せいぜい一〇メートルぐらいしか、直線のところはない。自分の体がようやく入るぐらいの地下道を這いつくばって進むときには、さすがに一瞬気分が悪くなり、引き返したいと思った。真っ暗闇の中で後にも先にも進めず、このまま土の中に閉じ込められるような気がして、閉所恐怖症とはこんな気持ちにちがいないと思われた。それでも、後ろから来る人がいるのでやめるわけにもいかず、何とか最後に深さ二一メートルの竪穴の出口から「脱出」することができた。

解放戦線の人々は、よくこんなところを行き来したり、潜んだりしながら米軍や南ベトナム軍と戦うことができたものだと、驚かずにはおれなかった。

(注7) 解放戦線がつくった地下道…『ベトナム戦争 民衆にとっての戦場』(吉澤南、吉川弘文館、二〇〇九年五月一日。以下『ベトナム戦争』と略称)では、地下道を利用した戦いについて、いくつかの文献を引用しながら次のように紹介しています。

アメリカ軍は解放戦線をさらに追撃するためにどうしたか。(略——引用者。以下同じ) まず、地下の避難壕や地下道に爆弾を投げ込んで破壊したり、毒ガスを送り込み、中にいる人々を殺害した。改良型のクアヴァ爆弾(新型ボール爆弾のこと)や貫通爆弾は、地下の防空壕・地下道破壊用に開発された爆弾であった。(略)これに対して、解放戦線に結集する農民たちは、トンネル破壊攻撃に耐え、ガスによる被害を回避できるように、より複雑で合理的な構造をもつトンネル網の建設に工夫をこらした。南ベトナムの農民たちは毒ガスに燻りだされて地上に姿を現したのではなくさらに深く地底に潜ったのである。(略) その地下道で暮らしたヴーと名乗る解放戦線兵士は戦後次のように語っている。

「このやけどの跡はナパーム弾によるものだ。私はクチの解放勢力の戦士だった。私は、一九六八年から一九七五年トンネルの中で暮らした。われわれはトンネルから出て戦闘した。一年中食べ物は豊富にあった。夜になるとわれわれは村の中に入ることができた。テト(旧正月)の間、われわれは村人と一緒に祝った。彼らはわれわれに食べ物を運んでくれようとした。時々、彼らは捕まえられ、殴られ、拷問をうけ、投獄されたが、しかし決してわれわれを見捨てなかった」(同書、一九八～一九九頁)

私たちは昼食後自由時間を過ごした後、夕方クチを出発した。やがて日は沈み、バスは途中の村で停車して一時休憩となった。ベトナムの農村は暗い。電灯は各家庭にあるが、豆電球のようなものだ。バスが停まった近くに小さな店があって、私が子どものころ村の店の前にあったような木製の床几に、三々五々村人が集い、なごやかにひとときを過ごしている。店の蛍光灯の明かりが、やさしく村人をつつんでいるが、たぶん一〇ワットぐらいの明るさだ。私の父が語ったことを思い出した。父が子どもだった大正の初めごろ、家に初めて電灯がついた。そのとき、家族みんなで電灯の下に集まり「うわーっ、明るいねー、まるで昼みたいだ」と喜んだという。こういう素朴な喜びが、かつて私たち日本の社会にはあった。そして、おそらく今のこの農村にも。私たちの社会が、物質的に何十年も前の暮らしに戻ることはできない。でも、旅に出たり、本を読んだり、想像力を働かせて、素朴な喜びや気持ちを大切にしていくことはできる。そんな思いとともに、満天の星空の下、バスはゆっくりと進み始める。村外れの小川の橋にかかったとき、おびただしいホタルの群れが別れを惜しむように舞っていた。やがてバスはスピードをあげ、一路ホーチミン市へと突っ走る。窓から外を眺めていると、バスのそばを何かがヒューッとすれちがっていく。目を凝らして見ていると、それは無灯火の自転車だった。農村の道は狭い。バスが通るだけでギリギリである。そのうえ夜道なのに、自転車はまったくスピードを緩めない。バスの運転手も、やはり慣れているのか、クラクションを鳴らさず、スピードも緩めない。しかし心配しても仕方がない。外を見ないように目をつぶっていたら、いつしか眠ってしまった。

一旦船にもどった私は、夜一〇時ごろ船着き場の近くで、うどんを食べた。一杯五〇〇〇ドンというので、四〇〇〇ドンにまけてもらった。米でつくった柔らかく平べったいうどんだ。くせのある菜っ葉に豚肉だろうか、たくさんの具が入っている。食べた後少し歩いていると、小さな子を抱いた女性が寄ってきて、ベトナム語で何かいっている。そのまま行こうとすると、上着を引っ張って子どもを指し、何かを訴える。「いくらか下さい」といっているようだ。安易にお金をやらないで下さい、と注意されていたので「ノー」といって離れようとするが、服を引っ張りながら五、六〇メートルもついてきた。とうとう五〇〇〇ドン紙幣を一枚あげると、去っていった。日本やフランスとの戦いを除いても、その後のベトナム戦争におけるベトナム側の死者は、膨大な数になる。（筆者注：吉澤南・前掲書の三頁によれば、兵士と民間人を合わせて百数十万～二〇〇万人以上といわれている。さらに三〇万人以上の行方不明者が見つかっていない。戦死した遺体に名札をいれて埋葬したが、戦後その場所を探そうとしても米軍の爆撃で「地形そのものが変わってしま」って場所を確かめようがない……など理由は様々だ）

生きていくことができず、物乞いする人がいるのは当然だろう。

船にもどると、同室の田中常世さんが帰ってきた。常世さんの話によれば、地図などを売ろうと子どもが取り囲んだので断って帰ってくると、肩から下げていたカメラが、ヒモを切られてなくなっているのに気がついたという。私の方も、子どもが近づいてきて地図で隠しながら腰のウエストバッグに手を伸ばしたので、その手を払い無事だった。子どもたちもまた、戦争の犠牲者にちがいない。

・一月三日

私たちはホーチミン市にある産婦人科のツーヅー病院を訪ねた。この病院には、枯れ葉剤の影響で二重体児となり、日本で分離手術をうけたベトちゃん、ドクちゃんの兄弟がいる。朝八時半より、病院のフォン先生とナム先生からお話を聞いた。通訳の古山葉子氏は、この世界一周の船旅を中心になって企画した人で、バイリンガルといわれるだけあって英語はまったく淀みがなかった。

ナム先生…川で魚やエビなどがとられていますが、環境の問題がおこっています。ベトナム戦争の枯れ葉作戦で、人間に対する、また生物に対する影響がでています。私たちは、特にダイオキシンの人間への影響について研究し続けていますが、環境問題・社会問題・経済問題が複雑に絡み合っています。それでベトナムでは、その影響から人々を守るための委員会などもつくっています。ベトナムは貧しい国なので、外国の援助があればよろしくお願いします。

フォン先生…病院には二重体児が三組います。また、ベッドは七五〇ありますが、それ以上の患者をかかえています。病院は分娩、家族計画など四つに分かれています。毎日一五〇〇人の患者さんが南ベトナムのあちこちからやって来ます。スタッフは九〇三人、ドクターは一二四人、看護婦が三四七人で、女性は全体の八八・三パーセントを占めています。一九八八年は一万八六六二人の出産があり、そのうち手術は五三二四人です。インターンの受け入れや看護婦の教育、それから科学的研究（枯れ葉剤など、環境が女性の体に与える影響を調べる）もしています。この病院で生まれる奇形児は、昨年は一・五パーセントで、この一五年間同じです。一九九〇年は二重体児の出産は五組で、うち三組が手術に失敗しました。

両先生のお話の後、私たちはアルコールづけの胎児と新生児が保管されている部屋を見学した。

そこには、目が四つで口唇裂の子。おなかから別の子の体が出ている子。頭が二つの子。団子のようになり、小さな足らしきものが出ている頭と胴と手の子。頭と顔が一体となり、体が二つの子。顔の下から手と足が出て、体がないような子。目が一つの子など……枯れ葉剤によるむごい影響を見て、言葉を失った。

次に私たちが行ったのは、(注9)ベトちゃんとドクちゃんの部屋だ。部屋に近づいていくと、ドクちゃんがベランダに出て、片足しかないが元気に松葉杖で歩いていた。ベトちゃんの方はベッドの上でおきていて、ドクちゃんがベトちゃんにちょっかいを出したりする。ベトちゃんは一〇歳だが、脳性マヒであまり感じとることができない。ドクちゃんは日本から送られた車イス（「ベトちゃんドクちゃんの発達を願う会」と書かれている）に乗ったり、時々片足で立ったりする。小学校二年生で、午前中は外の小学校で勉強する。二七人のクラスの中で、成績は四番だ。「むすんで、ひらいて」をピアニカで上手に弾いた。私たちがみんなで「むすんで、ひらいて♪」と歌うと、かわいい手でむすんだりひらいたりして合わせてくれた。この病院には、ベトちゃんドクちゃん以外に生まれて七カ月の分離された二重体児がいるが、元気だった。もう一組の二重体児は生後三カ月で、肺・肝・腎臓の表層がくっついているそうだ。病院内の見学の後、再びフォン先生のお話を聞いた。

今日みなさんがご覧になった胎児や新生児、二重体児を、アメリカは風土病の一種だといって、枯れ葉剤の影響とは認めていません。しかし、アメリカに帰った米兵で枯れ葉剤をあびた人の子が二重体児で生まれ、政府を訴えて裁判になり、和解をしたといいます。

ここでの枯れ葉剤による奇形児のことは、ベトナム人はあまり知らないし、私たちも知らせません。それを広く知らせると、それだけで精神的ショックを大きく与えてしまうからです。だから診察に来る母親たちも、子どもを生むことをそんなに心配していません。また、死産で奇形児が生まれても、母親には知らせないのです。

母乳に、また次の世代に枯れ葉剤は伝わっていきます。体内の脂肪、血液などにダイオキシンは解け、唯一母乳という形で排出されるからです。国の人口政策は一家二人まで。しかし、それ以上生んだからといって、罰金をとるというようなことはありません。医者や看護婦、また医療器具も不足しています。

（注8）ベトナム戦争の枯れ葉作戦…前掲『ベトナム戦争』の著者吉澤氏は、J・F・ケネディがゲリラ戦を行う解放戦線に対して、大統領となった一九六一年から航空機によって枯れ葉剤を散布する作戦を開始し、この作戦は、次のジョンソン、そしてニクソン大統領に受け継がれて、その後一〇年間間断なく続いた、という

カメラマン中村五梧郎氏の言葉を紹介しています。また枯れ葉作戦の実態について、吉澤氏は、ストックホルム国際平和研究所の報告をもとに次のように書いています。

ベトナムの抵抗する人々がさらに一層自然に寄り添う姿勢を見て、アメリカは一段と自然破壊を徹底させ、大規模化させた。アメリカの戦闘目標は、もはや戦闘員だけでなく、また戦闘員になりうる一般の住人でさえなかった。人間が生活と生命の維持のために依拠している諸々の生物、大地、河川に直接に攻撃を加え、それらを焼き捨て、破壊し、殺し、焦土化するところまで来ていた。すでに触れた枯れ葉作戦はその典型である。南ベトナムの農民たちの身体、彼らの家、軍事施設などを覆い隠し、彼らの生活全体を守っていたジャングル、葦、マングローブの木々を散布した化学剤（毒薬）によって丸裸にし、彼らの生活と身体をさらしものにし、そこに自生していた動・植物を抹殺し、食糧を奪い、生活環境を破壊・撹乱した。（略――引用者）大規模な作戦となったのはベトナム戦争が初めてであった。この化学的な対植物戦は直接的・間接的な経路を経て、一般住民に多大の苦しみを与えることになった。（同書、一九九～二〇〇頁）

（注9）ベトちゃんとドクちゃん…二〇一七年八月、福岡県糸島市在住のフォトグラファー、亀山のの子氏の写真展「ベトナムのこと」が開かれたので、見にいった。枯れ葉剤で被害を受けた人たちとその家族のたくさんの写真が展示されていた。そこでいただいたパンフレットによれば、兄のベトちゃんは二〇〇七年に二六歳でなくなり、弟のドクちゃんはその後結婚して双子の子どもが誕生、ツーヅー病院にスタッフとして勤務しているとのことだった。受付の方にドクちゃんの近況を尋ねると、現在は健康状態がよくなく、仕事を休んでいると書かれていた。なお、ツーヅー病院の敷地内に、ドイツのNGOの協力でつくられた枯れ葉剤被害児童のための支援施設「平和村」があり、親が育てられない子ども約六〇名が一緒に生活しているそうだ。ここで生活しているロイ君は、ベトナムでも有名な水泳選手で、パラリンピック出場を目指して毎日練習に励んでおり、

他の子どもたちの憧れだという。

私たちを歓迎する催しピースマーチまでしばらく時間があった。古山葉子氏とピースボート創設者の一人だという辻本清美氏（現立憲民主党衆議院議員）はきれいなアオザイ姿で、連れ立ってどこかへ出かけるようだ。私もお土産を買いに出かけることにした。街に出るとすぐに、シクロ（人力車）に乗らないかと誘われたり、誰かが声をかけてきたりする。小さな男の子と女の子が「おなかがへった、お金を下さい」というような身振りをしながら、しきりに服を引っ張ったり腕をつねったりしてきた。ずいぶん長い間ついてきたが、デパートに入るとあきらめたようだ。デパートの陳列棚に並んでいる商品は種々雑多で、一昔前の日本みたいだ。二階、三階と上がっていくと、女性店員から「コンニチハ」と声をかけられた。簡単な日本語がわかるようだ。サイフを手にとって見ていると、それは安物ですといって中を見せてくれた。ペラペラしていて確かに良くない。結局、一万六〇〇〇ドン（約三二〇円）のガウ（牛）のサイフとベトナムの絵葉書を買った。店員さんは親切な物腰で少し日本語を交えながら、こちらも英語を交えながら話し、気持ち良く買い物ができた。

午後のピースマーチの後、広場でコンサートがあった。ベトナムの女性歌手が、きれいな日本語で朗々と歌った。「知らず知らず歩いて来た、細く長いこの道♪　振り返れば遥か遠く、古郷が見える♪」……なんていい歌なんだろう。暖かく心に染み込んでくるような歌だ。日本に帰ったらこの歌を覚えたい、そう思いながら聞いていた（この歌は「川の流れのように」で、私が長崎を出港した一九九一年一二月に発売されたアルバムに収録され、美空ひばり最後の一曲となりました）。　最後は、竹の間を跳びはねていくベトナムの遊びをみんなで楽しみ、大いに盛り上がって終わった。

一旦船にもどった私は、夕方六時ごろ田中常世さんと食事に出かけた。ホーチミン市内を歩くと、さっそくまたシクロに乗らないかとしつこく付きまとわれた。子どもが来て、チューインガムを買ってくれ、一つ三ドルだという。いらないといっても、なかなかやめない。私たちはかなり歩いて食堂を見つけ、中に入った。店員さんたちはきちんとしたベトナムの服を着ていて、よい感じの店だった。フォーティガというと、「うどん」と日本語で答えた。三〇〇〇ドンという。ビールも一緒にたのむと、牛肉が入ったくせのある野菜を皿にいれてもってきた。食べ終わると、カップと紅茶ポットのようなものをもってきて、お茶をだしてくれた。さらに、デザートとしてバナナが一本ずつでた。焼きめしが食べたくなったが、なかなか言葉が通じない。吊り下げてあった肉を指したりしながら「フライライス」というと、ようやく分かったようだ。待望の焼きめしだったが、これがまたたっぷりあった。常世さんと合わせて合計二万四〇〇〇ドン（約四八〇円）ぐらいだった。日本人の私たちにとっては、本当に安い。「カームオン（ありがとう）」というと、店の人が「ピースボート！」といって、いろいろ話しかけてきて、とても楽しかった。帰りはシクロに乗った。二〇〇〇ドンと約束し、紙に書いて渡してきたので乗ったのだが、ちゃんと約束は守ってくれた。

夜八時半から、ホーミン大学の先生のお話があった。現在ベトナムですこしずつ進んでいる工業化やそれにともなう大気汚染の心配、都市の汚水やバイク騒音公害、一九八九年から始まった土地の私有化などについて話されたが、お話の多くを占めたのは枯れ葉剤のことだった。

ベトナムでは、一九六一～一九七〇年までに二〇〇万ヘクタールが枯れ葉剤で破壊されました。ベトナム戦争中に、枯れ葉剤を撒いたあと爆弾を落としてマングローブを破壊し、燃やしたのです（引用者注：中村梧郎氏によれば、南ベトナムのマングローブ林の四〇、熱帯雨林の一二パーセントが砂漠化しました。また枯れ葉剤に混入していたダイオキシンの総量は、一六八キログラムに達したとのことです。前掲、吉澤南『ベトナム戦争』口絵の写真説明より）。

マングローブの森を再生しようと思うと、一〇〇年ぐらいかかる、というのがアメリカの研究結果です。バクテリアなども破壊されたので再生はとても難しい。内陸ではもっと難しく、熱帯雨林の再生は二〇〇年ぐらいかかるでしょう。一九七〇年から一三年間は再生ができなかった。そして乾季になると火事がおこりました。内陸の熱帯林では、高さ五、六〇メートル、直径一メートルの大きな木になりますが、それが破壊されてしまいました。一九八三年にホーチミン市で国際会議が開かれ、世界中の科学者がこれは難しいケースだといいました。まず、アカシアを植え、それで陰をつくり自然発火しないようにして、再生させていく。熱帯林は五〇メートルの木、二〇メートルの木、一〜二メートルの木、その下に草や苔がある。クチでは、そういうところを見たんじゃないでしょうか。クチでは、一年間どんなにがんばっても二〇〇ヘクタールの再生しかできません。

　また、枯れ葉剤によって人間の皮膚に取り込まれたダイオキシンの残留量の平均は体重一キログラム当たり、南ベトナム人の場合二二ｐｐｔ（引用者注：ｐｐｔはピコつまり一兆分の一のことなので、一兆分の二二グラムということになります。世界保健機関・ＷＨＯによると、人の耐用限度は一兆分の一〜一兆分の四グラムとされています）、日本人では約四ｐｐｔです。軽度の障害者のためには特別な学校がありますが、ベトナムでは障害児がいるとみんなで助け合うという伝統もあります。

　ダイオキシンは内分泌撹乱化学物質（別名、環境ホルモン）の一つで、超微量で発育異常、奇形、脳障害などを引き起こす恐ろしい毒物だ。ツーヅー病院でも思ったが、アメリカはただ環境を破壊しただけでなく、ベトナムの人々と子孫に取り返しのつかない大規模な戦争犯罪を犯した。アメリカは自由と民主主義、人権を重んじる国だといわれてきたが、ベトナム戦争の惨禍を見聞きして、そのような単純なイメージは誤っていると確信した。

四、シンガポールそして日本へ

・一月四日

朝八時半オセアノス号はホーチミン市を発ち、川を下っていく。メコン川は幾すじもの支流に分かれ、静かに流れている。大きな支流、小さな支流、一万四〇〇〇トンの私たちの船もゆっくりと進んでいく。この大河では、船は「川に迷う」おそれがある。だから必ずベトナム人の水先案内人が付く。船には、ベトナムの国旗（赤地に黄色の星一つ）、それからこの船の旗（ギリシア国旗）、そしてベトナム人の水先案内人が乗っているという印しの旗（左右の半分が赤、半分が白）、この三つの旗が掲げられている。

普通の人間には、どこを進んでいるのか分からない。川は複雑に枝分かれしている。見渡すかぎり平坦な緑一色の世界。丘のように小高いところさえまったくない。水平線の彼方まで広がるマングローブの森だ！　あるのはただ、この船と響きわたる汽笛の音、そしてメコンの風だ。ときどき行きかう一人乗りや帆をつけた二、三人乗りの舟の上から、こちらに向かって手を振る人がいる。船尾に一本の櫓をつけた小さな舟だ。昨日の夕方から夜にかけてのホーチミン市の雑踏や喧噪はうそのよう。ゆるやかに蛇行するメコン川のマングローブの森の中に、ヤシなどで屋根を葺いただけの素朴で小さな家が、ごく稀に一軒あるいは二軒と現れ、過ぎ去っていく。この人たちは、漁をしながら時給自足の暮らしをしているのだ。年に何度かある大きな祭りの日などに町に行き、必要なものを買うという。この船旅では、新聞や本を読めない生活に落ち着けない日々を過ごしたが、マングローブの森で暮らす人々には、そんな煩いはない。人の幸不幸は分からないものだ。物に捕らわれている私たちの方が不自由で不孝なのかも知れない、そんな思いがよぎっていった。

この日は、ベトナム戦争中秘密警察によって逮捕、投獄され、「トラの檻《おり》」（政治犯に最も恐れられた、コンソン島刑務所の狭い独房）などで南ベトナム政府から苛酷な扱いを受けた後、戦後ベトナムの上院議員になった人の体験を聞き、翌一月五日はフィリピンにある二〇以上の米軍基地とフィリピン人との関わり、反基地運動などの講演があった。

・一月六日

シンガポールは私にとって最後の寄港地だ。私たちはまず、「血債《けっさい》の塔」を見学した。アジア太平洋戦争中の一九四二年二月一五日〜四五年八月一八日まで日本軍はシンガポールを占領し、罪のない住民を多数殺害した。その実数は分からないが、ここには見つかった二〇〇〇人ぐらいの遺骨が納められているそうだ。この塔は四本の部分の組み合わせになっていて、中国系・インド系・マレー系・混血の人々を表している。一九六七年二月一五日に建立された。ここで、犠牲になった人々に対して黙祷し、その後シンガポール側受け入れ世話人のライさんから、日本軍による虐殺、侵略についてのお話をうかがった。

日本軍はシンガポールを占領すると、村中の人を集め、まず穴を掘らせてその後機関銃で撃ち、人々が穴に落ちると、落ちた上からさらに撃った。母は乱暴されるのを恐れ、男の服装をして過ごしていた。中には暴行するのをやめさせようとする日本兵もいるにはいたそうです。私の祖父なども日本軍に抵抗しました。

日本政府は、「血債の塔」の資金を出ししぶったということを聞きました。一九四五年〜

六二年まで、日本軍の虐殺を告発する運動が盛んでした。各地で見つかった遺骨は五万人ぐらいもあります。戦後、日本はそういう事実を教えず、日本人は自分たちの国民の遺骨を探しています。こういうことなら、ピースボートを出しても、二〇年経っても心を通じることはできないでしょう。石原慎太郎のような南京大虐殺はなかったという人が国会議員になり、平然としているのはどうしてでしょう。

良民証というのがあり、男の人は全部でてきなさい、それを渡すからといって、集まってきた人をトラックでつれ去り、殺しました。みんな民間人です。マレー半島に上陸してからマレー人を殺さず、中国人を殺し、村を焼き払いました。全体の傾向として、中国人は抗日思想の持ち主とみて、数も大きかったこともありますが、中国系の人を多く殺しました。

戦前、からゆきさんが天草から来て、その墓もあるが、シンガポール人はそれを壊そうとはしないで残しています。一九六〇年代に日本人がやって来て、現在四万人ぐらい住んでいます。残念ながら、彼らはこちらの新聞や文化には触れないで、日本の雑誌『フォーカス』などを見る。日本の高校野球も。日本人は、虐殺の事実を知ろうとはしなかったのです。

ピースボートの旅の最後にライさんがいったことは、とても大事なことだ。戦争の加害者・侵略した国は、自らが犯した犯罪には触れたがらず、事実を隠そうとする。でも被害者や侵略きた国は決して忘れない。どんなに日本が経済大国だ、先進国だといわれ、私たちの生活がアメリカナイズされて物があふれても、かつてアジアで日本がおこなったことを消すことはできない。

この日の夜の歓送会を最後に、翌日私は、出会った人々のことを胸に刻みながらシンガポール空港を飛び立った。

☾

近年のことですが、テレビを見ていて大変驚いたことがあります。親族である日本兵がフィリピンでなくなったことを知り、その冥福を祈るために現地を訪れる日本人の女性を取材した番組でした。女性はようやく日本兵がなくなったと思われる付近の村に着き、当時のことを尋ねようと一人のお婆さんに会いました。ところがそのお婆さんは女性に会うなり「お前は、今度は私を殺しに来たのか!」と、憎しみの目でにらみつけ、怒ったのです。女性を案内した村人がお婆さんをなだめ、ようやくお婆さんの気持ちが和らいでいきました。日本兵がなくなった場所は最後まで分からなかったけれど、現地日本兵の冥福を祈ることができたのは幸いでした。お婆さんは日本兵に自分の身内を殺されたことや村人が襲われたことを、七〇年以上経った今も決して忘れていなかったのです。あの女性に会ったときに、心の底にあった怒り、憎しみが噴き出したのでしょう。

戦争の加害者や侵略した国の政府・国民が過去の事実を隠しあるいは忘れ去っても、被害者や侵略された国の政府・国民は、決して忘れられないのです。

改めて今、古びた手帳を見ながら、シンガポールで受け入れ世話人のライさんがいったことの大切さを実感しています。ライさんは、戦後の日本政府の姿勢や日本人の態度を批判しながら、「こういうことなら、ピースボートを出しても、二〇年経っても心を通じることはできない」といい、最後に「日本人は、虐殺の事実を知ろうとはしなかった」と断罪しました。この言葉は今もなお、日本政府と多くの日本人に突きつけられているのではないでしょうか。

第二章　核兵器廃絶と被爆者

一、江口保先生と被爆アオギリ、そしてA・クメント大使の思い

　私が広島・長崎に落とされた原爆のこと、そして被爆者のことを身近なこととして考えるようになったのは、江口保《えぐちたもつ》先生（一九二八〜一九九八年）に出会ってからです。それでまず、江口先生のことから話したいと思います。

　江口先生は被爆者でありながら、私にご自身のことを話されたことはほとんどありません。他の被爆者のことや、先生のライフワークであった広島への修学旅行生の受け入れのことで、亡くなられる直前まで気にかけておられたからでしょう。先生の著書は、『碑《いしぶみ》に誓う』（東研出版、増補版、一九八八年四月一日）と『いいたかことのいっぱいあっと』（クリエイティブ21、一九九八年七月一七日。以下『いいたかこと』と略称）の二冊があります。それで、この二冊の本から被爆された当時の先生のことを、少し紹介します。

先生は被爆当時、長崎の旧制瓊浦《けいほ》中学校（現・県立長崎西高等学校。爆心地から約八〇〇メートルの所にあります）で軍事教練の助手として学校に残っていたそうですが、原爆の投下のことやその炸裂の前後については、まったく記憶がないといわれています。しかし一年上の先輩が、被爆者の証言集に手記を寄稿していたお陰で、ご自身の当時の様子がわかったそうです。先生は倒壊した校舎の中から、血まみれの顔と木切れが体に突き刺さった姿で這い出してきて、喘ぎながらふらふらと歩き、運動場のところで少し水をもらった後学校正門を出て、土手の松の木がなぎ倒されて塞がれていた坂道を下り、そこにあった民家で水を腹一杯飲んで眠りました。その日遅く、瓊浦中の先生に正門の坂道の土手に掘られていた防空壕へ連れて行ってもらい、そこで再び眠りました。翌朝、壕を出てぼんやり立っていると自転車を押して坂道を登ってくる父親に会いました。

しかし、あまりに変わり果てた息子の姿に父親は誰か分からず、「お父さん！」と声をかけられて初めて我が子だと分かり、「保か？」と叫ぶように言ったということです。そして、父親に連れられて爆心地から二・五キロメートル離れた自宅にたどり着きましたが、家が半壊の状態だったためすぐ前の小学校の物置きに寝かされ、この後数カ月の間寝たきりの生活になりました。原爆で受けた傷は「鼻柱を砕いた左眼の横の傷と口の右側の数条の裂傷や胸のやや中央部に約二十センチメートルの木切れが刺さったものの他に、右眼の下に小さな木片が刺さり、前歯が一本すっかり抜けてなくなり、顔面と上半身一体に無数のガラス片が刺さっており、また左の上腕部と左脇腹とにつながるような形で火傷を負っていました。」（前掲『いいたかこと』三九頁）と、書かれています。私は、先生の唇の傷跡は原爆によるものだと思っていましたが、やはりそうでした。被爆時の傷のため何も知らない子どもたちから笑い者にされ、一時は死んでしまいたいと考えられたこともあったそうですが、急性の原爆症で亡くなった親友が先生のことを死ぬ間際まで案じていたということを聞かされて、亡くなった親友の分まで生きよう、親友に恥じない行き方をしようと、前向きに生きる気力が湧いてきたそうです。

江口先生に限らず、どんな被爆者もその体験は私たちの想像を超えていますが、皆さまざまな差別や苦しみを越えて生きなければなりませんでした。だからこそ、被爆者の証言は私たちの心を揺さぶり、胸を打つのだと思います。

私は二〇一五年の四月に、江口先生が被爆された跡をたどってみようと思い、長崎に行きました。通称「遅刻坂」といわれた旧制瓊浦中学校正門に続く坂は残っていましたが、坂道脇の土手の防空壕や松の木、坂道を下ったところにあったという民家と井戸もありませんでした。ただ、正門から三〇メートルほど坂道を下ったところに「長崎県立瓊浦中学校の祈念銘板」が長崎市（原爆資料館）によって立てられており、銘板の写真（松本栄一氏撮影「倒木に覆われた正門前の坂道」）とともに被爆時の校舎や教職員と生徒の状況が説明されていて、当時を偲ぶことができました。また、長崎西高の構内に設置された「長崎県立瓊浦中学校の被爆のクスの木」（長崎市原爆資料館）には「原子爆弾のさく裂による爆風でなぎ倒されて幹から折れ、枯れはてたように見えたが、『不撓不屈』の精神が宿っているかのごとく、その後大樹に成長した」とあって、校舎のそばに五、六本のクスの大木が元気良く枝葉を広げていて、勇気づけられました。長崎西高の教頭先生に構内を案内していただけたことも幸いでした。長崎西高校舎の玄関を入ってすぐ正面の壁に、正門や奉安殿、寮などの写真が掲げられていて往時を偲ぶことができますが、長い間にカビがつき痛んできたので、新しくすることを考慮中だということです。また、毎年長崎西高でおこなわれている全生徒対象の（注1）平和教育についても話してくださいました。一年生は旧制中学と被爆のビデオを見て感想文を書き、二年生は原爆資料館を見学して五〇字メッセージを書いて冊子にします。原爆が投下された八月九日は、旧制瓊浦中の方々の参列のもと講堂に一、二年生と教員が集い、生徒たちが平和についての自分の考えを発表し、そのあと旧中の方々が主催し校内の「不撓不屈」の記念碑の前でおこなう慰霊祭に生徒の代表たちも参加します（この様子が、二〇一五年八月九日のＮＨＫで放送されました)。一方三年生は、受験があるので雲仙で一週間の勉強合宿をしますが、その間の八月九日に平和祈念の催しをおこなっているそうです。若者たちが原爆について学び、平和を自分のこととして考え、互いを思いやるように成長してくれることは、江口先生の生前の願いでもありました。教頭先生にお礼をいい、先生の母校を後にしました。

(注1)平和教育について…二〇一七年の長崎平和祈年式典では、長崎西高の二年生男女二人が立派に司会を務めました(NHK製作「平成二八年長崎平和祈年式典」でテレビ放送)。このことはまた、同校の平和教育が実を結びつつあるということを示す一つの成果ではないでしょうか。

江口先生は、中学校を退職された一九八六年に単身広島に移り、「ヒロシマ・ナガサキの修学旅行を手伝う会」を立ち上げられました(前掲『いいたかこと』によると、長崎での修学旅行の手伝いは先生の同級生だった谷口稜暉《すみてる》氏の協力をあおがれた、とのことです)。そのとき以来亡くなられる直前まで、広島に修学旅行に来る小中高校の教員や生徒のため、文字通り献身されました。先生が毎年発行されていた通信(「『ヒロシマ/ナガサキの修学旅行を手伝う会』通信」、以下「通信」と略称)には、折りにふれてのお話しだけでなく、先生にお世話になった多くの学校の教員たちの手紙が載りました。私もその中の一人にすぎませんが、先生にしていただいたことを少し書いてみたいと思います。

私が江口先生に初めてお会いしたのは、一九八七年のことです。当時私は福岡市の私立西南学院中学校に勤めていました。私たちは江口先生と連絡をとりながら紹介していただいた被爆者の方々にあらかじめ手紙を出し、夏休みを利用して広島に行きました。

江口先生にお会いした後、被爆の証言をしていただくところ（慰霊碑など）を巡り、被爆者を訪ねてお話しを聞かせていただきました。私は原爆供養塔のところでお話しをして下さる佐伯敏子さんを訪ねました（佐伯さんのお話しは『ヒロシマに歳はないんよ』という小冊子にもなっています）。江口先生の方針は、何事も旅行者まかせにせず、まず教員自ら原爆について学び、直接被爆者の話を聞いて被爆者の思いを受けとめることでした。そして、被爆者の思いが生徒たちに伝わりやすくするために生徒をできるだけ小グループに分け、佐伯さんなら平和公園の原爆供養塔、沼田鈴子さんなら平和記念資料館・東館のそばの被爆アオギリというように、被爆者のゆかりのところでお話しをしていただくのです。被爆者のお話しの後、生徒たちは簡単な慰霊式をおこない、修学旅行から帰ってからは、国語の教員が生徒たちの感想文をまとめて小冊子にし、お世話になった被爆者や江口先生に送りました。先生がいなければ親しく被爆者の話を聞く広島修学旅行は実現できなかったでしょう。

本校の修学旅行は三年ごとに見直しをすることになっていて、残念ながら一九八九年からは沖縄に行くことになりました。広島修学旅行は、一九八六〜一九八八年の三年だけでしたが、ありがたいことに江口先生が「通信」を送って下さったこともあり、その後も先生との交流を続けることができました。

一九八九年に、先生が平和公園の被爆アオギリの種子を送っておられることを知ってお便りしたところ、早速同年一〇月、育てる上での注意書きを添えて種子を送って下さいました。私は翌年の一月いただいた種を鉢にまき、観察日記をつけながら育てました。三月には双葉だけでなく本葉も元気よく開いたので、先生に知らせました。先生は文書になったものとしては第一号だととても喜ばれ、通信に載せたいのでスケッチを送ってほしいとのことでしたので、拙い絵を送らせていただきました。その後本校校庭に移植され生長したアオギリ（被爆二世）の写真を見られて「あんなに大きく育ったアオギリはない」と喜んで下さり、亡くなられる前年の一九九七年五月のお便りでも、福岡に行く予定があるので大きくなったアオギリにも会いたいと書かれていましたが、とうとう願いを果たせないまま亡くなられました。

先生は後に、平和公園から本川橋を渡ったところにある韓国人原爆犠牲者慰霊碑のそばに植えられたムクゲの種（ムクゲは韓国の国花です）も配られるようになりました。先生はなぜムクゲの種も配ろうとされたのでしょうか？　それについては次のように書かれています。

「子供達が韓国の人達の心に応え、日本のアジアへの加害の歴史を知り、友好の心を育ててほしい、という思いからでした。戦争中、日本人にひどいあつかいをされた上に、日本で原爆にあい、被爆後も差別され、手当をうけることなく死んでいった韓国・朝鮮の人達のことを、より多くの日本人に知ってほしいと、私は説明しながら種を配りました。」（前掲『いいたかこと』、二三六頁）

先生は、被爆者が自分の体験や思いを話すときに戦争中の日本の加害についても話すよう求める動きに対して、疑問を感じ悩んでおられたようです。しかし、それはかつての日本の加害行為や侵略を話してはいけないという意味ではありません。多くの被爆者は心身ともに深い傷を受け、差別と困難な生活の中で、被爆のことを知られないように生きてきました。だから、自分の被爆体験を他人に話すということは、とても勇気のいることです。また、被爆という苛酷な体験に押し潰されそうになりながら何とか生き抜いてこられた被爆者が、過去の日本の加害行為や侵略について話すことを、誰が要求できるでしょうか。それを要求することができるのは、実際に被害を受けたアジアの人々以外にありません。仮に、アジアの人から日本の加害行為や侵略について聞かれ、被爆者が返答に窮するような場合には、付き添っている人が、被爆者に代ってかつて日本が行った酷い行為を心から謝罪すればよいのではないかと私は思います。

もちろん、被爆者である先生は教員でもあったので、広島、長崎に原爆が落とされた八月六日、九日だけでなく、七月七日の日中戦争開始の日などに自らの被爆体験や戦争の悲惨さと中国への加害・侵略についても中学生に話すことができました。先生が心配されたのは、多くの被爆者が日本の加害や侵略についても話せといわれることで、自分の被爆体験さえ話せなくなったり、よく分からないのに形の上だけアジアのことを話すようになる、そういうことではなかったか、と思うのです。先生が最も大切にされたのは、残された被爆者が少なくなる中で、その一人ひとりの被爆者にしか分からない被爆体験と思いを語っていただくことでした。それこそが、次代を生きる子供たちに原爆（核兵器）と戦争、平和を自分自身のこととして考える大きな力になると信じておられたからだ、と私は考えています。

ところで、江口先生がご存命であったなら、先生に真っ先にお知らせしただろうと思うことがあります。それは、オーストリアのアレクサンダー・クメント軍縮大使のことです。

二〇一五年六月二五日の深夜、ＮＨＫ総合テレビで「決裂の裏側で～核兵器禁止条約と一人の外交官」が放送されました。この「一人の外交官」が、クメント大使でした。わずか三〇分の放送ですが、クメント大使（当時四九歳）の活動をていねいに追い、そして温かく声援を送る、非常に優れたドキュメンタリー番組でした。

ＮＨＫによると、クメント氏は一五年間軍縮問題を担当し、対人地雷の廃棄などを世界に働きかけてきましたが、二〇一三年に「核兵器の非人道性を検証する国際会議」を立ち上げ、このときから、核兵器を国際法で禁止する提案を訴え始めたそうです。大使は、核兵器が使用された影響を知るため、一四年の八月六日広島を訪れました。平和記念式典後、原爆資料館を見学し被爆者の話を聞いて、「私は本当の意味で確信することができました。核廃絶はやるべきだ、正しいのだということを」とクメント氏は語っています。原爆の被害を目の当たりにし、被爆者の話に直接耳を傾けたことが、彼にとって核廃絶に立ち向かう大きな力になったのではないでしょうか。

一五年四月に始まる（注２）ＮＰＴ再検討会議で、核兵器を法的に禁止するための議論を巻き起こし、核兵器禁止条約を議題にあげて最終文書に盛り込むために、クメント氏は核保有国、非核国、日本のような核抑止力に頼る国を問わず、必死に働きかけていきました。二週目から再検討会議は軍縮、核不拡散、平和利用の三つのテーマに分かれておこなわれ、クメント氏は軍縮部門に属しました。彼はＮＰＴの第六条がすべての加盟国に核軍縮を進めるため「効果的な措置」をおこなうよう命じているのに目をつけ、この解釈を話し合う会議を議長に提案して採用されます。この会議の中で、核保有国が主張する段階的な削減より禁止条約の方が効果的だという議論に持ち込もうとしたのです。この作戦は成功しました。放送では、軍縮部門におけるオーストリアの提案に賛成する国々と反対する核保有国との攻防の中で、核兵器禁止条約が必要だという国が次第に増えてゆく一方、核抑止力に依存する国々でも最終段階では禁止条約が必要だと認める国がでてきました。そして再検討会議閉会の前日には、最終文書案に（核兵器禁止条約という文言はありませんでしたが）「核廃絶を実現するため、今後法律面での議論をしていく必要性がある」と明記されたのです。クメント氏は喜びました。核兵器に対する考え方を変えることができた、これからも核兵器禁止条約の議論ができるのだと。

ところが、中東の非核化をめざす国際会議を一八年三月までに開催するように求める核不拡散部門でのアラブ諸国の提案が、最終文書案に盛り込まれていたことに米国が強く反発、そのため最終文書を採択できず、全会一致を原則とする再検討会議は残念ながら決裂しただけで終わってしまいました（もともと中東非核地帯構想は一九九五年の再検討会議で採択された「中東決議」の柱で、前回二〇一〇年の再検討会議でも「国際会議の一二年開催」が決められていたのです。実際には実現できなかったのですが。それなのに、最終文書案そのものの採択を米国が強硬に拒んだのは、問題でした）。

しかし、それでもクメント氏の意志をくじくことはできませんでした。再検討会議最終日に発言が許されたクメント氏は「核兵器のおろかさを訴えるのは、私たち核を持たない国の使命です。壁は厚いですが、絶対にあきらめません。たった一国の訴えにこれだけ賛同してくれる国があるのですから」と述べ、核兵器の禁止に賛同した一〇七国・地域の名前を次々に読み上げていきました。

（注2）ＮＰＴ再検討会議…核不拡散条約（核拡散防止条約ともいいます。正式名称は「核兵器の不拡散に関する条約」で、ＮＰＴは英語の略称）は、一九七〇年に発効した条約で、一九一カ国・地域（ここでの地域は、パレスチナを指します）が参加しています。この条約は米露英仏中を核兵器国（核保有国のこと）その他を非核兵器国と定義し、核兵器国に対しては他国に核兵器を譲渡することや非核兵器国が核爆発装置をつくるのを援助することなどを禁止するとともに、核軍縮（核兵器を全廃に向け削減していくこと）に向けた誠実な交渉を義務づけています。非核保有国に対しては、核爆発装置の開発・製造・入手を禁止し、原子力の平和利用にあたっては核物質について査察を受ける（これは「保障措置」といい、国際原子力機関が行います）義務を負わせています。大きくまとめれば、核兵器の不拡散、核軍縮の促進、原子力の平和利用が条約の三本柱とされていて、この条約の運用を点検するために五年ごとに開かれるのがＮＰＴ再検討会議です。未加盟の国はインド、パキスタン、イスラエルで、朝鮮（北）は条約から脱退したと主張しています。

この放送に感動した私は、大きく生長した本校の被爆アオギリ二世の写真を同封して、慣れない英文でクメント大使に感謝の手紙を出しました。このとき私は、被爆アオギリと江口保先生との関わりについても知っていただきたいと思い、手紙に書き入れました。その部分は次のようになっています（原文は英語）。

ところで、一枚の写真を同封しましたが、そこに写っている木々は、西南学院中学校にあるアオギリの木で、その真ん中の木は、広島平和公園にある被爆した母木アオギリの二世です。二六年前、私は長崎で被爆した江口保氏から数粒の種をいただきました。彼は教師でしたが、退職後広島、長崎への多くの修学旅行の手助けを一所懸命にされました。彼は核兵器の廃絶を望み、多くの人々とりわけ若者たちが広島と長崎の心を受け入れることを願っていました。一体広島と長崎の心とは何でしょうか？　それは生命と平和を尊び、なおその上に被爆者を通して他の人の痛みを理解することだと、私は思っています。生前江口氏には、広島平和公園で採取したあの種を、広く受け継がれていくという夢がありました。それ故彼は、広島と長崎の心が私のような多くの教師に配ったのです。今、北海道から沖縄まで一〇〇以上の学校ですばらしいアオギリの木が育っています。

一介の、そして見ず知らずの私の手紙に対して、クメント大使はていねいなお返事を下さいました。また翌年の二〇一六年五月のお便りでは、クメント氏の役職がヨーロッパ連合の政治及び安全委員会の常任代表になったけれども、核軍縮・核拡散問題の進展には緊密に関心を持ち続けていくこと、国連で核兵器の廃絶のための法的な交渉がまもなく始められると期待していることなどご自身の思いが述べられ、最後に「核兵器を保有する、あるいは核の傘の下にある複数の国々は、これらの兵器をあきらめること、あるいは核抑止論に挑戦することさえ今なお気が進まないようであり、依然として、行動するように促すたくさんの説得と多くのアオギリの木が必要です。」と、書かれていました。私は、被爆アオギリに託された江口先生の思いがクメント大使に通じたようで、嬉しくなりました。

二、在日コリアンと海外の被爆者

被爆者の中でも在外被爆者（広島・長崎で被爆後、海外に移住した人たち）や在日コリアン（ここでは朝鮮半島出身者とその子孫を指します）の被爆者たちは、国内に住む日本人被爆者とは異なる苦しみも負わされてきました。

次の資料は、広島修学旅行に参加した西南中学校のS君の感想文（抜粋）ですが、まずこれを見て下さい。
　八月六日八時一五分、原爆投下。そのころ金《キム》さん（筆者注：広島大韓教会の金信煥《キムシンファン》牧師のこと）は広島にはいなかったそうだが、のちに金さんが牧師として行かれた教会の人々の話しによると（略――引用者。以下同じ）「私のいた教会でも五人の信者が原爆によるガンで死にました」
　金さんの顔から明るさが消えた。きっと金さんが信頼していた信者たちだったんだろう。そこまで金さんが話し終えたところで、「戦争や原爆は町を焼いたり、人々をたくさん殺したりしたんだな」と思った。次に僕がまったく知らなかった「朝鮮人への差別」を話してくださった。（略）
「日本人は、『日本は世界で唯一の被爆国民だ』とよく言いますが、本当はそうじゃないんです。朝鮮人もたくさん被爆したんです」（略）
　その当時の広島の人口は約四〇万人。そのうち朝鮮人五～七万人。そのほとんどが強制連行で連れてこられていた。なぜそんなに強制連行者が広島に集まっていたのかというと戦争中の日本にとって広島は朝鮮に近いということで軍隊の中心であり、軍事都市だった。造船所や軍事物資工場が集まっていたそうだ。そこで強制連行されてきた朝鮮人たちは働かされていたのである。強制連行のやり方もひどかったそうだ。

「日本で働けばよい暮らしができる」などと民衆にふれて連れてきたり、ひどくなると、畑仕事をしていたり寝ている時にもむりやりトラックに入れられ、そして貨車へ移され、着いてみたら広島だったというケースも少なくなかったそうである。

戦争中、朝鮮人たちは、

「おまえたちはこれから日本人として日本のために働くのだから日本名をつける」

と言われ、日本名をつけさせられた。金さんの日本名は金山道利だったそうだ。強制連行で連れてこられる朝鮮人は「日本名をつけられるのだからまあ一応日本人として働けるんだし」などと思っていたのだろうが、実際はやはり「朝鮮人」と呼ばれて変な目で見られたりしていたそうだ。（略）金さんのある友人は原爆投下後、ケガをして治療所へ行ったが、「朝鮮人だから」と治療の対象にはならなかったそうだ。治療所から追いはらわれてとぼとぼ歩き、やがて力尽きてたおれ、それを助けてもらった農家では、

「あんたもしかして朝鮮人じゃあるめえな」

「そうですが」

「でていけ!!」

というふうにまた追いはらわれたそうだ。

このような差別（それほどひどくはないが）が現に今も残っている。（略）「韓国人被爆者慰霊碑」も初めは平和公園内におくように話し合ったそうだが、結局は外につくられた（引用者注：広島市と関係者の協議によって、一九九九年にようやく平和公園内に移されました）。

そのような戦争の傷跡を語っているうちに金さんはそれをしめくくるかのように、

「戦争中、人は人を差別したが、原爆は人を差別しなかった」

と言われた。外国人被爆者のなかには強制連行として連れてこられた中国人、朝鮮人、兵（引用者注：正しくは捕虜）として日本にいた米人、その他、フィリピンやタイなどからたくさんの留学生もいたそうだ。

「そんなにたくさんの外国人も被爆させ、しかも戦争中は東南アジアへも侵略したりして私たち日本人は被害者と言い切れるだろうか。むしろ加害者ではなかろうか」

と金《キム》さんも言われましたし、僕もその時そう思った。

その日の話しもいよいよ終わりに近付いて、金さんがこれから僕たちへの願いと思えることがあった。

「もうあのような侵略がないように。また差別がないように。どんな人でもそのまま受け入れることが平和への第一歩です。」

ということだ。本当に平和を考えたような気がした。

S君の感想文にもでてくる外国人被爆者とは、どんな人たちだったのでしょうか。『戦後70年・残される課題未解決の戦後補償Ⅱ』（中山武敏・松岡肇・有光健他著、八月書館、二〇一五年。以下『戦後70年・残される課題』と略称）からもう少し補足しておきましょう。

まず広島と長崎に落とされた原爆で被爆した外国人には、次のような人々がいました。広島では朝鮮人以外に、強制連行され刑務所に収監されていた中国人、一三人のアメリカ人捕虜、洋服屋を経営していたロシア人夫妻、ドイツ人の神父、インドネシア・マレーなどの南方特別留学生九人（うち三人死亡）、広島大学で学んでいたインドネシア・マレー・フィリピン・ボルネオなどの留学生二〇人余り（消息は不明）、日本の植民地だった台湾からの留学生や多くの居住者、旧満州やモンゴルからの「中国選抜留学生」一二、三人（うち四～六人が爆死）が被爆しました。

長崎でも朝鮮人以外に、捕虜収容所に入れられていたオランダ人一六〇人・イギリス人一六人・オーストラリア人二四人合計一九七人の連合軍捕虜たち、敵性国人として外国人抑留所に収監されていたアメリカ・イギリス・カナダ・オランダなどの修道女約五〇人、収容を免れたポーランド系の聖職者、新中華街を中心に住んでいた約六五〇人の中国人の大半、強制連行されていた中国人のうち浦上刑務所に収監されていた三〇人（全員爆死）、台湾から来て市内に住んでいた人々、長崎医科大学（現在の長崎大学医学部）関係では多くの台湾出身の学生・医師たち（うち、台湾出身者一八人が爆死。他に、中国人二人と朝鮮人一人も爆死している）が被爆しました。

これらの外国人被爆者の中で最も多いのは朝鮮人（被爆当時は「日本人」とされていましたが）の被爆者です。ところが、日本政府、広島県市、長崎県市とも十分な調査をおこなっていません。そこで推定になりますが、韓国の被爆者団体である「韓国原爆被害者協会」によると、広島で約五万人（うち、約三万人が爆死）、長崎では約二万人（うち、約一万人が爆死。長崎の民間団体である「長崎朝鮮人の人権を守る会」の調査では、長崎の朝鮮人被爆者総数は二万一三八四人で、うち爆死者が一万二二七八人とされています）が被爆したとされています。かつて日本が朝鮮を植民地にしたり、中国・アジア・太平洋にわたる侵略戦争をおこなったことが、外国人とりわけ朝鮮人に被爆という苦しみまでもたらすことになったのです。

ところで、爆死を免れた朝鮮人の被爆者は、前の記述から約三万人と考えられます。一方、『海のむこうのヒロシマ・ナガサキ』（太田康男、春秋社、二〇〇五年）によると、一九四八年に大韓民国（以下「韓国〔南〕」と略称）と朝鮮民主主義人民共和国（以下「朝鮮〔北〕」と略称）が成立した時、それぞれの国に住む被爆者を約二万三〇〇〇人、約二〇〇〇人と推定しています。そうすると、合計約二万五〇〇〇人の朝鮮人被爆者は母国に帰ったことになるので、残り五〇〇〇人ほどが在日コリアンの被爆者として日本で生活するようになったのではないかと思われます。

戦後日本政府は、朝鮮人を日本国籍者としましたが（実際には、日本人と同じ「国民の権利」を認めることはありませんでした）、五二年四月にサンフランシスコ講和条約が発効すると大部分の朝鮮人は日本国籍を失ったと見なし、在留資格の定まらない無国籍者のようにあつかいました。その後在日コリアンは、一九六五年の日韓基本条約にともなって結ばれた日韓法的地位協定によって大韓民国の国籍を得た人々とその子孫である在日韓国人と、それ以外の朝鮮半島出身の人々とその子孫である在日朝鮮人に分けられるようになり、現在に至ります。

こうした戦後の歴史の中で、在日コリアンは、被爆者もそうでない人も長い間日本政府による公的差別と民間社会での社会的差別を受けてきました。『日韓 新たな始まりのための二〇章』田中宏・板垣龍太編、岩波書店、二〇〇七年、九八〜一〇六頁）では、次のような差別があげられています。

「外国人登録証」の常時携帯義務（違反者には二〇万円以下の罰金という刑事罰が課され、前科となる）、民間企業による就職差別、（注3）「当然の法理」による国家公務員や地方公務員からの排除、国民年金や児童手当など社会保障制度からの排除（現在はほとんどの社会保障法から国籍条項〔日本国籍保有者に限るとする条項〕はなくなったが、今も無年金状態で放置されたままの高齢者や障害者がたくさんいる）、入居差別（公営住宅については一九八〇年に撤廃された。外国人には貸さない、日本人の配偶者の名前で契約することを要求する、保証人が日本人であることを要求するなど）、朝鮮学校の生徒たちを中心とする在日コリアンの子どもに対する嫌がらせ（暴言やつばを吐きかける、駅の階段からつき落とす、民族服を切る、なぐる、蹴るなどの暴行・傷害・器物損壊などの犯罪行為）。

ずいぶん前のことになりますが、西南学院中学校で大韓基督教会のチョエ・ジョンガン牧師のお話がありました。そのときチョエ牧師は、「いつの間にか、悲しいクセがついてしまいました」といわれました。それは、チョエ牧師が外出するとき無意識のうちに胸に手をあてるというクセのことでした。なぜそんなクセがついたのでしょうか？　あるときチョエ牧師は、うっかり外国人登録証を家においたまま外出してしまったのです。そんなときに警察官の職務質問を受け、外国人登録証を持っていないことを理由に現行犯逮捕、警察署に連行されて何日も厳しい尋問を受けたのです。チョエ牧師に罰金が課されたかどうか私は忘れてしまいましたが、そのときの苦痛が牧師の「悲しいクセ」になったのでした。

そもそも在日コリアンの人たちは韓国併合によって日本人（「帝国臣民」）とされ、日本の敗戦後はGHQ・日本政府の政策（例えば、祖国帰還を望む朝鮮人が港に殺到しても、朝鮮人の軍人・軍属や強制連行された人を優先しようとして状況に合った送出策をなかなか立てられなかったし、帰還船に乗れた人も帰還後の生活の頼りになる所持金と家財道具を厳しく制限され、帰国の足は滞っていきました）やその後の朝鮮戦争による国土の荒廃・南北分断の固定化などにより、帰りたくても帰れない中、日本にとどまらざるを得なかったのです（前掲『日韓 新たな始まりのための二〇章』、七八～八五頁）。そして、再度確認しますが、追い打ちをかけるように一九五二年四月二八日のサンフランシスコ講和条約の発効と同時に、日本政府は、少数の韓国籍登録者を除き在日コリアンは日本国籍を一斉に失ったと見なしたのでした。こうして在日コリアンは外国人として登録される際の指紋押捺や外国人登録証の常時携帯義務という苦痛を押し付けられるようになったのです。

在日コリアンの裁判を含む長い抵抗運動や国連規約人権委員会の日本政府への勧告などによって、ようやく二〇一二年に新たな「在留管理制度」が導入されたことに伴い、在日コリアンには常時携帯義務のない「特別永住者証明書」（特別永住者であることを証明するカード。それまでの外国人登録証はこのカードに切り替えられました）が発行されることになりました。（なお、在日コリアンの指紋押捺義務については、これより早く一九九三年より免除となりました）

戦後在日コリアンの被爆者は、被爆の苦しみだけでなく、このようにさまざまな差別にも耐えて生きていかなければなりませんでした。

（注3当然の法理）…「当然の」とは他の条件にかかわらずという意味で、法理とは法の原理つまり法の根本原則だということです。具体的には、内閣法制局が一九五三年に国家公務員の任用について「公権力の行使または国家意思の形成への参画にたずさわる公務員となるためには日本国籍を必要とする」という見解のことをいいます。平たくいえば、法令に日本国籍が必要だと書かれていなくても、日本国籍の保有者でなければ公権力を使う、あるいは公の方針を形作る国家として採用し職務につかせることはできない、という考えです。この考えは、やがて地方公務員にまで広げられましたが、二〇〇五年一月一六日の最高裁判決では地方自治体においては外国籍の人を公務員として採用するかどうかは各自治体の自由な判断にまかされているとの判断がしめされました。兵庫県の川西市や尼崎市、西宮市、そして大阪市や川崎市など全国に少しずつ在日コリアンの地方公務員が生まれてきましたが、課長以上の管理職に昇進できなかったり、学校の先生だと正社員にあたる専任教諭ではなく契約社員と同じ常勤講師としてしか勤めることができず、主任や教頭など管理的な役職には

なれないなど、まだまだ在日コリアンに対する就職の壁が立ちはだかっています。そもそも、「当然の法理」という原則を、不法な日本の植民地支配の結果生まれた在日コリアンに適用するのは、不条理ではないでしょうか。

ここで、在日コリアンや在外被爆者の苦しみを知るためにも、日本政府が被爆者への援護をどのように進めてきたのか、見ておきたいと思います。

アメリカのビキニ水爆実験（一九五四年、西太平洋のマーシャル諸島・ビキニ環礁で実施。乗組員が「死の灰」をあびて原爆症にかかり、その年無線長の久保山愛吉さんがなくなった）を契機に原水爆禁止の署名運動が広がり、広島で第一回原水爆禁止世界大会が開かれました。このころから被爆者の救済が社会問題として注目されるようになりました。

こうして一九五七年に原爆医療法（正式には「原子爆弾の医療等に関する法律」）が施行され、被爆者に被爆者健康手帳が交付されて、被爆者の健康診断・精密検査と原爆放射能に起因する病気治療への医療給付（病気やケガがなおるまで、国の負担で医療をうける）がおこなわれるようになりました。国の責任で被爆者の医療と生活の保障をしてほしいという被爆者の願いに応えた最初の法律です。ついで一九六八年には原爆特措法（正式には「原子爆弾被爆者に対する特別措置に関する法律」）が施行され、被爆後遺症をかかえた被爆者の生活保障のために、医療特別手当（原爆症と認定された人）や健康管理手当（肝機能障害や造血機能障害など一定の病気にかかっている人）などの手当支給が始まりました。この二つの法律を原爆二法といいますが、そこには国籍条項がなく、外国人被爆者が援護を求める上で大きな力になりました。

一九九四年には原爆二法が一本化されて被爆者援護法（正式には「原子爆弾被爆者に対する援護に関する法律」翌年施行）が成立し、今に至っています。

日本に残らざるを得なかった在日コリアン被爆者に対しては徐々に原爆二法が適用されるようになったといわれますが、海外に住む在外被爆者はその後も長年にわたって放置されました。このことが、在外被爆者の苦しみをいっそう大きくしたのです。

それでは現在、在外被爆者の状況はどうなっているのでしょうか？　私は、厚労省の健康局総務課から被爆者援護についての資料をいただき、それを見た上で在外被爆者の現状について質問をすることにしました（二〇一五年六月）。

まず、いただいた資料の中に全国の被爆者数の統計（二〇一四年三月現在）がありました。そこには、広島市と長崎市それぞれの被爆者数と、両市を除いた全国四七都道府県の各被爆者数がのっています。これによれば、全国の被爆者総数が一九万二七一九人で、最も被爆者数の多い広島市が約六万二千人、次いで多い長崎市が約三万六千人、両市を会わせて全国の被爆者総数の約半分を占めます。これと都道府県の中で一位と二位の広島県と長崎県とを合わせた、広島県・市と長崎県・市との合計は約一三万八〇〇〇人で、被爆者総数の約七〇パーセントとなります。これは、原爆が投下されたのが広島市と長崎市だったので当然のことだと考えられます。健康局総務課によれば、いただいた資料にのっている被爆者数の中に在日コリアンその他の在日外国人（いずれも被爆者健康手帳を持っている人）も含まれているということです。しかし、各都道府県や広島・長崎両市にそれぞれ何人がふくまれているかについては、国内の在日外国人被爆者だけの統計はとっていないので、わからないとのことでした。いずれにしても在日コリアンは日本人被爆者に準じる扱いになっていたので、彼らの援護は現在、日本人被爆者の扱いと変わらないと思われます。

では在外被爆者はどうなのでしょうか？　そこで在外被爆者について以下の質問をしました。

問一　今も（あるいは近年も）、被爆者健康手帳の交付を希望している人は、海外にどれくらいいますか？

答　年平均七〇名程度です（ここ直近六年間ぐらいの平均）。

問二　在外被爆者にも、健康管理手当（造血機能や肝臓機能の障害など一定の疾病にかかっている人に支給）や医療特別手当（原爆症と認定された人に支給）、葬祭料が支給されますか？　また、その場合の金額はどうなっていますか（例えば、韓国人や中国人、アメリカ人やブラジル人の被爆者）？

答　支給されます。日本で支給されている額を、その時の為替レートで換算して支給されます。日本国内に外国の銀行があり、そこに振り込んでほしいという場合は、そのようにしています。お送りした資料（二〇一五年度）に書いてありますが、日本人の場合健康管理手当は月額三万四〇三〇円、医療特別手当は月額一三万八三八〇円、葬祭料は二〇万六〇〇〇円です。

問三「二〇一〇年四月一日から、日本国外にお住まいの被爆者の方（被爆者健康手帳の交付を受けた方をいいます）は、渡日しなくても原爆症の認定申請ができるようになりました」とありますが、「手帳交付のための渡日支援」では、「渡日旅費の支給をしています」としか書かれていません。重度の障害やねたきりなどで渡日できない人が、「被爆者健康手帳の交付」あるいは「健康管理手当の支給要件該当の認定」を希望する場合、渡日しなくても認定申請できる道はないのでしょうか？

答　現地の領事館等で、代理人をたてて申請できます。代理人のたて方は、日本国内でおこなっている方法と同じです。

ちなみに厚生労働省によれば、在外被爆者（被爆者健康手帳の所持者）数は三二〇九人（二〇一七年三月現在）で、韓国（南）の方（二二九二人）や戦後米国やブラジル等の海外に移住した日系人の方（米国は六八九人、ブラジルは一〇七人です）が大半を占めているということです。二〇一四年の在外被爆者は約四四四〇人だったので、毎年平均四〇〇人ぐらいの被爆者が亡くなられていることになります。また現在、国内の被爆者の平均年齢は八〇歳を越えており、在外被爆者ももちろん高齢ですから、被爆者の救済は、まさに時間との戦いです。さらに在外被爆者には、被爆者健康手帳を取得する上で日本人被爆者以上の困難があるのです。

日本政府は、在外被爆者については長い間原爆医療法と原爆特措法、そして被爆者援護法の適用外としてきました。つまり、在外被爆者は日本政府の援護の対象外なので、援護が必要なら自分が住んでいる国にしてもらうべきだということです。前に見ましたように、これらの法律には国籍条項（日本国籍の保有者だけが法の適用を受ける資格がある、という規定）はありません。これはどういうことでしょうか？

インターネットで厚生労働省の「被爆者援護施策の歴史」を開きますと、そこには「被爆者援護施策は、昭和32年の原爆医療法制定以来、数十回にわたる法令の改正を重ね（略――引用者）総合的な援護制度となりました」と書かれています。異例の回数です。実際には、日本人被爆者・被爆者団体の運動の高まりや在外被爆者が法の適用をめぐって何度もおこした裁判で国が敗訴するたびに、根本的な改正を避け小手先の対応をとってきたからです。

在外被爆者がおこした最初の裁判は、韓国釜山市に住む孫振斗《ソンシンド》さん（広島で被爆）が一九七二年におこしたものです。原爆症の専門治療を受けるため密入国した孫さんは、福岡刑務所に服役中に病状が悪化して入院、福岡県に被爆者健康手帳の交付を申請しましたが、判断をゆだねられた厚生省はこれを却下しました。この処分の取り消しと手帳の交付を求めて孫さんがおこした裁判は福岡地裁・高裁、最高裁でいずれも勝訴し、七八年にようやく手帳が交付されることになりました。

ところで、在外被爆者で最初に被爆者健康手帳を交付されたのは孫さんではなく、ソウルからケロイドの治療のために東京にやってきた辛泳洙《シンヨンス》さん（広島で被爆）でした。国は手帳の申請と交付を認めるという東京都の判断を追認しましたが、辛さんが都に手帳の交付申請をした同じ日の七四年七月二二日（孫さんの裁判が、この年三月福岡地裁で勝訴し、二審の福岡高裁で進行中でした）、厚生省は「四〇二号通達」を出しました。この通達は、「原爆特別措置法は日本国内に居住関係を有する被爆者に対し適用されるものであるので、日本国の領域を越えて居住地を移した被爆者には同法の適用がないものと解される」としました。要するに、日本にいる間は被爆者として医療費の支給や各種手当などの援護を受けられるが、海外に住むようになれば日本で被爆者健康手帳を取得していてもそれはただの紙切れになり、何の援護も受けられないということです。この通達は法律でもないのに、二〇〇三年三月に廃止されるまで、その後三〇年近く在外被爆者を苦しめ、また手帳の申請を思い止まらせることにつながりました。

さらにこの通達以外にも、在外被爆者にとって手帳の申請を困難にしたことがありました。

厚労省の国外調査（二〇〇五年度）によれば、在外被爆者が最も多い国は韓国（南）で在外被爆者の約七〇パーセントを占め、次いで米国、ブラジルと続いて、この三カ国で約九六パーセント、つまり在外被爆者の大部分を占めています。このうち韓国（南）では、原爆のおかげで日本が降伏し祖国が解放されたという考え方が強く、米国でも、原爆投下が日本の降伏をもたらしたと大統領から一般大衆にいたるまで広く信じられていて、このような誤った見方も自分が被爆者だということを隠すことにつながりました。

また、『海の向こうの被爆者たち——在外被爆者問題の理解のために』（平野伸人編著、八月書館、二〇〇九年。以下『海の向こうの被爆者たち』と略称）によると、米国やブラジルでは民間の健康保険しかなく、被爆者と分かると加入できなかったり掛け金が高くなったりするので、被爆者であることを隠す人が多いとも書かれています。このような移住先の事情もまた、在外被爆者たちが日本に援護を求めて声を上げるのをむずかしくしました。

ここで少し在ブラジル・在米被爆者について述べておきたいことがあります。

前に、被爆者援護法には国籍条項がない、と書きました。国籍条項とは外国籍の人を排斥するためのものですが、そもそもブラジルの被爆者はほとんどが日本国籍を持ち、日本の国策にそって戦後移民となったひとたちです。米国の被爆者の場合も、アメリカに移住した理由はさまざまですが、やはり多くが日本国籍を持っていました。なぜ「日本人」である彼らは、ただ海外に住むようになったというだけで、日本政府の援護の対象外とされ、見捨てられるのでしょうか？　日本という国は、どこに住んでいるかということで「日本人」を助けたり捨てたりする国だったのでしょうか？

二〇〇三年一二月に「四〇二号通達」が廃止され、ようやく海外の日本領事館等で被爆者健康手帳の申請ができるようになり、さらに二〇一〇年には原爆症の認定申請も同様にできるようになって、内外被爆者の格差は形式上なくなりました。しかしそれでもなお、在外被爆者の申請をはばむ壁があるのです。そしてその壁は、特に在韓・在朝被爆者や在中被爆者にとっては大変大きな壁になっています。一言でいうとそれは、日本政府が援護の手をさし伸べなかった間に過ぎ去った時間の壁です。

二〇一五年七月に、NHKのBS1で「置き去りの在韓被爆者　原爆投下から七〇年、韓国人被爆者のいま」が放映されました。被爆後の後遺症に苦しむ在韓被爆者・家族の厳しい現状と被爆者健康手帳申請のむずかしさがよく描かれていましたが、最後に取材を担当したリポーターが次のように述べていました。

人類史上初めて核兵器の惨禍を受けたという意味では、韓国の被爆者も日本の被爆者も何らかわりはありません。しかしですね、支援のしくみが不十分だったために、日本の被爆者以上に苦しんできたという側面があると思います。韓国で暮らす被爆者は徴用や出かせぎで来日していた成人の人が多く、平均年齢が日本人の被爆者よりも高いといわれています。原爆投下から七〇年となる今、残された時間がより少ない彼らが口にするのは、二度と戦争を繰り返してはならないという言葉でした。その思いをしっかりと受けとめなければならないと、取材を通して強く感じました。

被爆者が被爆者健康手帳の交付を申請して認められるためには、一定の条件があります。初めに、①被爆時の状況などを書いた本人の申述書兼誓約書、②「第三者（三親等内の親族を除く。〔筆者注：被爆者の妻または夫・父母・祖父母・曾祖父母や兄弟姉妹、おじ・おば、めい

・おい、子・孫・ひ孫などはダメだということ」）二人以上の証言」を記した証明書（これを作成するには、第三者の証人二人以上を捜し出さなければなりません）、または③当時の罹災証明書など公の機関が発行した証明書、④その他の書類が必要です。厚生労働省によれば、②③の書類はなくても申請できることになっていますが、実際には本人の被爆証言だけで申請が認められるのは極めてむずかしいのです。

原爆投下から七〇年以上がたち、②③の書類をそろえることは日本在住の被爆者でさえむずかしいのに、在外被爆者の中でもより高齢の人が多く、また祖国にかえってからも混乱や戦争など様々な非運に遭遇した在韓被爆者（もちろん在朝・在中被爆者も）がこれらの条件をクリヤーするのは至難のことでしょう。

このことを示す在韓被爆者の裁判が、二〇一六年に長崎地裁で始まりました。原告は釜山《プサン》在住の金成洙《キムソンス》さん（一六年現在で、九〇歳）、慶尚南道《キョンサムナムド》在住の裵漢燮《ペハンソプ》さん（同、九〇歳）、李寛模《イグァンモ》さん（同、九四歳）で、報道によると、金さんは一九三八年に来日後四三年に、裵さんは三九年に来日後四四年に、李さんは朝鮮半島から四四年に、それぞれ三菱重工長崎造船所に徴用されました。三人とも被爆を証明する証人が見つからず、三人を支援する神戸市の市民団体は、長崎造船所に徴用されるなどして被爆したとみられる朝鮮半島出身者約三四〇〇人分の名簿を保管していた長崎地方法務局に情報公開請求しましたが、名簿は見つかりませんでした。結局、三人が被爆したことを証明する証人や徴用されていた記録がないなどの理由で、長崎市は三人の被爆者健康手帳交付を却下しました。ところがその後、法務省が名簿を保存するよう通達していたにもかかわらず、長崎地方法務局は既に七〇年に廃棄していたと支援団体に回答してきたのです。この知らせを受けた李寛模さんは無念に体を震わせ、「私にはあまり時間はない。なんでこんな野蛮なことをするんだ。先進国がすることか」（毎日新聞、一七年九月二二日付）と叫んだそうです。広島市は一五年に、広島法務局が保管していた三菱重工広島造船所の名簿を有力な証拠と判断して、元徴用工の在韓被爆者に手帳を交付していますから、李さんの無念は察するに余りあります。

そもそも、在韓被爆者が長い間申請できなかった大きな責任は、在韓被爆者を含めて在外被爆者を差別的に扱ってきた日本政府にあります。さらに今回の場合、国の機関である長崎地方法務局が被爆の認定に重要な公的書類を廃棄していたのです。また、三人は韓国政府から長崎造船所に徴用された「強制動員被害者」と認定されており、金さんの場合申請前に長崎を訪れ、造船所周辺を歩きながら被爆時のことを含め当時の様子を長崎市の職員に詳しく証言していたとのことです。それでも三人の証言は信用されず、申請は却下されてしまいました。これでは余りに形式主義、不条理の極みといわれても仕方がありません。三人とも九〇歳を超えて残された時間は少なく、裵さんの場合自宅でほぼ寝たきりの生活だそうです。田村和之・広島大学名誉教授は「ずさんな文書管理の実態もふまえ、行政は公的書類の有無にこだわらず、本人証言を重視して手帳を交付するよう姿勢を改めるべきだ」と指摘（毎日新聞、一七年八月八日付）していますが、至極もっともなことではないでしょうか。

このように在外被爆者の救済は、ただ形式的に国内の日本人被爆者と同じ扱いをするだけでは決して解決することはできません。政治的な、もしくは外交的な解決が必要です。特に、かつて日本が侵略し植民地化した中国や韓国などアジアの被爆者たちは、日本の侵略政策・侵略戦争の犠牲者である自分たちが、どうして日本が始めた戦争で落とされた原爆の被害者になって苦しまなければならないのか、どうして日本政府は自分たちを無視できるのかと早くからいきどおり、涙を呑んできました。被爆二世であり、「在外被爆者支援連絡会」の共同代表で前掲『海の向こうの被爆者たち』の編著者でもある平野伸人氏は、一九八七年夏に韓国の被爆二世との交流を求めて訪韓したときのことを、次のように書いています。

※引用文中の省略記号（略）は、すべて引用者によるものです。

ソウルの交流会場には多数の在韓被爆者、被爆二世が集まっていた。交流団体を代表して、編者は「同じ被爆者や被爆二世として核兵器の廃絶に取り組もう」と挨拶した。

　それを受けて、韓国の被爆二世の代表は次のように答えた。

（略）わたしたちの親は日本の植民地下の当時の朝鮮から日本に渡った。それには強制連行された人もいただろう。生活の糧を求めて広島や長崎に行った人もいただろう。どちらにしろ、日本の植民地という状況の下で日本に行った。そして、原爆にあい奇跡的に助かった。戦争が終わって命からがら祖国へ帰ったが、原爆のために健康を害し仕事もろくろく出来ないなかで、被爆二世であるわたしたちを苦労して育てた。原爆を受けたという点では同じ被爆者や被爆二世かもしれないが、日本の被爆者と韓国の被爆者とでは形成過程が違う。同じ被爆者や被爆二世と簡単に言うことは出来ない。しかし、日本政府は日本の被爆者には援護をしながら、在韓被爆者には何の援護の手も差し伸べていない。（略）せめて在韓被爆者に日本人被爆者と同様の援護が受けられるようになってはじめて次の課題に進むことが出来るのではないか。

　この厳しい指摘を、現在も鮮明に覚えている。（略）

　翌日、ソウルに住む数軒の被爆者の家庭訪問をした。そこで見たものは、悲惨な被爆者の実態だった。健康を蝕まれ苦しむ被爆者たち、生活苦に苦しむ被爆者たち。経済状況が厳しかった韓国社会の中でも、底辺であえいでいたのが在韓被爆者だった。

（同書『海の向こうの被爆者たち』、一一二〜一一三頁）

※前記元徴用工被爆者三人については、長崎地裁の判決を受け一九年一月に長崎市は被爆者健康手帳を交付しました。

これまで日本政府や日本の裁判所は、従軍慰安婦や強制連行された人々などの補償問題はすべて戦後各国と結んだ条約などで解決済みとしてきました。しかし、在外被爆者を含め、日本によって被害を受けた人々や遺族が納得しない限り、日本がいくら解決済みと主張しても問題が解決することはありません。在外被爆者の救済もまた、これらの問題と同様歴史の真実に基づき、被害者や遺族が納得する形で政治的・外交的に解決する必要があります。このことについては、第四章で述べたいと思います。

三、核兵器禁止・廃絶を推し進める被爆者と阻む日本政府

「怒りのヒロシマ 祈りのナガサキ」という成句がありますが、二〇一四年八月九日長崎市で開かれた原爆犠牲者慰霊平和祈念式典は、全く異なるものでした。テレビで式典を見ていた私は、驚いて画面に釘付けになりました。被爆者代表として「平和への誓い」を読み上げた城臺美彌子《じょうだいみやこ》さんが、安倍首相を前にひるむことなく、集団的自衛権の行使容認から武器や原発の輸出に至るまで政府の進める安全保障と原発政策を痛烈に批判したのです。

朝日新聞編集委員の大久保真紀氏のコラム（朝日新聞、一四年八月一六日付）によれば、城臺さんは貴賓席に入ってきた安倍首相の姿を見たときに怒りがわき上がり、「被爆者代表として面と向かって抗議しなくては」と腹をくくって、会場で配布されていた文面を離れて強烈な怒りの言葉になったのだそうです。

今、進められている集団的自衛権の行使容認は、日本国憲法を踏みにじった暴挙です。日本が戦争ができる国になり、日本の平和を武力で守ろうというのですか。武器製造、武器輸出は戦争への道です。いったん戦争が始まると、戦争は戦争を呼びます。歴史が証明しているではありませんか。（同コラム「平和への誓い」での城臺美彌子さんの言葉）

大久保氏によると、式典後城臺さんの自宅の電話や携帯電話は鳴りっぱなしになり、被爆者仲間や全国から「感動した」との声が相次いだということです。私も城臺さんの勇気ある行動に胸が熱くなりました。

この日は、被爆五団体による安倍首相への要望の場がもうけられましたが、同じく集団的自衛権は要らないと迫る被爆者に対して、首相は「平和国家としての歩みは寸分も変わらない」などと答え、終了後は「納得してませんよ」と声をかけた一人の被爆者に「見解の相違です」といって去って行きました。このやり取りを聞いていた田上長崎市長は「絶対に戦争をしてはいけないという原点は、理屈でなく被爆者の思いだ。首相にそれがどれだけ伝わったのかよくわからないが、伝えていくのが（被爆地の）大事な役目だと思う」と答えたそうです。

あの戦争と原爆でどれほど多くの人々が命を奪われ、傷つき、いい表すことのできない悲惨を味わったことでしょうか。被爆者は身をもってそのことを知っているからこそ、戦争を憎み、二度と戦争ができる国にしてはいけないと考えて抗議しているのです。

安倍首相は、「集団的自衛権の行使容認やそのための安保法制について、「国民の命を守るためだ」とか「政府は国民の生命、財産を守る責任がある」といい、災害や朝鮮（北）の核開発・ミサイル危機などでもこの言葉を好んで使います。しかし、勝手な解釈で憲法前文の平和主義を否定し「みっともない憲法ですよ、はっきり言って」（二〇一二年一二月自民党総裁としての発言）と現憲法をこきおろしました。さらに当の「国民」の多くの反対を無視して、国会では特定秘密保護法や安保法、「共謀罪」法などを数に物を言わせて強硬採決していきました。こういう人の言葉を、そのまま信じるわけにはいきません。

少し脇にそれますが、「国民の命を守る」という安倍首相の言葉がいかに空虚なものであるかを示す出来事がありました。二〇一四〜一五年のＩＳ（「イスラム国」）による邦人人質・殺害事件への安倍首相の言動と政府の対応です。

ＩＳが拘束していた湯川遥菜さんと後藤健二さんを殺害したことは決して許されるものではありませんが、それにしても政府の対応は余りにもお粗末でした。二人の解放交渉で政府はなぜ、有志国連合の一員としてＩＳと戦っている、しかもＩＳとの間で自国民の空軍パイロットと収監している死刑囚との交換問題を抱えていたヨルダンに頼ったのでしょうか。当時この地域でＩＳと太いパイプを持ち、ＩＳへの攻撃に加わらず、自国民をＩＳから解放した実績もあり、イスラエルへの態度においても多くのムスリムから称賛されていたトルコに頼らなかったのは失敗だったと、多くの専門家は見ています。

また、安倍首相は、邦人二人がＩＳに拘束されている（少なくともその可能性がある）ことを知りながら、カイロで「ＩＳと戦う周辺各国に総額で二億ドル程度支援を約束します」と演説し、ＩＳ側に「二億ドル」を七二時間以内に払わなければ二人を殺害するとの口実を与えてしまいました。さらに、イスラエルを訪問中だった安倍首相は、わざわざムスリムから嫌われているイスラエルの国旗と日章旗をバックに会見し、「人命尊重の観点から対応に万全を期すよう指示したところです」と述べました。邦人人質の命が危機にさらされている状況だというのに、安倍首相はなぜＩＳの敵意を煽るような、もしくは付け入られるような言動をおこなったのでしょうか。

後藤さんの身代金については、当初一〇億円、後に二〇億円となり、首相のカイロでの演説で一気に跳ね上がったわけですが、日本政府が金額を含めて身代金についての交渉をすることはありませんでした。当時麻生外務大臣（副総理）は、記者会見で身代金の政府による支払いに質問が及ぶと、「テロに屈しろというのかね」と記者をにらみつけました。邦人殺害後におこなわれた菅官房長官の緊急記者会見では、「身代金について、額はともかく、交渉しようとはしなかったのでしょうか」と問われると、一瞬戸惑った後「交渉しませんでした」と答えました。この緊急記者会見によって、日本政府がＩＳと接触することはなかったし、身代金の交渉も一切しなかったことが明らかになりました。ＩＳや関連組織による人質事件では、デンマークやフランス、イタリア、スペインが極秘交渉で身代金を支払い人質が解放されたといわれています。ちなみに、一九九九年にキルギスで起きた邦人技師人質事件では、小渕恵三首相（官房長官は野中広務、蔵相は宮澤喜一）は身代金を払って人質を救出しているのです。

この事件を思い起こすと、安倍首相や官房長官に面会を求めて断られ、記者会見で涙ながらに息子の救出を訴えておられた後藤さんのお母様の姿が目に浮かびます。殺害された後藤さん、湯川さんの親族のご無念は察するに余りあります。

その後、この事件の検証委員会がつくられ、一五年五月に政府の対応についての検証結果が報告されました。結論は、「救出の可能性を損ねるような誤りがあったとはいえない」というものでした。私は、そのような結論になることは予想していました。なぜなら、この検証委員会の委員長は官房副長官で、委員の多くが内閣官房や外務省など関係省庁の幹部だったからです。しかも安倍首相や官房長官など閣僚たちは聞き取り対象から除外されていました。これでは、「政府の、政府による、政府のための」検証委員会であり、その「検証」は、二人の殺害に重要な責任を負わなければならない閣僚たちを免罪するために行われた、といわれても仕方ありません。以前安倍首相は、「政治家には国民の生命と財産を守る義務がある。（略——引用者）その責任は非常に重い」（一三年七月九日）といっていました。それなのに、なぜこのような委員会を立ち上げたのでしょうか。このとき以来、私は安倍首相が使うこの手の言葉を、ただの無責任で空虚なプロパガンダ（政治的意図でおこなう主義・思想の宣伝）だと思うようになりました。

さて、城臺美彌子《じょうだいみやこ》さんを嚆矢とする安倍首相への怒りの表明は、その後も長崎の被爆者に受け継がれました。翌一五年の長崎市平和祈念式典では、被爆者代表の谷口稜曄《すみてる》さんは次のように述べています。

戦後日本は再び戦争はしない、武器は持たないと、世界に公約した「憲法」が制定されました。しかし、今集団的自衛権の行使容認を押しつけ、憲法改正を推し進め、戦時中の時代に逆戻りしようとしています。今政府が進めようとしている戦争につながる安保法案は、被爆者をはじめ平和を願う多くの人々が積み上げてきた核廃絶の運動、思いを根底から覆そうとするもので、許すことはできません。

（二〇一五年八月九日、長崎平和祈念式典の「平和への誓い」より）

長崎市の田上市長もまた、「七十年前に心に刻んだ誓いが、日本国憲法の平和の理念が、今揺らいでいるのではないかという不安と懸念が広がっている」（同「長崎平和宣言」）と指摘しましたが、安倍首相は式典後の会見で「（法案は）戦争を未然に防ぐためのもので、国民の命と平和な暮らしを守り抜いていくために必要不可欠」との主張を繰り返しました。思うに、現在の日本国憲法を「みっともない憲法」と断じる安倍首相にとっては、核抑止力を含むアメリカの武力と日本の自前の武力こそが「国民の命と平和な暮らしを守る」のだといいたいのでしょう。同じ「平和」という言葉を使っても、かつて日本がおこなった侵略戦争と植民地支配に対する反省のない（このことについては、第四章で改めて述べます）安倍首相と、真摯にそのことを反省し、日本国憲法の平和主義に則り「戦争のない、核兵器のない世界の実現のため」（前掲、谷口稜曄さんの「平和への誓い」より）努力していこう考えている被爆者とは、残念ながら前提が違うようです。

　ところで、安倍政権に限らず日本政府がどれほど耳を閉ざそうと、平和と核廃絶を求める被爆者の声は世界に広がり、国際社会を確実に変えてきました。私はこのことを考えるとき、これまで陰になり日向になり世界中で声を上げてこられた多くの被爆者に敬意を表さざるを得ません。またその姿の中に、戦争と核兵器を決して許さず、「平和を愛する諸国民の公正と信義に信頼して我らの安全と生存を保持しようと決意した」（日本国憲法前文の言葉）と宣言する、不屈の決意を感じるのです。

　それでは、核廃絶へ向かう三つの大きな変化について見ていきましょう。

第一のおおきな変化は、一九九六年七月に国際司法裁判所（ＩＣＪ）が核兵器に対する勧告的意見（国際機関からの要請に基づいて示される、法的拘束力のない意見）を決定したことです。

『核兵器裁判』（ＮＨＫ広島　核平和プロジェクト、ＮＨＫ出版、一九九七年）から、この裁判をめぐる動きと判決について紹介します。

核兵器の威嚇と使用は許されるのか国際司法裁判所で決めてもらおうというアイデアは、ニュージーランドの一市民グループから生まれました。一九八四年の総選挙で勝った労働党政権は、同盟国アメリカの圧力をはねつけて、核兵器の製造・取得・保有・管理を禁止するばかりでなく、核兵器搭載の可能性があるすべての艦船・航空機の入国を禁止する（筆者注：九一年に放射能汚染の危険のないことを条件として入国を認める政策へ転換しました）法律を制定しました。このとき盛り上がった市民運動の中で、一市民グループの小さな勉強会に招かれた米国の国際法の専門家が、国際司法裁判所の「勧告的意見」ならばあらゆる法律問題を扱うことができるので核兵器をアメリカに限定せず一般的な問題として国際司法裁判所に提案してはどうかとアドバイスをし、核兵器そのものの違法性を国際司法裁判所で裁くという画期的なアイデアが生まれたのです（同書、一〇～一七頁参照）。

このアイデアはその後世界に広がり、九二年にスイス、ジュネーブの国連ヨーロッパ本部で国際法の専門家や医師、多くの市民、NGOの代表などが集まって「世界法廷プロジェクト（WPC）」が発足しました（筆者注：「核兵器廃絶を目指す法律家協会」＝日本反核法律家協会の理事である宮武嶺氏によると、最後には世界で七〇〇団体、数千万人が参加する大運動になり、日本被団協の被爆者の方々も病気がちの体にむち打って働かれたとのことです）。WPCの働きかけを受け、まず国連の専門機関である世界保健機関（WHO）が国際司法裁判所に勧告的意見を求めて提訴し、ついで九四年一二月に国際司法裁判所提訴決議案が国連総会本会議において可決、採択されました。

いよいよ九五年一〇月から、国際司法裁判所において、WHOと国連総会からのそれぞれの勧告的意見を求める要請についての審理が始まりました。初めに各国から意見陳述書の提出が行われるとともに、二週間にわたって口頭陳述が行われました。口頭陳述に参加したのは核保有国の米露英仏を含む二二カ国の政府代表とWHOで、日本からは外務省の河村武和審議官、平岡敬広島市長、伊藤一長長崎市長が参加しました。口頭陳述を行った国々の核兵器についての法的立場は、四つに分かれました。米露英仏の核保有国は「裁判所が判断すべき問題ではなく、場合によって核兵器の使用は合法である」との立場で、ドイツ・イタリア（筆者注：この二国はアメリカ中心の軍事同盟であるNATO＝北大西洋条約機構に入っています）は「裁判所が判断すべき問題ではない」と主張、最も多かったのが「裁判所は判断を示すべきであり、核兵器の威嚇、使用は違法である」との立場で、マレーシア・ニュージーランド・メキシコ・コスタリカ・エジプト・ジンバブエなど一五カ国が主張しました。そして、核兵器の威嚇・使用が国際法に違反するかどうかについて明確な主張をせず「あいまいな態度」だったのが一カ国、私たちの日本政府でした。

当時は村山富一内閣（社会党、新党さきがけ、自民党の連立政権）でしたが、核兵器の国際法上の評価について「国際法違反」とは明記しない陳述書をおくりました。

日本は「唯一の戦争被爆国」だと喧伝しながら、法的に核兵器を縛ることにはこのように消極的でした。広島・長崎両市は早くから国際司法裁判所と日本政府に対して被爆者と両市長に陳述の機会を与えてほしいと要請していましたが、国際司法裁判所からは陳述できるのは国家か国連の機関のみだと断られました。そこで日本反核法律家協会などが「核兵器は違法」という立場の非核保有国に両市長を証人として申請してもらうよう働きかけたのです。この結果、太平洋の島国ナウル共和国から、広島市長に陳述人になってもらえないかとの要請がありました。このような事態になって、ようやく日本政府から両市長に法廷で証人として陳述してほしいとの依頼がきました。しかし外務省は政府の口頭陳述では核兵器が国際法違反であるとは明言しない方針でしたので、両市長に対し日本政府がすでに国際司法裁判所に送った陳述書の趣旨にそって陳述してほしいと要請しました。つまり、被爆の被害の事実のみを証言し、核兵器の国際法上の解釈や評価はしないでほしい、ということでした。平岡広島市長によると、口頭陳述直前に河野洋平外務大臣（河野太郎現行政改革担当大臣の父）から電話があり、「元新聞記者なのだからうまくかけるんじゃないですか」と頼まれたといいます（同著、一二六頁）。これに対して平岡市長は、八月六日の平和宣言でも「核兵器は国際法違反」といっていると突っぱね、伊藤市長に電話して、両市が足並みそろえて「国際法違反」だと明言することを確認したのです。

　九五年一一月、日本政府代表による口頭陳述の場で河村審議官は、まず核兵器の使用は国際法の思想的基盤にある人道主義の精神に合致しないと考えると述べ、ついで原爆による広島・長崎の被害状況を説明した後「わが国は、核戦争および核兵器の使用を防止するためには核軍縮、核兵器不拡散および究極的な核兵器の廃絶が必要であり、そのために実現可能な具体的な措置を一歩一歩進めていくことが肝要であると考えます」と強調、さらに核保有国に対して「核兵器の究極的廃絶という目標にむけていっそうの核軍縮を求める」と述べ（筆者注：「究極的廃絶」という言葉は核保有国に対して事実上何の制約も課さない飾り言葉にすぎません）、最後に広島・長崎両市長の陳述につなぐときには、前述の外務大臣と広島市長とのやり取りから両市長は核兵器が国際法違反だと明言すると確信していたので、「これからの両市長の発言は、証人としての発言であり、日本政府の立場からは独立したものです。特に事実の叙述以外の発言があれば、それは必ずしも政府の見解を表明するものではないことを申し添えます」（同書、一二〇頁）との言葉を付け加えました。

一方、原爆で非業の死を遂げた多くの死者や今なお放射線障害で苦しんでいる被爆者たちに代わって、平岡敬広島市長は「先の戦争で日本が行った恥ずべき行為を反省したうえで、広島の被害を世界の人々に知ってもらい、悲劇を再び地球上に起こさないために、核兵器を廃絶しなければならないことを訴えたい」と前置きして、原爆の特質である大量破壊、無差別な殺戮を指摘し昭和二〇年末までに推定約一四万人が死亡したこと、生き残った被爆者にも放射線によるさまざまな障害が続いたこと、また自分の身近な人々が原爆で受けた苦しみや悲しみについて語りました。そして、戦後五〇年たっても多くの人々が放射線後障害《こうしょうがい》で苦しめられているという核兵器の非人道性を糾弾し、一八九九年の「ダムダム弾禁止宣言」から一九七二年の「生物・毒素兵器禁止条約」に至る戦争法・人道法にふれ、一九六一年の国連総会決議「核兵器と熱核兵器（筆者注：水爆のこと。起爆剤に原爆を用い、その爆発による高熱で核融合反応をおこし、より巨大な爆発を引き起こす核兵器）の禁止に関する宣言」も取り上げて、核兵器の使用はもちろん、非核保有国にとって強力な威嚇である核兵器の開発・保有・実験も国際法違反である、と明言しました。

続いて伊藤一長長崎市長は、原爆投下直後の惨状や昭和二〇年末までに約七万四〇〇〇人が死亡したこと、死を免れた人も原爆後障害に苦しんでいることなどを指摘。さらに爆風に飛ばされて即死した少年や黒焦げになった少年の遺体の写真パネルを見せながら、すべての核保有国の指導者が核兵器のもたらす現実を直視するよう訴えました。そして最後に、平岡市長と同様に、核兵器が「非人道的な大量殺戮兵器」であり、しかも国際法は「禁止が明文化されていない兵器であっても」、文民を攻撃し、不必要な苦痛を与え、環境を破壊することを禁止しており、核兵器が「これらの禁止事項に該当するものであり、国際法に違反することは明らかだ」と述べました。法廷では女性のすすり泣きの声も聞こえ、北アフリカ・アルジェリア出身のベジャウイ裁判長は、両市長に対し「感動的な陳述に感謝します」と謝意を表しました（同書、一二四～一二五頁参照）。

史上初の「世界核法廷」は、口頭陳述直前に一人が逝去し合計一四人で審理がおこなわれました。審理に当たった裁判官の出身国は、アフリカのアルジェリア・マダガスカル・シエラレオネの三カ国、スリランカ、日本、ガイアナ（南アメリカ）、ドイツ、イタリア、ハンガリー、そして核保有国である米・英・仏・露・中の五カ国でした。口頭陳述が終わった九五年一一月一五日から裁判官たちは約六週間かけてそれぞれの見解をまとめ、翌年それを持ちよって説明・批判・検討がおこなわれました。そして、比較的多数意見を代表していると思われる裁判官数人からなる「起草委員会」（委員長はベジャウイ裁判長）が作られ、ここで勧告的意見の草案が練り上げられ、ようやく九六年七月六日に国際司法裁判所の勧告的意見が発表されました。

まず、ＷＨＯからの要請については、賛成一一、反対三で、公衆衛生・健康を扱う専門機関であるＷＨＯには核兵器の問題で「勧告的意見を求める権限はない」と決定、いわば門前払いとなりました。

次に、国連総会の要請（「核兵器の威嚇と使用は、いかなる場合においても許されるのか」九四年一二月の国連総会決議）に対する勧告的意見はＡからＦまでありましたが、この中で裁判官の意見が真っ二つに割れたのが次のＥでした。

《Ｅ．核兵器による威嚇・使用は武力紛争に関する国際法、特に国際人道法に一般的に違反する。しかしながら、国際法の現状から見て、国家の存亡がかかる自衛のための極限状

況では、核兵器による威嚇・使用が合法か違法かについて判断を下せない》（同書、一四四頁）

賛成したのは七人で、ベジャウイ裁判長とマダガスカル・ハンガリー・独伊中露の裁判官。
反対したのも七人で、ガイアナ・スリランカ・シエラレオネ・日本・米英仏の裁判官国際裁判所規定により裁判長がもう一票を賛成に投じたので、勧告的意見が成立することになりました。

このように勧告的意見の結論に相当するEでは、第一文で「一般的に」という言葉を挿入することにより、核兵器の威嚇や使用を禁止する法がない現状でも国際人道法の観点から、核兵器の威嚇と使用を違法と断定しましたが、第二文では「国家の存亡がかかる自衛」の場合の核兵器の威嚇と使用については判断できないとし、合法説をとる核保有国と違法説をとる非核諸国それぞれの立場に都合の良い解釈の余地を残すことになりました。

ただ、反対七の中でガイアナ・スリランカ・シエラレオネ出身の三人は、核兵器はどんな場合も違法であるとの立場から反対票を投じたので、国際司法裁判所の中では核兵器の使用と威嚇が違法だと考える傾向が強かったといえます（判決Eの分析は、同書一四四～一四五頁を参照）。

このように裁判官の意見が真っ二つに割れたEと異なり、最後の勧告的意見Fは裁判官が全員賛成しました。

《F．すべての国家には、核軍縮につながるような交渉を誠意をもって行い、完了させる義務がある。》（同書、一四四頁）

このFは、国連総会の要請にはなかった核軍縮交渉の完了義務までを認める異例の提言でした。これは、核兵器を人道法上絶対悪と考え（筆者注：〈裁判長の声明〉の中で「核兵器は、無差別に殺傷する性質のものであり、戦闘員と非戦闘員を区別せず、しかも、いずれにしても不必要な苦痛を与えるものである」（同書、一五七頁）とし、国際人道法の基本原則に違反する、と指摘しています）、核廃絶を願うベジャウイ裁判長の思いの表れであったと思われます。裁判長が約二時間にわたった勧告的意見の骨子の発表の最後に述べた「核軍縮交渉への義務」は、次のようになっています。

「長い目でみると、国際法は核兵器のような致命的な兵器の法的地位に関して、見解の相違に直面せざるを得ない。それゆえ、この事態に終止符を打つことが必要である。こうしたなか、当裁判所は、核拡散防止条約の第六条に記されている核軍縮を交渉し誠実に行動する義務を認識する重要性を十分認識する。その義務の法的重要性は、たんなる行動の義務の重要性を超える。ここに関連している義務とは、交渉をどこまでも誠実に行うことによって明確な結果を得る、という義務である」（同書、一五五頁。筆者注：核拡散防止条約〔NPT〕の第六条は各締約国に「誠実に核軍縮交渉を行う」ことを義務づけていますが、国際司法裁判所はすべての国が核軍縮の誠実な交渉をするだけでなく、それを 完了させて明確な結果をもたらさなければならないと提言したのでした。また「軍縮」という言葉は、藤田久一著『軍縮の国際法』〔日本評論社、一九八五年〕によれば、国際連合の時代に入り軍備の削減だけでなく核兵器を含めて軍備の撤廃を意味するものとしても用いられるようになっている、とのことです）

史上初の「世界核法廷」となった国際司法裁判所の勧告的意見を受け、翌九六年一〇月、マレーシアを中心とする二三カ国が「核兵器禁止条約」の早期締結につながる交渉の開始を求める決議案が国連の第一委員会に提出され、一二月には国連総会本会議において一一五カ国の賛成多数で採択されました。投票では米英仏露の核保有国とドイツ、イタリアなど二二カ国が反対しましたが、中国が核保有国の中で唯一賛成にまわりました。棄権は日本を含めて三二カ国でした。史上初めて、国連総会が「核兵器禁止条約」を制定せよと求めた決議でした。核兵器をめぐる各国の本格的な議論を踏まえて出された国際司法裁判所の勧告的意見は、この他カナダの核抑止政策の見直しや非同盟諸国（筆者注：いかなる軍事同盟・軍事ブロックにも属さず、平和共存と植民地主義の除去を外交政策の基調とする国々）によるジュネーブ軍縮会議での核兵器全廃計画の提案、市民たちの運動などさまざまな動きにつながっていきました。

また国際司法裁判所の判断が示された一九九六年は、オーストラリア政府が設立した「核兵器廃絶のためのキャンベラ委員会」（世界の著名な科学者・軍人・政治家など一七人で構成された、核兵器のない世界を実現するための諮問委員会）による核廃絶のための具体的な提言や国連総会での「包括的核実験禁止条約」（筆者注：英語の略称はＣＴＢＴ。禁止対象に、米国などが続けようとしていた核爆発を伴わないシミュレーション実験〔未臨界核実験といいます〕は含まれませんでした。外務省によると一六年九月現在で一八三カ国が署名、一六六カ国が批准しましたが、条約の発効には原子炉・研究炉を持つ四四カ国すべての批准が必要です。核保有国のアメリカと中国、核実験をおこなったインド・パキスタン・朝鮮そして核保有の疑惑が持たれているイスラエルの合計八カ国が批准していないので、今もなお発効のめどはたっていません）の採択など、市民たちの運動に裏打ちされ、非核保有国が連帯する核軍縮・核廃絶の動きは世界的な潮流となって広がっていきました。

核廃絶へ向かう第二の大きな変化は、二〇一四年一二月に開催された「核兵器の人道上の影響に関するウィーン会議」で、主催国であり議長国でもあったオーストリアが『オーストリアの誓約』（筆者注：その国際的な特質を強調するため、一五年五月に『人道の誓約』と改名されました）を発表して、「核兵器を禁止する新たな条約交渉のための土台」（核兵器禁止条約の成立に貢献し、一七年にノーベル平和賞を受賞した「核兵器廃絶国際キャンペーン」のベアトリス・フィン事務局長の言葉）を提供し、核兵器禁止条約をつくろうとする国際的な機運を大きく高めたことでした。

この『誓約』は、核兵器がもたらす人道上の「受け入れがたい結末」と核兵器を使用する危険性の増大を指摘し、「核兵器を忌むべきものとし、禁止し、廃絶する」ためにすべての関係者、各国政府、国際機関、市民社会などと協力していくことを誓った約束です。会議の中で、核兵器を国際法がどのように規制しているか、また核戦争や核爆発に対処する国内・国際的な対応能力があるかどうかについて検討されましたが、その討議結果を踏まえてオーストリアは、『誓約』の中で「核兵器の禁止及び廃棄に向けた法的なギャップ（不備）を埋める」効果的な措置を追求するよう求めていますが、毒ガスなど他の大量破壊兵器とちがい今だ核兵器を禁止する国際条約あるいは国際法がないことを考えれば、「法的なギャップを埋める」とは新たに核兵器禁止条約をつくる必要があるという意味だと理解できます。

この会議からまもなく、オーストリア政府はすべての国連加盟国に『人道の誓約』に賛同するよう要請を出しました。オーストリアのアレクサンダー・クメント軍縮大使によれば、一六年五月末の時点で正式にそれを支持した国は約一三〇カ国になります。

一五年のNPT再検討会議で、クメント大使が核兵器禁止条約を議題に上げ、最終文書に盛り込もうと知恵を絞り、誠意を尽くして活躍されたことは前に書いた通りです。このようにクメント大使たちが始めた『オーストリアの誓約（人道の誓約）』は、核兵器禁止条約の締結を目指す国際的な流れをつくりだしたのでした。

核廃絶へ向かう第三の大きな変化は、二〇一七年七月七日の国連総会で「核兵器禁止条約」が採択されたことです。この条約は、核兵器やその他の核爆発装置の開発、実験、生産、製造、取得、保有または備蓄のほか、核兵器の使用や威嚇、領域内での外国による核兵器の配備・導入・展開の容認を含め、あらゆる核兵器関連の活動を禁止しています。ひとくちにいえば、核兵器に関わるすべてを違法とする歴史上初めての条約なのです。また前文には「核兵器の使用による犠牲者（hibaku-sya ＝ヒバクシャ）……にもたらされた受け入れがたい苦痛と被害を心に留め」と書かれ、長年にわたる被爆者の思いと訴えが受け止められた、ということが示されています。　国連の条約交渉会議で議長を務めたコスタリカのホワイト・ゴメス大使は、国連本部での記者会見で「核兵器の被害を経験した被爆者が、核兵器禁止条約成立の原動力となった」と指摘し、「被爆者が共有している経験は〈人間の魂に触れる〉ものだ」と語りました（国際連合広報センターの一七年七月七日の広報から）。

条約の採決では、一二二カ国が賛成し、オランダが反対、シンガポールが棄権にまわり、圧倒的多数の賛成で可決されました。しかし、米英仏露中の五核保有国、および事実上の核保有国であるインド・パキスタン・朝鮮（北）・イスラエル、そして米国の「核の傘」に依存する日本、韓国（南）、オーストラリアそれに北太平洋条約機構（カナダ、ドイツなど）のほとんどが参加を見送りました。特に「唯一の戦争被爆国」であると公言している日本政府が、条約に反対し交渉会議にも参加しなかったことに、多くの被爆者は失望し、憤りました。

核兵器禁止条約が成立するまでの経緯をまとめると、次のようになります。

・オーストリアのクメント軍縮大使が奮闘された一五年四～五月のＮＰＴ（核不拡散条約）再検討会議は最終文書を採択できずに終わりましたが、「人道の誓約」は一〇〇カ国以上の国々が賛同し、核兵器の禁止と廃絶を求める声が国際社会に高まりました。

・同年十二月の国連総会で、核兵器のない世界を達成し維持するための具体的な法的措置や法的規範を協議する公開作業部会開催決議が採択され、翌一六年の二月、五月八月にスイス・ジュネーブの国連欧州本部で作業部会が開かれました。

・作業部会の議論を受け、一六年一〇月に国連の第一委員会〔軍縮〕で、核兵器禁止条約へ向けた交渉会議を一七年に開始するよう求める決議を採択。これをうけ一二月の国連総会本会議でも、二〇一七年に核兵器禁止条約の交渉を開始する決議が採択されました。この決議では、三五カ国（核保有国である米英仏露と日本を含めたアメリカの同盟国など）が反対、一三カ国（核保有国の中国・インド・パキスタンとフィンランド、スイスなど）が棄権、オーストリアやメキシコなど核廃絶を主導してきた国々を含め一一三カ国が賛成しました。

・法的拘束力のある核兵器禁止条約制定を目指す史上初めての交渉会議が、一七年三月と六～七月に国連本部で開催されました。しかし、米英仏露中の五核保有国とインド・パキスタン、イスラエル、朝鮮（北）、そして米国の「核の傘」に頼る国々（オランダを除く）などをあわせて約四〇カ国は、全く参加しませんでした。

以上の経過をみて目に付くのは、あくまで核抑止力という神話に固執する核保有国とその同盟国の姿でした。特に被爆者が失望し怒ったのは、アメリカと日本の姿勢でした。

アメリカのオバマ大統領は、二〇〇九年にプラハで「核兵器を使用した唯一の核保有国として道義的責任があり、核兵器なき世界を目指す」と演説しノーベル平和賞を受賞、一六年五月には広島を訪問しました。ところがそのアメリカは、国連の作業部会にも交渉会議にも参加しなかったばかりか、「抑止力に影響が及ぶ」として国連の第一委員会〔軍縮〕の採決にあたり反対するよう、そして交渉会議に参加しないようＮＡＴＯ〔北大西洋条約機構〕諸国に圧力をかけていたのです。

オバマ大統領が、広島訪問時に平和記念公園で述べた所感は、確かに「核兵器のない世界」に向けて聴衆に希望を与えるものでした。しかし「七一年前、晴天の朝、空から死が降ってきて世界が変わりました」（毎日新聞、二〇一六年五月二八日付）という、原爆投下の描写で始まる大統領の言葉は、余りに詩的で抽象的すぎました。「この空に上がったキノコ雲の姿は、最も明確に人類が抱える矛盾を想起させます。（略――引用者）人類が自然界から離れ、自然を従わせることができると示す能力は、同時に、比類のない破壊力も生み出したのです」（同紙同日付）という言葉も同じです。彼は最後まで、ほかならぬ自国のアメリカが原爆を投下したとはいわず、また、原爆投下がもたらした惨禍をリアリティーのある言葉で語りませんでした。というより、「語ることができなかった」という方が正確かもしれません。なぜならオバマ大統領に限らず、歴代のアメリカ大統領で原爆投下を誤りだったと考える大統領はいないし、被爆者の証言にじっくり耳を傾けた大統領もいないからです。二〇一四年六月六日にフランスでおこなわれたノルマンディー上陸作戦の七〇周年式典で、「ノルマンディーで第二次世界大戦は終わった」と説明があったとき、広島の原爆投下の映像が映し出されました。そのときロシアのプーチン大統領がロシア正教の十字を切って哀悼を示したのに対して、「オバマ大統領はガムを噛んで足を組んで笑いながら拍手した」（『ウクライナ危機の実相と日露関係』木村三浩・鳩山友紀夫・高野孟他、花伝社、二〇一五年、七二頁）のです。

日本政府はＮＰＴ再検討会議や国連で外国首脳の広島・長崎訪問を呼びかけてきましたが、このようなことを考えると、外国の首脳の広島・長崎訪問も大切ですが、被爆者の証言に耳を傾けていただいたり、あるいは原爆資料館をじっくり見学していただいて、原爆が被爆者の生命・人生・生活にどのような惨禍をもたらしたか深く知っていただくことが、核廃絶を進める上ではさらに重要ではないかと思います。

ここで、再び核兵器禁止条約成立までの日本の姿勢に話をもどします。日本は、アメリカとちがって国連の作業部会には参加し決議には棄権しましたが、第一委員会の採決にはアメリカの意を汲んで異例の反対投票を行い、さらに核兵器禁止条約の交渉開始を決める国連総会本会議の決議でも反対し、結局交渉会議に参加しませんでした。

「唯一の戦争被爆国」といい、「核保有国と非核保有国の溝を埋める」と主張しながら、作業部会で北東アジアの安全保障環境を理由に核抑止力に固執する日本に対して、メキシコの軍縮大使から「安全保障のために核兵器が必要だと主張することは、その地域で核兵器を使う用意があるということです。我々は、核兵器はどの状況でも決して再び使用してはいけないと思っている」と、核兵器を使ったときに何が起こるか問い詰められ、日本政府代表は答えに窮しました。

結局日本は、つねづね自認してきた核保有国と非核保有国の「橋渡し役」ではなく、核軍縮においては「対米従属国」にすぎないとの印象を国際社会に与えてしまったのではないでしょうか。

かつて中国が核実験をおこなったとき、日本政府はこれに抗議しましたが、我々の核開発はアメリカとちがい自衛のためのものだ、貴国は中国に抗議するがなぜアメリカの核実験には抗議しないのかといわれ、日本政府は反論できませんでした。なぜなら、アメリカは世界で最も多くの核実験をおこないましたが、日本が抗議したことは一度もなかったからです。

特に前安倍政権は、核兵器を持つことや使用することについて歴代政権の中で最も受容的な政権でした。二〇一六年三月の予算委員会で横畠裕介内閣法制局長官は「憲法上、全てのあらゆる種類の核兵器の使用がおよそ禁止されているというふうには考えておりません」と答弁し、その翌月政府は「憲法九条は一切の核兵器の保有および使用をおよそ禁止しているわけではない」とする答弁書を閣議決定しました。核兵器の保有と使用について、ここまで踏み込んで容認した政府はありません。日本国憲法では第九条の一項で、「武力による威嚇又は武力の行使は、(略)永久にこれを放棄する」とし、二項で「前項の目的を達するため、陸海空軍その他の戦力は、これを保持しない」と定めています。恐らくほとんどの憲法学者はこのような安倍政権の憲法解釈を認めないでしょうし、被爆者の考えとも真っ向対立するものです。

もっとも現実には核兵器を持つことはできないので、このような閣議決定をするのは、「アメリカが本気で日本を守ってくれないなら、日本は自衛のために自前で核兵器を持つかもしれませんよ」というアメリカ向けのサインでしょう。〔筆者注：すでに佐藤栄作〔安倍氏にとっては、祖父である岸信介元首相の実弟、つまり大叔父に当たります〕内閣時代の一九六九年に外務省が発表した『わが国の外交政策大綱』で、「NPTに参加すると否とにかかわらず、当面核兵器は保有しない政策をとるが、核兵器製造の経済的・技術的ポテンシャル〔潜在能力〕は常に保持する」と述べていました。つまり、佐藤内閣以来、アメリカの「核の傘」が発動されなくなれば核武装する必要があるので、核兵器をつくる能力は常に持っていなければならないという、「核の傘」と「核武装」をセットにした安全保障政策は自民党政権の基本方針だっ

たのです。以上、『「核拡散問題とアジア」核抑止論を超えて』吉村慎太郎・飯塚央子編、国際書院、二〇〇九年、二八頁より）

安倍首相はトランプ大統領に「わが国は一〇〇パーセントアメリカと共にある！」とまでいいましたが、心の中は不安でし方がないので、こんな言葉が出たのかもしれません。しかし、ここまでアメリカに媚を売った首相は、今までいたでしょうか。このような従属的関係の下で「核保有国と非核保有国の間をとり持つ橋渡し役をする」などできるわけがありません。

二〇一八年二月、トランプ政権は核戦略の指針「核態勢見直し」を発表しました。この指針によれば、アメリカは今後三〇年間で一兆二〇〇〇億ドル（約一三〇兆円）をかけ、戦略各兵器（大陸間弾道ミサイル、潜水艦発射弾道ミサイル搭載の戦略原子力潜水艦、戦略爆撃機）を更新・強化するとともに、前政権が廃止した核巡航ミサイル（「核トマホーク」の名で知られていました）を再開発することや、核兵器を使いやすくするため爆発力の小さい小型核兵器を開発導入すること、そしてサイバー攻撃や通常兵器による攻撃など核以外の攻撃に対しても核兵器の使用を検討することを定めています。つまりトランプ政権は、核兵器を強化することと核兵器を使いやすくすることの両方を目指すことにしたのです。

新聞報道によれば、米国が導入を目指している小型核兵器の爆発威力は一キロトン以下のものを想定しているそうです（毎日新聞一八年二月四日付「なるほドリ」）。広島に投下された原爆は一六キロトン（筆者注：高性能火薬一万六〇〇〇トンに相当する爆発力、という意味です）でした。例えば、現在米国が地上配備している大陸間弾道ミサイルのミニットマン3（一基に三発の核弾頭を搭載しており、それぞれ個別の目標を攻撃できる）の場合、核弾頭一発の爆発力が三三五キロトン（広島型原爆約二一発分の爆発力）なので余りに威力が大きすぎ、実際に使うのはとても難しいのです。でも一キロトン以下の核兵器なら民間人への被害を最小化できるので実際に使うことができる、とこういう発想です。

しかし一キロトンの爆発力とはどの程度の威力でしょうか。三〇〇〇ポンド爆弾は、かって米国がベトナム戦争で人口密集地帯にたくさん落とした最大級の通常爆弾でしたが、この爆弾が破裂すると、深さ一〇メートル・直径三〇メートルの噴火口のような大穴があき、そのまわりに掘り返された高さ七～八メートルの土砂とガレキの「丘」ができました。一キロトンの爆発力は、この三〇〇〇ポンド爆弾の七〇〇発分を優に超える威力なのです。もちろんこれは爆発力のことであって、ここに広島・長崎の原爆と同じように核爆発特有の放射能の威力が付け加わるのです。こういう新型の小型核兵器なら使いやすい、使ってもよいという発想を、あなたは支持できるでしょうか……。

　ところがトランプ政権のこの核戦略の見直しに対し、河野太郎（当時、外務大臣）はさっそく談話で「高く評価」し、「日米同盟の抑止力を強化していく」と表明しました。前年九月の平和祈念式典後、長崎県平和運動センター被爆者連絡協議会議長の川野浩一さんが核兵器禁止条約に背をむける安倍首相に要望書を渡すとき、「あなたはどこの国の総理ですか」と詰問し、面談後には「対米追従だけで言ってることとやってることが全然ちがう」と憤っていましたが、米国に対する姿勢は河野氏も変わりはなく、被爆者でなくても唖然とするばかりです。

「核の傘」に頼る安全保障がいかに危険で頼りにならないか、広島の松井一実市長は二〇一八年の平和記念式典（「平和宣言」）で次のように述べています。

　今世界では自国第一主義が台頭し、核兵器の近代化が進められるなど、各国間に東西冷戦期の緊張関係が再現しかねない状況にあります。（略——引用者）

　核抑止や核の傘という考え方は、核兵器の破壊力を誇示し、相手国に恐怖を与えることによって世界の秩序を維持しようとするものであり、長期にわたる世界の安全を保障するには、極めて不安定で危険極まりないものです。為政者は、このことを心に刻んだ上で、ＮＰＴ（核拡散防止条約）に義務付けられた核軍縮を誠実に履行し、さらに、核兵器禁止条約を核兵器のない世界への一里塚とするための取り組みを進めていただきたい」

松井市長の思いは被爆者の思いであり、また核抑止についての主張も極めて合理的で、歴史的にも納得できるものです。

それに対して、核抑止という考えがいかに信頼できないものか、例えば米ソが核戦争の危機に直面したキューバ危機の優れた記録文学『核時計零時一分前 キューバ危機 一三日間のカウントダウン』（マイケル・ドブズ著、NHK出版、二〇一〇年）を読めば、米ソが強大な核兵器を振りかざして相手を威嚇したために戦争を防止できたのではなく、反対に、核兵器でにらみ合ったために核戦争になってもおかしくないところを、偶然にも幸運が重なったため戦争にならなかった、ということがわかるでしょう。核抑止は信頼できる、あるいは核の傘があったために平和が維持されてきたというのは、どこかの為政者や軍人などの信念かもしれませんが、歴史的で客観的な事実に基づくものではありません。このことは、『検証「核抑止論」現代の「裸の王様」』（ロバート・D・グリーン著、高文研、二〇〇〇年）や『核兵器をめぐる5つの神話』（ウォード・ウィルソン著、法律文化社、二〇一六年）でも具体的に検証されています。日本政府がなぜアメリカの核抑止力に固執し続けるのか不思議なことです。

それでは、日本は米国の核の傘を断ることはできるのでしょうか？ もちろん、できます。杉江栄一中京大学名誉教授は次のように指摘しています。

「核の傘」の拒否は一般に考えられているほど困難ではない。なぜなら「核の傘」の保護は条約上の義務ではないからである。日米安全保障条約には「核の傘」どころか核兵器に関する条項はない。日本は米国の「核の傘」の保護を受けるべき条約上の制約はない。外交文書で「核の傘」に言及があるのは、一九九七年の「新日米防衛協力のための指針」のなかで「米国は（日本の防衛に）核の抑止力をもってコミットするものとする」という一文のみである。これは条約ではないから何らかの義務が生じるわけではない。またこの一文の削除は容易であるだろう。「日本の安全保障はアメリカの核によって守られている」という一部の政治家の主張には根拠がない。（略――引用者。以下同じ）「核の傘」からの離脱は、日米安保条約に手をつけなくても可能である。（略）「核の傘」の保護を受けていないのは日本だけではない。（注4）非核兵器地帯条約に加盟する諸国はもとよりこの保護を受けていない。「核の傘」からの離脱はまた東北アジア非核兵器地帯条約の提出に日本がイニシアティヴを発揮するのを容易にするであろう。

（『核兵器廃絶への道』杉江栄一著、かもがわ出版、二〇一〇年、二〇三～二〇四頁より）

（注4）非核兵器地帯条約…一定の地域を「非核兵器地帯」（「非核地帯」ともいいます）と定め、核兵器の開

発・保有・貯蔵・取得・配備などを禁止し、付属議定書で核兵器国が一定の義務（この地域に核兵器を配備したり、地域内の国家に対して核兵器を使用または威嚇をしないことなど）を引き受ける条約です。

非核兵器地帯条約は、人が住めない南極（「南極条約」で規制しています）を除き、現在つぎの五つの条約が発効しています。

①中南米核兵器禁止条約（トラテロルコ条約）、一九六八年発効…キューバなどカリブ海の国々を含め、メキシコ以南のラテンアメリカの全ての国々（三三カ国）が署名・批准し、核兵器国である米英仏中露が議定書を批准しています。

②南太平洋非核地帯条約（ラロトンガ条約）、一九八六年発効…ニュージーランド、を含む一三カ国が署名・批准しています。議定書は英仏中露が署名・批准ずみですが、米国は署名のみです。

③東南アジア非核兵器地帯条約（バンコク条約）、一九九七年発効…東南アジアの国一〇カ国全てが署名・批准していますが、核兵器国の米英仏中露は議定書に未署名です。この条約は、非核兵器の対象地域を、二〇〇カイリ経済水域あるいは大陸だなまで拡大したのが大きな特色です。

④中央アジア非核兵器地帯条約（セメイ条約）、二〇〇九年三月発効…中央アジア五カ国（カザフスタン、タジキスタン、トルクメニスタン、ウズベキスタン、キルギス）が署名・批准しました。議定書は一四年に五核兵器国が署名し、翌年中露が批准しましたが米英仏は未批准です。

⑤アフリカ非核地帯条約（ペリンダバ条約）、二〇〇九年七月発効…南スーダンを除く全の五四カ国〔西サハラを含む〕が署名し、うち四〇カ国が批准しています。議定書は五核兵器国が署名し英仏中が批准ずみですが、米露は未批准です。

なお、この他にも、一九九二年にモンゴル一国だけで非核兵器地帯を宣言し、国連総会で承認されています。モンゴルのような例は初めてで、それまでの非核兵器地帯と区別して「非核兵器地位（Nuclear-Weapons-Free Status）」と呼ばれています。

今までに成立した五つの非核兵器地帯条約議定書の署名・批准状況をみますと、五核兵器国の中で米国が最も非核兵器地帯に抵抗していることがわかります。国連の場で、核兵器禁止条約の成立を最も激しく阻止しようとしていたのが米国だったということと重ね合わせると、いかに米国が核抑止力に頼っているか、いかに米国が「核兵器なき世界」を目指していないかがわかります。

「核兵器なき世界」といえば、米国のオバマ大統領を思い浮かべる人も多いでしょう。彼は二〇〇九年四月のプラハ演説で、「米国は、核兵器のない世界の平和と安全を追求する」と表明し、そのための具体的な幾つかの措置（例えば、新たな戦略兵器削減条約の交渉をロシアとおこなうこと。NPTを強化し、理由もなく条約を脱退しようと図る国や規則違反が発覚した国〔演説では朝鮮（北）が名指しされています〕に対しては即時の報復措置をとること等）に言及しました。

さらに同年九月には、オバマ大統領を議長として初めての核軍縮・核不拡散をテーマとする国連安保理首脳会議が開かれ、「国連安保理決議一八八七」が全会一致で採択されました。このような国際社会への働きかけが評価され、同年一〇月オバマ氏にノーベル平和賞が贈られたのでした。

「国連安保理決議一八八七」とは、核軍縮・核不拡散・原子力の平和利用など核関連の全分野を網羅する決議で、「核兵器のない世界」に向けた条件を築き上げる決意を表明するとともに、(1)核不拡散体制に対して「重大な挑戦をおこなっている国々」(筆者注：決議では、それらの国々の名前は示されていません。日本の外務省は朝鮮（北）とイランを暗示していると見ています)に対し条約の完全履行を要求する」、(2)「NPT非締約国に対し、非核兵器国としての加入を要請する」、(3)「非核兵器地帯条約締結への動きを歓迎・支持し、非核兵器地帯が核不拡散体制を強化し核軍縮に貢献することを確認する」など、一一の項目について具体的な国際社会の行動目標を定めています。

この安保理決議とオバマ氏（あるいは政権）との関係について、「アメリカの良心」とも「世界の良心」とも呼ばれる米国の言語学者ノーム・チョムスキーは、『複雑化する世界、単純化する欲望核戦争と破滅に向かう環境世界』（ノーム・チョムスキー、ラリー・ポーク著、花伝社、二〇一四年）で次のように述べています

※引用文中の省略記号（略）は、すべて引用者によるものです。

二〇〇九年九月国連安保理は決議一八八七を可決しました。それは、イランに対する決議だと解釈されていました。ある部分ではそうなのですが、すべての国が核不拡散条約に参加することも呼びかけていました。問題となるのは三つの国です。インド、パキスタン、イスラエル（引用者：この三カ国は今も核不拡散条約に未加盟で、長崎大学核兵器廃絶研究センターによると、一八年六月現在でインド・パキスタン・イスラエルはそれぞれ推定で一二〇〜一三〇発・一四〇発・八〇発の核弾頭を保有しています）。オバマ政権はただちに、これはあなたたちには該当しないとインドに伝えました。そして、イスラエルにはこれまでもこれからも該当することはないと伝えました。（同書、五五頁）

ニクソン政権はイスラエルにいわゆる曖昧政策――核兵器を保持しているか否かも言わないこと――を止めるよう強いたり、説いたりさえもすることはないと文書外の合意を交わしました。それは、五年ごとの核不拡散条約（NPT）再検討会議でもまだ生きています。一九九五年には、アラブ諸国、特にエジプトからの強力な圧力のもとに、非核地帯へむけて動くことに同意し、クリントン政権が署名しました。（略）二〇〇五年にブッシュ政権は、つまるところ、全会議を台なしにしました。基本的にブッシュの言うことは、「なぜそうする必要があるのか」ということでした。

二〇一〇年五月にも再び提起されました。（略）圧力が凄まじかったので、アメリカ合衆国も原則で受け入れ、決意を表明しましたが、ヒラリー・クリントン（引用者注：第一期オバマ政権の国務長官）は「非核地帯の確立には機が熟していない」と述べました。オバマ政権はイスラエルの立場にお墨付きを与えただけであり、結局は、「いいだろう。しかし、中東で包括的な平和合意がなされた後なら」と述べました。つまり、このような合意は合衆国とイスラエルが無限に引き延ばすことができるのです。ですから、根本的には、「結構。だが、決して実現しないだろうね」ということを言っているのです。このようなことはほとんど報道されることはないので、誰も知らないのです。ちょうど、決議がインドとイスラエルには適用されないと両国に伝えたことを、ほぼ誰も知らないのと同様です。（同書、五七〜五九頁）

このような事実を踏まえると、オバマ大統領であろうとなかろうと、核兵器を含む強大な軍事力を持ち、国防総省に代表される巨大な軍事機構と軍需産業、研究開発部門で多くの人々が働いている米国の大統領が、自国はもちろんのこと同盟国や覇権を維持する上で必要だと考える国々の核廃絶に取り組み、「核兵器のない世界」を実現してくれると期待するのは、余りにも空想的ではないでしょうか。

では、どうすれば核兵器を廃絶できるのでしょう。

広島在住のＷｅｂジャーナリスト哲野イサク氏は、『「中央アジア非核兵器地帯」発効の意義』（二〇〇九年三月三〇日付け・Ｗｅｂ上）の中で「核兵器廃絶への二つのアプローチ」を示しています。この方法はフィリピン大学のロジャー・ポサダス博士の構想（豊田利幸・飯島宗一・牧二郎編著『太平洋の非核化構想』、岩波新書、一九九〇年、四〇～五〇頁）に触発された方法で、次の二つです。

A、核兵器は、開発・製造・貯蔵・運送などそれを実戦で使用するとしないとにかかわらず、それを扱うこと自体が、もっとも恥ずべき犯罪である、という思想をまず地球市民社会の中に樹立すること。

B、〈核兵器を扱うこと自体が犯罪〉という国際世論の高まりを背景にして、地球市民がそれぞれの住む地域において、全ての核兵器を締め出してしまうこと。つまり〈核兵器は犯罪〉の理論をもって、自分たちの住む地域からすべての核兵器を追放し、「核兵器保有国」を地球的に包囲して行くこと。

要約すれば、「核兵器はとんでもない兵器で、あつかうこと自体が犯罪であり許されない。

この考えを世界の市民社会で共有し、核兵器を自分たちが住む地域から追放する。

こうして、核兵器を核保有国の領土・領海・領空に閉じ込め、核廃絶に向かわざるを得ないようにする」というやり方です。自国の市民を含め世界中の多くの市民の心、地域、国々から核兵器を排除していくのです。これは現在でも非常に現実的で有効な方法だと思います。

　哲野イサク氏がいう〈核兵器を扱うこと自体が犯罪〉という考えは、「核兵器は絶対悪」という被爆者や広島・長崎両市長の考えと同じものです。また、哲野氏は核兵器廃絶につなげる具体的なアプローチとして非核兵器地帯をとらえていますが、今は核兵器禁止条約（二〇二一年一月に発効し、二月現在で三二カ国・地域が批准しています）も加わりました。

　ちなみに、原爆で背中を焼かれてうつ伏せに横たわる自分の写真を掲げ、ときには胸の骨が露出した床擦れの体を見せながら国内外で証言活動をおこなってこられた谷口稜曄さんも、亡くなられる二カ月ほど前、病床から「核兵器を持ってない国がね、持っている国を包囲して、一日でも早くね、核兵器をなくす努力をしてもらいたい」といわれていました（FBS NEWSZERO、一八年九月二一日放送）。

　最後にもう一つ、付け加えたいことがあります。それは、日本の侵略戦争や植民地支配によって、中国や韓国などアジアの人々に、言語に絶する被害と苦しみ・悲哀を与えた事実を率直に認めること。特に閣僚や国会議員、官僚など国家権力の一端を担う人々は、時宜に応じて謝罪すること、が必要です。これは核廃絶のためばかりではありません。アジアの人々と和解し、協力していくために必要なのです。

これまで被爆者は自らの被爆体験をアジアの人々に語る際、日本の侵略を認めたり謝罪したりしてきました。たとえば一六歳で被爆した谷口稜曄さんは、一六年にマレーシアで講演したとき、まず「日本は真珠湾攻撃の直前にマレーシアを攻撃して戦争が始まった。アジアで犠牲になられた方々に心からおわびします」と謝罪しました。江口保先生の依頼を受けて広島に来る修学旅行生に被爆体験を話し始め、世界各地に広島の被爆アオギリの種を送り続けた沼田鈴子さん（二〇一一年、八七歳で死去）も、九一年の重慶爆撃（筆者注：日中戦争中日本陸海軍の航空部隊によっておこなわれた無差別爆撃。死傷者は三万五〇〇〇人以上と推定されている）の死没者追悼式典で日本軍による中国侵略と虐殺を詫びた上、「私は原爆を受け、片足を失いましたが、戦争中は銃や剣こそ持ちませんでしたが、戦争に協力しました。加害者であったことを反省しております。これからは二度と過ちを犯さないために、過去の歴史の事実を子々孫々に正しく伝えることを、日中両国の友好のためにわたしたち代表団は、努力していくことをお誓い申し上げます」（『被爆アオギリと生きる語り部・沼田鈴子の伝言』広岩近広著、岩波新書、二〇一三年、一四五頁）と述べています。沼田さんは、一九八九年にもマレーシアへの慰霊と証言を聞く旅に加わり、現地の生存者との交流会に参加しました。このときの沼田さんの挨拶と現地の人々の反応について、同書に次のように書かれています。

※引用文中の省略記号（略）は、すべて引用者によるものです。

「私が戦争中に働いていた広島逓信局のそばに、歩兵第一一連隊がありました。当時は兵隊さん、かっこいいなとか、きびきびしているなとか、そうした一面しか見ていませんでした。まさか、この美しいゴム園で、こんなひどいことをしているとは、夢にもおもいませんでした。私は何も知りませんでした。知らなかったことに罪をおぼえます。皆さまはどんなに苦しかっただろうと思うと、非常に心が痛みます。私は虐殺した本人ではありませんが、同じ広島の日本軍が行ったことを、深く深くお詫びいたします」

沼田さんが頭を下げるや、（略）二人の男性がつかつかと歩み寄ってきた。「何かされるかもしれない、と緊張しました。息をのんでいると、一人の方からこう言われたのです。

あなたからお詫びの言葉を聞いて心苦しい思いです。もう一人の方からは、その足はどうしたのですかと聞かれました。実は原爆で失ったのです、と初めて被爆したことを口にしました。すると二人は、傷ついた不自由な体でよく慰霊の旅にきてくれましたねと言って涙を流しながら私の手を握りしめてくれたのです」（略）手を握りしめられた沼田さんは、「ここで、原爆のことを聞かせてほしい」と依頼された。沼田さんは被爆体験を話すつもりはなかったが再びマイクを握り、（略）証言した。最後に、こう述べて締めくくった。「原爆や、あの戦争から生き残った私たちが、世界の人たち、子どもたちに、何かを残すとすれば、それは本当の平和ではないでしょうか。歴史を消してはいけません。事実を伝えることが体験者の役目です。二度とあのようなことがないよう、皆様と手を結び、仲良くしていきたいと思います。お互いに立ち上がりましょう」

拍手がいつまでも続いた。（同書、一六〇～一六一頁）

このように、日本が侵略戦争や植民地支配をおこなったことを誠実に認めること、あるいは謝罪することは、加害国・加害者対被害国・被害者という壁を壊し、アジアの人々が同じ人間として核廃絶のために協力していく端緒を開くものなのです。

一方今でも、日本は「あやまり疲れ」だなどという人もいます。確かに被爆者や日中・日韓友好の活動を続けてきたNGOの人々など、誠実に謝罪した人たちもいます。しかし満州事変から敗戦までの中国の死者だけでも一〇〇〇万人～一三二一万人以上（『日中15年戦争（上）』黒羽清隆著、教育社新書、一九七七年、一六～一七頁）にのぼるのです。日本の軍国主義・植民地主義の犠牲となったアジアの膨大な被害者やその遺族・子孫・友人・関係者の悲哀や苦痛・怒りは癒されたのでしょうか？　それはもはや過去のものとなったのでしょうか？

一九七〇年一二月に、西ドイツのブラント首相はポーランドの首都ワルシャワのゲットー記念碑前でひざまづいて謝罪し祈りました。(元首相の鳩山由紀夫氏も、二〇一三年八月ソウルの刑務所跡地の追慕碑前でひざまずき、何度も頭を下げましたが、韓国とは反対に日本のマスコミの反応は総じて冷ややかでした。私は東京文京区にある鳩山会館をたずね、「鳩山さんは、総理在任中にできなかったことの責任を感じられ、この時期に謝罪されたのでしょうかと会館の方に聞きましたが、「総理大臣であったときはできなかったと思います」と答えられました。要するに、総理在任中は自分を取り巻く有形無形の圧力にさらされていたので、総理を退任されたからこそ謝罪できたということでしょう。鳩山氏のこの行動に対する日本のマスコミの冷たい反応を考えると、腑に落ちました)ドイツはこのように、侵略した国に誠実な謝罪をし続けてきました。それでも「私たちは何度あやまればいいのでしょうか」と聞かれ、ドイツのワイツゼッカー大統領は「何度でも」と答えたそうです。

作家の柳田邦男氏も、「過去の過ちに対する謝罪と反省は、加害者側が一方的にこれで十分と決めるものではない。社会的な犯罪事件や事故の例を見ればわかるだろう。その認識不足が韓国や中国との真の和解を阻害している要素の一つになっている。」(毎日新聞、一五年五月二三日「オピニオン」欄)と述べています。大切な指摘です。

朝鮮半島では幸いなことに、韓国（南）の文在寅《ムンジェイン》大統領の尽力（文大統領は米朝の危機が高まったときに、「決して戦争は起こさせない」と言い、ピョンチャン冬季オリンピックで南北合同チームを実現させました。このことを、私はこれからも忘れないでしょう）で一旦米朝の対立が緩和しましたが、トランプ前米国大統領の一貫性のなさにより、再び朝鮮半島の状況が不安定になってしまいました。日本と朝鮮（北）との間には拉致問題と戦後処理の問題もあり、日本ほど核開発とミサイル問題で米朝の掛橋を努めるのにふさわしい国はありません。朝鮮半島の非核化と朝鮮戦争の終結（米朝平和協定の締結は、韓国と朝鮮両国が最も望んでいることです）、そして拉致問題および日朝戦後処理の問題とは、日本政府と日本人が解決するよう求められている関連問題でもある、と私は思います。

「唯一の戦争被爆国」に生きる市民として、この関連問題を解くためにどう考えどう行動するかが問われているのではないでしょうか。

第三章　韓国併合と国際法

一、伝統的国際法と近代日本の国際法学

かつて日本が大韓帝国（一八九七年一〇月、朝鮮国王高宗は皇帝の位につき、国名を改めました）を植民地にしていく過程で結んだ五つの条約は、当時の韓国の皇帝や大臣たちの自由を奪い、武力を背景に脅迫し強制したものであるだけでなく、条約の手続きや形式にも重大な欠陥がある不法無効なもので、成立したと見なすこともできないとする新たな研究が、近年相次いで発表されました。これらの研究には、従軍慰安婦問題など日韓・日朝間に今も対立を引き起こしている歴史的な問題を清算する上で、避けて通れない重要な内容が含まれています。

そこでまず、それらの研究がまとめられている『国際共同研究　韓国併合と現代――国際法からの再検討』（明石書店、笹川紀勝・李泰鎮《イテジン》編著、二〇〇八年。以下、『韓国併合と現代』と略称）から、どうして日本による韓国の植民地化が国際法上不法で無効だといわれるようにな

ってきたのか、概略を述べたいと思います。

まず、ある条約が無効か有効かという基準は、時代によって変わってきました。笹川紀勝明治大学法学部教授によれば、国際法についての考え方には現代的国際法の時代と伝統的国際法の時代があり、この二つを区別するおおよその時点は第一次世界大戦（一九一四〜一九一八年）だといわれています。当然日本が韓国を植民地にしていく中で結んだ条約は伝統的国際法の時代になりますので、ある条約が無効か有効かは、伝統的国際法の考え方によって判断しなければなりません。この点について、李根寛《イクングァン》ソウル大学校法科大学教授は次のように言っています。

※引用文中の注記記号および省略は、引用者によるものです。

条約締結に権限を有している（注1）機関自体が強迫の対象になる場合、このような強迫は（略）条約を無効にするので、この点では条約は他の契約の場合と違いがない。（略）このような見解が当時通説だったという事実には疑問の余地がない。

（李根寛「国際法上の脅迫理論の再検討——日本の韓国併合と関連して」『韓国併合と現代』、四一四頁）

さらに、「国家代表に対する強迫」とはどのような強制か、李根寛教授は同論文で次ぎのように述べています。

国家代表に対してその同意の自由を剥奪するとか、またはひどく侵害する恐れがある強制を意味する。国家代表の同意の自由が剥奪されるとかまたはひどく侵害されるかどうかが重要なことであって、強迫または脅迫の内容は対象にならない。（略）このような解釈が一九一八年以前の時期においては一般的だった。（同書、四二三頁）

つまり、伝統的国際法の時代の考え方によれば、日本と大韓帝国との条約では、条約を（注2）批准する韓国の皇帝や、条約の内容と可否を協議して皇帝に上奏したり署名したりする大臣たちの同意の自由がひどく侵害された場合、その条約は無効であるということになります。

（注1）機関…条約を結ぶ上で重要な権限を持つ国家代表（国家元首）や国家機関のこと。大韓帝国の場合、国家代表だった皇帝と、条約を審議してその可否を皇帝に上奏する議政府大臣会議および条約など国家の重大事を再審議する民間議員からなる中枢院がありました。

（注2）批准…条約の署名後、各国で定められた手続きにしたがって、その内容を審査し、最終的にその内容を確認して同意をあたえること。

また、現代の国際法では学説は法の一般原則の補助的手段にすぎないと考えられていますが、笹川紀勝元教授によれば、伝統的国際法の時代では条約や慣習などと並び著名な国際法学者の学説の拘束力が認められていました（笹川紀勝「1伝統的国際法時代における日韓旧条約

〔一九〇四～一九一〇〕――条約強制をめぐる法的な論争」『韓国併合と現代』、四八六～四八七頁）。笹川氏は、「日本の先行研究がほとんど世界の動向に言及していない。言及したとしてもそれは同協約（第二次日韓協約――引用者）の有効を展開するためである」と指摘した上で、二〇世紀初頭に結ばれた（注3）第二次日韓協約の有効無効を分析するために、一九世紀中ごろから一九二〇年ごろまでの世界の学説を調べました。その結果、代表者への強制の問題に関する伝統的国際法時代の学説について、次のようにまとめています。

伝統的国際法にあっては、条約の有効論に関する学説もいろいろあったが、しかし、代表者への強制を否定する学説はない（引用者注：文意がわかりにくいですが、この記述の前に代表者への強制を無効とする当時の多数の学者の学説があげられていますので、「代表者への強制無効を否定する学説はない」との意でしょうか）。そして、代表者への強制の法的効果については、無効と取消（引用者注：「無効」は法的拘束力がないこと、「取消」は条約成立後に当事者の間の争いで法的効力をなくせるということ）のどちらで考えるかという問題提起はあったが、裁判所の不在の状況（引用者注：当時国家間の争いを裁く国際裁判所がなかったということ）を考えたとき、その区別を論ずる意義はないという指摘にむしろ説得力があったのではないか。（略――引用者）そして、代表者への強制による無効の場合の強制の程度も、基本的

に合意の自由を損なうほどのものであればよいと考えられているのではないかと思う。（前掲『韓国併合と現代』、五〇二頁）

（注3）第二次日韓協約…韓国保護条約ともいい、一九〇五年一一月に結ばれました。韓国（南）では乙巳《ウルサ》条約、乙巳保護条約などといいます。この条約に基づいて日本は韓国を保護国とし、韓国に代わって日本が外交をおこなうため首都漢城（現在のソウル。日本人は「京城」と呼び、韓国併合後はこちらを首都の正式名称にしました）に統監府を置きました。初代統監は伊藤博文です。伊藤は後にハルビンで殺害されますが、統監の地位は第三代まで続きます。統監は一切の外交事務を管理し、皇帝に謁見する権利をもちました。

以上のように、伝統的国際法の時代では国家代表者への「強制の程度も、基本的に合意の自由をそこなうほどのものであれば」条約は無効となると考えられていたことを実証的に明かにした上で、笹川教授はさらに、第二次日韓協約に対する世界の学説の動向について、次のように述べています。

重要なのは、一〇〇年前のフランスの国際法学者の研究が今日でも世界的には、たくさんの人々に尊敬され支持されていることである。すなわち、日本が保護条約の約束を破ったことと第二次日韓協約を精神的、肉体的暴力によって韓国に強制したと指摘したレイ（Rey）（一九〇六）の論文と、第二次日韓協約を武力による強制のゆえに無効と指摘したペランジャック（Perrinjacqet）（一九一〇）の論文である。

現代的国際法の時代になると、一九二〇年から今日まで多くの研究者がかなり第二次日韓協約の無効を指摘している。そして、一九二〇年を境に学説を見たところ、代表者への強制を無効とする慣習国際法が、第二次日韓協約という具体的な事例との関係でますます幅広く学説によって支持されている。（同書、四九三～四九四頁）

また笹川教授は、直接身体の拘禁や生命に危害を与えるというような脅迫を行い調印させたのではないから第二次日韓協約は有効だとする有賀長雄の理論やそれを受け入れている日本の国際法学者や政府に対し、意思の自由を尊重した伝統的国際法の時代の有力な学者ブルンチュリの見解を用いて次のように批判しています。

有賀は、ブルンチュリのテキストのある部分のみを取り出して議論しているという印象をうける。ブルンチュリによれば、「殺すぞ」とか「閉じこめるぞ」というのは単なる具体例にすぎないのであって、もっと根本的なあるいは実質的に意思の自由が尊重されているか、奪われているかというところを彼は考えているのである。その意味で、有賀は、ブルンチュリが主張している「自由なる意思」、「意思の自由」ということの本当の意味を見逃し、軽視してしまっているのである。（内藤光博教授文責「笹川報告の概要と討論のまとめ」『専修大学社会科学研

究所月報』第四七二号、二〇〇二年一〇月二〇日、三一頁から引用）

以上から、伝統的国際法の時代の慣習法によれば、国家代表者である韓国皇帝と大臣たちを武力で脅し実質的に「意思の自由」を奪って強制した第二次日韓協約は無効であり、現在まで日本の国際法学者たちが認めてきた有効論は、重大な瑕疵のある特異な理論だといえるのではないでしょうか。

それではこの節の最後に、国際法学者の中で初めて第二次日韓協約を無効だと指摘したフランシス・レイ（Francis Rey）の論文について、若干触れておきたいと思います。

一九〇六年二月に発表されたその論文はタイトルを〈韓国の国際状況〉といい、『季刊戦争責任研究』〔通号二、一九九三年冬季号〕（日本の戦争責任資料センター、一九九三年一二月一五日、同センター訳・海野福寿解説付）に掲載されています。海野氏の解説によれば、レイは一八七〇年一月パリで生まれ、一八九九年にパリ大学で法学博士号を取得した後、パリ大学で教えたり、第一次世界大戦後のパリ講和会議でフランス代表団のメンバーになるなど、幅広い分野で活動した国際法学者でした。

レイの論文〈韓国の国際状況〉の冒頭は、次のように印象的な言葉で始まります。

その国民がチョソンと呼ぶ「静かな朝の国」韓国は、近年、全世界の注目を集めている。

日本と清国から代わる代わる狙われ、その後は日本とロシアから狙われ、人民を分断する相互に対立する勢力間の闘争によってばらばらにされ、アジアでは日常茶飯事ともいえる宮廷内の勢力争いによって国力を弱めたこの不幸な国は、半永久的な無政府状態の下で、ほとんど手つかずの豊かな国土をもっていたため、容易に、野心的な隣国の餌食にされたのである。

この冒頭の記述から、私は、「野心的な隣国」に対するレイの批判と、美しい国名と豊かな国土をもちながらその「隣国」の「餌食」にされ、不幸に突き落とされていく韓国人に対するレイの同情を感じるのですが、それはともかく、韓国を餌食にした「野心的な隣国」とは、もちろん日本です。それでは、「容易に」日本の「餌食」になる韓国の「半永久的な無政府状態」は、どこの国によってもたらされたのでしょうか。韓国自身によってでしょうか、それともロシアでしょうか？　それもやはり、日本です。レイは本論文の中で、日韓議定書《ぎじょうしょ》（日露戦争初期に日本が韓国に強制した条約。「大韓帝国ノ独立及領土保全ヲ確実ニ保証スル事」を謳い、そのため韓国全土に必要な地点に日本の軍事基地をつくることなどを認めさせました）に触れて、次のように述べています。

「日韓議定書」は、このような場合の介入権を日本に付与している。この条約では、「内乱の為め、大韓帝国の皇室の安寧或は領土の保全に危険ある場合は、大日本帝国政府は、速に臨機必要の措置を取るべし」（第四条）としている。韓国が一〇年余りも無政府状態にあったのは、原因の大部分が日本の陰謀によるものであったことを知っていれば、このような条文が日本政府の手先たちに、どのような行動手段を与えることになるのか理解することができよう。

（同季刊誌、八六頁）

レイがいう「日本の陰謀」とは何をさすのか明らかではありませんが、「韓国が一〇年余りも無政府状態にあった」と書いているので、当論文の発表年からみて少なくとも一八九四年の日清戦争以後に起こった事件をさしているはずです。例えばその中には、日清戦争開戦の口実をつくるため内政改革を朝鮮政府につきつけ、清国軍の撤兵と清国との宗属関係の廃棄を要求した上で、突然王宮を占領して国王高宗の父大院君を執政とする「親日派」政権つくり、日本に清国軍駆逐の依頼を出させて開戦した「陰謀」があるでしょう。また詳しくは別の節で取り上げますが、一八九五年一〇月に日本公使三浦梧郎が、首都漢城の日本軍守備隊や警察官・「壮士」などを使って王宮を襲撃させ、ロシアに接近していた明成《ミョンソン》皇后（王妃閔《ミン》氏）を虐殺するとともに、またも大院君を利用して「親日・開化派」政権をつくらせた「陰謀」もあるでしょう。国際問題化したこういう「陰謀」のせいで、韓国では農民戦争や義兵闘争が各地で広汎に起こるなどの「無政府状態」がもたらされたことを、日韓の歴史的関係を踏まえて論文を書いているレイが、知らないはずはありません。

しかし、日韓の関係史について縷々書くことはレイの目的ではありません。レイは、「韓国はなお主権国家なのだろうか。それとも独立国家のリストから除外されるべきなのだろうか。これを検討するのが本論文の主題」（同季刊誌、八三頁）であると書いています。

したがって、この主題に関わる日韓で締結された諸条約に的を絞り、その法的分析を通して韓国のおかれた国際状況を明かにすることがレイの目的だといえます。

レイはまず、韓国の国際状況の変化について概略次のように述べています。

> 韓国は一九〇四年までは主権国家であった。清国、日本、ロシアなどが内政にたびたび干渉はしたが、これらの列強は、常に形式的には朝鮮・韓国の独立を認めていた。
>
> （略――引用者）
>
> 一九〇四年以降、その状況は変化した。韓国が日本と結んだ各種の条約、とくに一九〇五年一一月一七日の『第二次日韓協約』などにより、日本が韓国の外交主権に加えたさまざまの制限は、韓国が独立国から保護国の地位に転落した、といわざるをえないものとした。（同季刊誌、八四頁）

そうして、二つの主権国家の条約に基づく一般的な「保護国制度」の法的原則を説明した後、レイは日本と韓国が結んだ日韓議定書、第一次日韓協約、第二次日韓協約について、日本がどのような特権をえ義務を負うことになったか、国内主権と外交主権の観点から日韓関係を詳しく考察します。また保護国制の終期については、はっきり期限を定めた条約はないが、「自国の主権に一定の制限を受け入れた独立国の場合には、結局、盟主国への領土の併合となる運命をたどるのである。これがまさしく韓国の将来として用意されたものである」（同季刊誌、八八頁）と述べています。

これらの考察の後、日韓の条約に基づく「この保護国制が無効であるとの結論にいたった二つの欠陥」（同季刊誌、八八頁）をレイは指摘します。

一つは、「日韓議定書」第五条では「両国政府ハ相互ノ承認ヲ経スシテ、後来、本協約ノ趣意ニ違反スヘキ協約ヲ第三国トノ間ニ訂立スル事ヲ得サル事」と規定されており、「この条文に含まれる誓約は相互に拘束するものである」にもかかわらず、上記規定に明白に違反する「第二回日英同盟協約」（一九〇五年八月一二日）及び「日露講和条約」（一九〇五年九月五日）を締結したことであると指摘して、次のように国際法の基本原則を述べ、原注でその出典を示しています。

外交条約を利用する以上、双務的条約では、改定においても、締結においても、契約当事者の承認を必要とすることを忘れてはならない。「いかなる強大国も条約による誓約について、当事者の友好的解釈による承認なしに、これに違反し、その条項を変更することはできないことは万民の権利の基本原則である」とは、厳粛な状況において認められている原則である。（同季刊誌、八八頁）

原注(21)　一八七一年の、一八五六年三月三〇日パリ条約改定のためのロンドン会議の議定書第一、付書。これにはドイツ、アーストリア、ハンガリー、イギリス、イタリア、ロシア、トルコの全権大使が署名した（ナラドゥンギアン『オトマン帝国の国際条約集』第三巻三〇六ページ参照）（同季刊誌、九二〜九三頁）

もう一つの理由としてレイがあげるのは、保護国制を成立させた第二次日韓協約が二重の無効条項を含んでいること、「すなわち韓国政府の同意の欠如、および韓国に対して日本が負っている保障の義務の放棄」（同季刊誌、八八頁）です。一つ目の無効理由「同意の欠如」については、次のように述べさらに原注でその出典を示しています。

「第二次日韓条約」は、日本という文明国家にはふさわしくない精神的、肉体的暴力によって韓国政府に押しつけたものである、という極東急報に接した。韓国皇帝およびその大臣たちは、伊藤博文侯爵と林権助公使を護衛した日本兵の圧力により条約の調印を強制された。二日間抵抗した後、大臣たちはあきらめて条約に調印したが、皇帝は、ただちに諸外国に代表を派遣した。なかでもワシントン駐在の公使は、皇帝に加えられた暴力を強く抗議した。この条約が調印された特殊な状況から、「第二次日韓条約」の無効を断言することを、私はためらわない。実際、私法原則の適用によって、次のことが認められている。（略——引用者）全権を有する個人の身柄に加えられた暴力は、承認の欠如を意味し、同意のない条約は無効となる。

（同季刊誌・八八～八九頁）

原注(23) ヘフダーゲフゲン『ヨーロッパの国際法』第八五節、ブルンチュリ『国際法典』、ラルディ第四〇九節、G・Fドマルテンス『ヨーロッパ近代の万民法提要』（ヴェルジュ出版）第一巻一六二ページ、リヴィエ『万民法原則』第二巻五五ページ、ピエドリェーヴル『国際公法提要』第一巻第三二七号、第三二八号、デスパニェ『国際公法講義』第二版第四五五号、ゲラル『国際保護領』一一九ページ注2、ボンフィ・フォシル『国際公法マニュアル』第四版（以下略——引用者）（同季刊誌、九三頁）

もう一つの無効理由である「韓国に対して日本が負っている保障の義務の放棄」については、次のように述べています。

「第二次日韓条約」無効の第二の理由は、日本がそれ以前に行った誓約ゆえに、この協約自体がもつ矛盾である。一八九四年以来、日本は、外交政策の基本として、中国沿海の力の均衡維持のため、日本が必要と判断した朝鮮国・韓国の独立性を認める国際条約を少なくとも四つ以上締結している（引用者：原注で「大日本・大朝鮮両国盟約」第一条、「日清講和条約」第一条、「西・ローゼン協定」第一条、「第一回日英同盟協約」第一条が示されています）。これらのたび重なる宣言および条約上に明記された宣言を前にして、他国は韓国の独立は日本の政策と不可分であると考えて当然だった。（略――引用者）不十分ではあるが、これらの宣言から判断して、日本は韓国に対して、「日韓議定書」第三条により、この国の独立を保障したのである。（略――引用者）

保護国制は独立とは両立しない。なぜなら保護国制は保護国の外交権の放棄、すなわち明白にその独立性の放棄をもたらすからである。ここには絶対的な矛盾がある。（略――引用者）日本は、韓国の独立を保障する、と約束したことにより、その誓約に拘束されている。そして、韓国がたとえ事実上完全に日本に従属していても、韓国の独立を制限する、とくに独立を剥奪するようないかなる条約をも締結することはできなかったはずである。保障条約は保障国にとって、保障国として振る舞う義務を生じさせる。（略――引用者）そして、第一の義務は、保障国が保障した独立と国土の保全を破壊する行為をつつしむことである。（同季刊誌、八九頁）

以上二つが、レイが指摘した第二次日韓協約を無効とする法的理由です。

この論文の七カ月後に出版された『保護国論』（有賀長雄、早稲田大学出版部、一九〇六年九月）の中で、有賀長雄はレイの「保護国制無効論」に反駁していますが、彼の主張について、笹川紀勝教授は次のように批判しています。

> 伝統的国際法時代の多くの学者は、レイと同じく、考える基準として、私法の原則あるいは私法に準じたものの適用と合意の瑕疵（引用者：上記レイの論文でいう「同意の欠如」と同じです）の法的制約の考えをもっていた。他方、有賀は、何の説明もなく「拘禁と殺戮の脅迫」の限定解釈を行った。この対比でいえば、彼は、レイの問題としたかかる法的制約について一顧だにしていないことは見落とされるべきでない。なぜなら、彼が、フランスと対比して日本を弁護したとき、その弁護の方法は法的制約の観点からではなく、他国の現実の国家実行との比較からである。そのために、彼のむき出しの国家実行の弁護（法的な装いの提供）をうかがえないであろうか。（前掲笹川論文『韓国併合と現代』、五〇六頁）

笹川教授の批判に付け加えておきたいことがあります。

まず「法的制約」について、レイは論文の原注で自分の主張の根拠となる有力な学説の出典を示しているのに、有賀はまさに「一顧だにしていない」のです。これは、国際法学に限らず、歴史学等あらゆる社会科学の論述慣行を無視するやり方です。相手が根拠を示して主張している以上、その根拠の誤りや欠陥、不十分さなどを示さなければなりません。そうでなければ、独善的な主張あるいは単なる思いつきといわれても仕方ないのです。有賀がなぜレイが示した根拠に全く触れなかったのかは不明ですが、恐らくブルンチュリなど当時の有力な学説を知らなかったか、それに立ち入ることは自説にとって不利になると考えたからではないでしょうか。

それから、笹川教授の指摘する「彼のむき出しの国家実行の弁護（法的な装いの提供）」とは、有賀が前掲の自著で、「一八八一年五月十七日チュニス保護条約の如き、之を日本全権が韓廷の上に加えたりと称するところのものに比すれば十倍の強制力を以て調印せしめたたるものなり」（有賀前掲書、二〇六頁。旧字体は新字体に改めています。以下同じ）と述べ、第二次日韓協約で日本が韓国宮廷に加えた強制力に比べてレイの母国フランスはチュニス保護条約の調印でその「十倍の強制力」を使ったではないかと日本を弁護したことをさしています。

有賀は続けて「当時チュニスに駐在したる英国総領事か本国政府に差出したる報告書を見るに実に左の如き文字あり」（同書、二〇六頁）と述べ、英国総領事の公文を紹介しています。

昨日正午、ブレアル将軍の率いる仏国軍隊（砲兵二個中隊を包含す）はバルドーの官宅に連続するカスル、セイドの宮殿に近く陣し、実際は之を囲みたり、殆ど同時にルースタン仏国弁理公使は四時を以て将軍自身の為に太守の謁見を公然要求し、恰も（引用者注：「ちょうど」の意）其の時刻に至りて彼れ先つ到り、大将は約二十分の後に於て多数の護衛兵と約二十名の幕僚とを従へて到れり。将軍は直に太守に条約案を示し、仏国政府の全権として宣言して曰、是れ総て現在の紛議を決定する為の最後通牒なり。（以下略――引用者）（同書、二〇六〜二〇七頁）

この英国総領事の公文に示されたフランスの軍事力による強制力を、有賀は「日本の十倍の強制力」だというのですが、これは非常に感情的で誇張された物言いです。

第二次日韓協約の締結時に日本が軍事力をどう利用したかについては次節で述べますが、とりあえずここでは韓国の首都漢城《ハンソン》に歩兵大隊、砲兵大隊、騎兵連隊を集中し、韓国皇帝と大臣たちのいる王宮内外を取り囲んで脅したことだけを指摘しておきます。

レイは前掲論文で、「日本の陰謀」や「野心的」という言葉を使って日本の行動を批判し、日本を盟主国とする韓国の保護国制が法的に無効だと厳しく指弾しました。しかし、レイがこのような論文を発表したのは、日本が野蛮な国だというためではなく、文明国家にふさわしい「普遍的な良心」を取り戻してほしい、取り戻すべきだという願いと警告からだったと思われます。彼は論文の最後で次のように述べています。

日本による韓国の保護国化は、文明国間のルールにもとづいて行われたが、その根元には、たとえ保護国（引用者注：韓国のこと）の承認があるかのようにみせるための条約という幻影に隠蔽されていても、権利の侵害があったことは残念である。「第二次日韓協約」は、日本の政策的誤りである。ある民族に、彼らが望まない政治制度を押しつけることを通じて、普通《(ママ)》的な良心（引用者注：哲学者カントのいう「良心の声」（＝自他を道具として扱わず、あらゆる人間にあてはまるような普遍的な基準に従って行為せよという道徳律）のことでしょうか？）を冒涜する国々にとって、苦難の時代は苦難が終わったと信じた、その瞬間から始まる、とは歴史の教えるところである。すべての文明国から好意以上のものを受ける価値ある国、日本のために祈ろう。このような経験を急いで味わうことのないように。（前掲季刊、九〇頁）

しかし残念ながら、有賀長雄も、その後の多くの日本の国際法学者や日本国家も、レイの願いと警告を受け入れることはありませんでした。レイの論文から約三〇年で、日本は日中戦争・太平洋戦争という取り返しのつかない「苦難」を味わうことになるのです（アジア太平洋地域にその何十倍ともしれぬ「苦難」をもたらしたことは、いうまでもありません）。

二、韓国植民地化と日本軍の役割

長州閥の陸軍大将桂太郎を首班とする第一次桂内閣（一九〇一年六月～〇六年一月。第二次は〇八年七月～一一年八月）は、当初の「政綱」で韓国の保護国化を方針に掲げていました。日露戦争が始まると、日本は、朝鮮半島を用兵・兵站地域にするとともに韓国の保護国化を一気に進めるため、軍事力を強引に行使しました。このため、日露戦争を通じて韓国の植民地化は急速に進みましたが、日露戦争中だけでなく日露戦争が終わってからも、日本軍（韓国駐箚軍や憲兵隊を含む）による韓国の主権や国際法の侵犯が続いたのでした。

このような日本軍の違法な武力の行使に注目しながら、以下時系列に沿って日露戦争における日韓関係を追っていこうと思います。また、日露の戦場が満州に移るまでは、『日露戦争 起源と開戦（下）』（和田春樹、岩波書店、二〇一〇年二月二三日。以下『日露戦争：起源（下）』と略称）が詳しいので、主として和田春樹氏のこの著作にしたがって筆を進めていきます。

※同書から引用する場合、旧字体は新字体に書き換えています。

一九〇四年二月四日午後の御前会議で対露開戦が決定され、断交通告後に軍事行動を始めることが決められました。

翌二月五日、山本権兵衛海軍大臣は明治天皇の裁可を得た連合艦隊及び第三艦隊司令長官への封緘命令を佐世保に送りました。一方陸軍省でも同日、臨時韓国派遣隊二二四〇名（平時編成の四個大隊。第一二師団第二三旅団に所属）に乗船命令を出すとともに、木越安綱第二三旅団長への封緘命令が送られました。このときの封緘命令の中で、日露戦争において①海軍の最初の軍事行動となった部分、及び②陸軍の最初の目標を示した部分は、それぞれ次のようになっています。

①第三艦隊司令長官ハ速ニ鎮海湾（引用者注：釜山の約四〇キロ西に位置する湾）ヲ占領シ、先ヅ朝鮮海峡ヲ警戒スベシ

②仁川上陸後ハ速ニ京城ニ進入シ、該地ノ占領ヲ確実ニ保持スルコトヲ努ムベシ

（同書、二九四〜二九五頁）

つまり、どちらも日本の敵国ではない韓国の主権と領土（ここでは鎮海湾・仁川・首都漢城《ハンソン》）を侵し中立宣言を無視するという、国際法に違背する軍事力の行使が日露戦争最初の軍命令であり、実際そのとおりに実行されたのでした。

二月六日、この日の朝まず陸軍の釜山守備隊が釜山の韓国電信局を占領し、午後四時には第三艦隊第七戦隊の砲艦「愛宕」が馬山《マサン》港（鎮海湾の奥にある）に入港して、馬山駐在領事と協

議の上韓国電信局を占領しました。その後、他の第七戦隊の艦艇も合流し、同日夜には第七戦隊が鎮海《チネ》湾を占領、擬水雷の敷設や航路浮標の設置などを行いました。これらの日本軍の作戦と軍事行動を初めて明かにした（同書巻末七六頁の原注を参照）和田春樹氏は、この日本軍の軍事行動とこれまでの日露戦史について次のように述べています。

かくして戦争がはじまった。あらたな朝鮮戦争がはじまったのである。鎮海湾の占領と釜山と馬山の電信局の制圧が日露戦争と呼ばれる戦争の最初の軍事行動であり、それは基本的に韓国の主権と領土に対する侵略行為だったのである。この事実は、これまでの戦史ではほぼ完全に無視されてきた。（同書、三〇二頁）

和田氏がいう「朝鮮戦争」とは、〈「朝鮮をめざした戦争」、「朝鮮での戦争」という意味〉（『日露戦争―起源と開戦（上）』和田春樹、岩波書店、二〇〇九年一二月一八日、一二六頁。以下、『日露戦争：起源（上）』と略称）ですが、和田氏は、はじめの「朝鮮戦争」の開始を日清戦争直前に日本軍が景福宮《キョンボックン》を占領し国王高宗と王妃閔《ミン》氏を擒《とりこ》にした時点と考えています。

しかし、日露戦争前の「あらたな朝鮮戦争」は、前回の「朝鮮戦争」と違い、朝鮮半島における日本の最初の軍事作戦からいきなり始められました。その理由は恐らく、日本政府や軍人たちが、勝てるかどうか分からない大国ロシアとの戦争で一刻も早く有利な状況をつくりだそうとしたからでしょうし、また韓国政府の意向など軍事力でどうにでもなると考えていたからではないでしょうか。

同日二月六日、ロシアの首都ペテルブルクで、現地時間午後四時（日本時間午後一一時）日本の栗野公使はラムスドルフ外相に「自衛の為め並に帝国の既得権及正当利益を擁護する為め、最良と思惟する独立の行動を採ることの権利を保留す」とする通告文と、外交関係の断絶決定を告げる通告文、あわせて二つの通告文を手交しました。このことは、今後ロシア軍に対する攻撃が可能となったことを意味しますが、ラムスドルフ外相は独立行動の権利の通告を無視する罪を犯しました（戦争に直結する日本の独立行動の権利について、直ちにロシア皇帝や在外ロシア公使たちに知らせるべき外務大臣としての最大の努めを怠ったのです）。

その理由について、和田春樹氏は二つの可能性をあげています。一つは、二通の通告文を渡したことがロシア側を混乱に陥れたこと、もう一つは日露同盟論者であった栗野公使が、同日夜「外交的中断が可能な限り短い期間に限られることを強く期待し」と述べる私信をラムスドルフ外相に送ったことが同外相に戦争にならない可能性があるとの思いを抱かせたのではないかということです。そしてこのような露国外相の無視が、「通告から攻撃までの時間をかせぐ」〔筆者注：日本軍がその意図を隠して行動し奇襲攻撃を行うまでの時間をかせぐ〕効果を果たした、と和田氏は考えています（前掲『日露戦争：起源（下）』、三〇四～三〇五頁参照）。

二月八日午後五時頃、仁川《インチョン》港外で日露最初の海戦がありました。旅順に向かうため仁川港外に出てきたロシアの砲艦「コレーエッツ」に対し、待ち構えていた連合艦隊第四戦隊（司令官瓜生外吉少将、第一二師団所属の先遣隊を輸送）の駆逐艦が魚雷を発射、「コレーエッツ」は三七ミリ砲二発を撃って仁川港内に逃げ帰ります。その後第四戦隊の威圧と監視の下臨時韓国先遣隊が上陸し、翌朝九時半までに第四戦隊は仁川港外へ出て行きました。

また同二月八日、東郷平八郎司令長官（海軍大将）が率いる連合艦隊主力は午後五時に旅順港東方約八〇キロに到達、直ちに駆逐艦隊を旅順に差し向けました。午後一一時半から駆逐艦隊による魚雷攻撃が開始され、続く第二派、第三派の攻撃が翌日午前〇時すぎまで繰り返されました。この海戦でロシア側に戦艦「レトヴィザン」と「ツェサレーヴィチ」が大破するなどの被害がでました。

二月九日、仁川港外に出てきた巡洋艦「ヴァリャーグ」と砲艦「コレーエッツ」が日本側の降伏要求を拒絶、午前一一時四五分より約一時間仁川沖で日露の海戦が行われました。この海戦で、艦に大きな損傷を受けた「コレーエッツ」は自爆し、「ヴァリャーグ」は自沈しました。

一方旅順では、同日午前九時ころから前日大破したロシア側の二隻の戦艦も参加して海戦が行われ、途中から旅順の要塞砲も砲撃に加わりました。この海戦は日露双方に被害がでて終わり、ロシア艦隊は旅順港に閉じこもります。

これら日本の奇襲攻撃によって始められた仁川と旅順の海戦により、日本は何とか黄海の制海権を握ることになりました。

また二月九日朝、前日仁川に上陸した臨時韓国派遣隊のうち二個大隊は鉄道で首都漢城へ向かい、市内を制圧するとともに、ロシアの外交使節の追放が進められました。

二月一〇日、ロシアは宣戦の詔書（日付は前日の二月九日）を発表し、夕方日本政府も明治天皇の宣戦の詔勅を発表しました。この宣戦の詔勅は、「韓国ノ保全」などの言葉を何度も使い、「韓国のため、韓国を守るためにロシアと戦争すると強調されている」「日本の戦争目的を偽装する文書」（前掲『日露戦争：起源（下）』、三三九頁）でした。

二月一六日、陸軍の第一軍第一二師団一万七千人と兵站部員七千人が仁川上陸を開始し、暫時首都に向かいました。

二月一九日、第一二師団長井上光中将が首都に入って昌徳宮《チャンドックン》に司令部を置き、仁川から移動した臨時韓国派遣隊員も全員第一二師団の原隊に復帰しました。

二月二〇日、第一二師団の漢城入城が完了し、韓国の首都は日本軍の完全な占領下におかれました。

二月二三日、日本軍の威圧下で韓国植民地化の重大な一歩となる日韓議定書《ぎじょうしょ》が締結されました。この日正午林権助公使は高宗《コジョン》皇帝の意思に反して調印した場合の御難を恐れ逃走しようとしていた外部大臣署理李址鎔《イジヨン》に会い、ようやく説得して議定書に調印させたのでした。この後林は井上師団長と一緒に高宗に謁見し、議定書に強く反対していた内蔵院卿李容翊《イヨンイク》の日本行きを要求、高宗の「同意」を得て李容翊は「遊覧」名目で日本に派遣されることになりました。

二月二九日、第一二師団の主力（先鋒隊はすでに二四日に平壌《ピョンヤン》入り）は首都を出発、平壌占領に向かいました。

三月一〇日、陸軍少将原口兼済を司令官とする韓国駐箚《ちゅうさつ》軍が編成（第四師団から派遣された部隊から成る韓国駐箚隊を交替・増強したもの。四月三日より、軍司令部は漢城）され、韓国の占領統治と治安維持にあたることとなりました。

三月一四日、第一軍の後続二個師団（近衛師団と第二師団）が、平壌を流れる大同江《テドンガン》の河口鎮南浦《チンナムポ》に上陸し、北進します。

四月三〇日に、第一軍による鴨緑江《アムノッカン》渡河作戦が開始され、戦場は一気に満州に移りました。

こうして、ロシアの脅威を韓国から取り除いた日本は、韓国の保護国化を進展させ日本の利権のいっそうの拡大を目指す計画をつくります。「植民地経営のマスタープラン」（前掲、海野福寿『韓国併合』、一三二頁）ともいうべき「対韓施政綱領」（一九〇四年五月三一日閣議決定）がそれです。同書から軍事、外交、財政に関する部分をあげておきましょう。

〔軍事〕戦争終了後の日本軍の韓国常駐、軍用地収容は、韓国の独立および領土保全を保障した「日韓議定書」第三条による日本の権利である、とする。

〔外交〕韓国政府がおこなう外国との条約締結などの重要案件の処理を日本政府の事前承認制とし、そのために外交業務と外国人への特権譲与業務を外部衙門に集中し、そこに日本公使が監督する外国人顧問を入れ、外交政務の実権を掌握する。

〔財政〕日本人顧問官を入れ、徴税法や幣制改革、財政再建をおこない、財務の実権を掌握する。

（前掲、海野福寿『韓国併合』、一三二〜一三三頁）

その他の方針に、軍用鉄道として京釜鉄道〔漢城　釜山〕と京義鉄道〔漢城　義州〕を完成させ他の鉄道敷設権も手に入れる、韓国内の日本人の土地所有権・鉱山採掘権・漁業権等を取得し産業開発をおこなうことなどがありましたが、要するに韓国の主権の暫時侵奪を目指すものでした。

この「綱領」の中で、日本が真っ先に取り組んだのは、軍用地収容や軍用鉄道の建設、そして外交・財政の実権掌握でした。そこで以下の記述は、この二つに論点を絞って進めていきます。

先ず、軍事関連の事業について見ておきましょう。適宜、巻末の「領土問題及び韓国植民地化関連軍事年表を参照して下さい。開戦当初、規律正しい日本軍を韓国の民衆は好意的に受け入れましたが、日本軍が宮殿や民家を占拠し、物資・労働力の徴発に軍票を使ったり、日本人の人夫が村人から米穀・金品を奪い殺傷し婦女凌辱などをおこなうなど（『近代日本と朝鮮』趙景達、岩波新書、二〇一二年一一月二〇日、一七一〜一七二頁。同様の記述はマッケンジー著『朝鮮の悲劇』渡辺学訳、平凡社、一九七五年七月一日、一〇八頁にもあります）無法な振る舞いをするようになると、民衆の怒りは日本軍や日本人に向かい、一九〇四年四月ごろから軍用電線の切断や鉄道施設の破壊などがおこなわれました。

この動きを封じるため同年七月二日、韓国駐箚《ちゅうさつ》軍は首都から平壌《ピョンヤン》、元山《ウォンサン》、仁川《インチョン》、釜山《プサン》にのびる電信線・軍用鉄道区域に軍律八カ条を一方的に発布しました。多胡《たご》圭一氏の論文（「日本による朝鮮植民地化過程についての一考察(1)——一九〇四〜一九一〇年における——」『阪大法学』

通号九〇）によれば、軍律の内容は次のようになっています。

一　軍用電線（軍用鉄道）ニ害ヲ加ヘタルモノハ死刑ニ処ス。
二　情ヲ知リテ隠匿スル者ハ死刑ニ処ス。
三　加害者ヲ拿捕シタル者ニハ金弐拾円ヲ賞與ス。
四　加害者ヲ密告シテ拿捕セシメタル者ニハ金拾円ヲ賞與ス。
五　村内ニ架設セル軍用電線（軍用鉄道）ノ保護ハ其ノ全村民の責任トス各村ニ於テ村長ヲ首坐トシ委員ヲ設ケ若干名宛毎日交代シ軍用電線（軍用鉄道）ノ保護ニ任スヘシ。
六　村内ニ於テ軍用電線（軍用鉄道）切断セラレ而シテ加害者拿捕セラレサル場合ニハ当日ノ保護委員ヲ笞罰又ハ拘留ニ処ス。
七　一村内ニ於テ二回加害者アルトキハ韓国政府ニ通報シ厳罰ヲ課ス。
八　船舶ノ操縦ヲ愆リ其ノ他過チテ電線ヲ切断シタル者ハ拘留ニ処シ笞罰ヲ附加シ尚情状ニヨリ其ノ船舶ヲ没収ス。

又地方ノ状況ニヨリテハ韓国官吏ニ要求シ厳罰ヲ課セシムルコトアルヘシ此場合ニアリテハ兵站司令官厳ニ之ヲ監視スルモノトス。

拘留期間ハ寝具及食物ハ本人ノ自辨トス。

(『阪大法学』通号九〇、大阪大学大学院法学研究科編、大阪大学、一九七四年三月、五二～五三頁)

軍律違反者には死刑・笞打ち・拘留等の刑罰が課されただけでなく、村長以下村人全員に対し連座制を適用する、苛酷なものでした。

また同年一〇月八日には、韓国駐箚軍はロシアと国境を接する咸鏡道《ハンギョンド》(当時は南北二つに行政地域がわかれていましたが、ここでは便宜上ひとつの地域と見なします)を「我占領地ト見做シ」(『日本の朝鮮植民地支配と警察――一九〇五～一九四五年』松田利彦、校倉書房、二〇〇九年三月三〇日、四〇頁。以下『日本の植民地支配と警察』と略記します)一方的に「軍政」(筆者注:敵国領で占領軍が行政を行うこと)を施行した上、軍律により住民を威迫しました。

一橋大学の加藤圭木氏によれば、韓国駐箚軍司令官長谷川好道《よしみち》は「軍政」を執行する守備隊長に「内訓」を与え、「①日本軍にとって不利益を与える地方官を一方的に退去させたり、処罰させたりすることができるとし、②地方官がいなければ適当な人物に地方行政を担わせることとし、③あらたな地方官の任命に際しては韓国駐箚軍司令官の承認状がなければ認めない」(加藤圭木「日露戦争下における朝鮮東北部の『軍政』」『一橋社会科学』第八巻、一橋大学大学院社会科学研究科、二〇一六年一〇月、三九頁）と指示しました。この咸鏡道の「軍政」で適用された軍律と他の地方に適用された軍律との違いについて、加藤氏は同論文で次のように指摘しています。

> 一九〇四年一〇月一〇日、林権助は李夏栄《イハヨン》（韓国の外部大臣――引用者注）に対して、「軍政」施行を通告した。（略――引用者）通告には「人民ヘノ告示文」の写しが添付されており、このなかでは、「軍事行動ヲ妨害シタル者」「敵軍ノ行動上ノ利便ヲ計リタル者」「保安ノ害アリト認ムル者」「本司令官（韓国駐箚軍司令官）及駐在長官ノ発スル軍事命令ニ違反スル者」を「軍律ニヨリ之ヲ処分ス」とする（略――引用者）。これは、一九〇四年七月に朝鮮全土に施行された「軍律」（引用者注：同年七月九日軍律八カ条に加えて、武器弾薬など軍需品に危害を加える行為も処罰対象としました。『帝国支配の最前線 植民地 地域のなかの軍隊7』坂本悠一編、吉川弘文館、二〇一五年五月一日、一六八頁、徐民教論文参照）より、適用範囲が広い。（同『一橋社会科学』第八巻、四〇頁）

ところで、なぜ咸鏡道《ハンギョンド》に日本軍は「軍政」を敷いたのでしょうか。それは、開戦当初咸鏡道はロシア軍に占領されており、戦局にしたがってロシア軍の支配地は次第に後退していきましたが、日本軍にとって同地は韓国内における最前線であり、占領支配を安定させ確実に進めるためには日本軍にとって好都合な人物を同地の地方官にすえる必要があったからでした。なぜなら、日本軍の作戦行動や占領支配に必要な物資や労働力の徴発は韓国人の地方官（韓国の行政単位である「道」の観察使や、その下の「郡」の郡守など）を通じて行わなければならなかったからです。加藤氏は同論文で咸鏡道《ハンギョンド》における多くの事例を詳しく分析し、「地方官人事への介入」こそが「軍政」を導入したねらいであったことを、実証的に明かにしました。

また、日本軍による「軍政」が咸鏡道の地方官たちの全面的な抵抗をうけたことや、当初は「軍政」の「軍事」に関わる事項（例えば、日本軍による結社結党の許可制、個人の武器携帯の禁止、日本の軍事行動を妨害する韓国人への軍律による処罰、日本軍への運搬車輛・人夫・牛馬等の供給など）について承認していた韓国政府も、「地方官人事への介入」という「内事」への日本軍の干渉が暫時明白になると、これを主権の侵害と意識して日本側に激しく抗議し、あるいは抵抗するようになったことも、加藤氏の論文により明かになりました。

「軍政」とは「国際法において、戦争に際して敵国領内に攻め入った軍隊が作戦または自軍の安全保持の必要上、または占領地の安寧及び秩序維持のために占領地域の人民・資源・建造物等を直接支配すること」で「交戦国に認められている権利のひとつ」（同論文、前掲誌・四一頁）です。しかし、繰り返していいますが韓国は日本の交戦国、すなわち敵国ではありません。また、戦争前に中立宣言を出していただけでなく、軍事力により強いられたとはいえ「日韓議定書」第三条で「大日本帝国は大韓帝国の独立及領土保全を確実に保証する」と謳っていました。そこで日本は、咸鏡道が一時ロシア軍の占領下にあったことから同地を「交戦地」と見なして、強引に「軍政」が可能だと解釈し韓国の地方官人事に介入したのでした。このような日本軍の論理と行動及び意識について、加藤氏は次のように述べています。

> 日本側による地方官人事への介入は、韓国政府による局外中立宣言はもちろんのこと、日本が韓国政府に対して強制した「日韓議定書」の論理にすら反するものであった。そこで、日本側は咸鏡道を「占領地」「交戦地域」と見なすことで、国際法上の「軍政」を施行することが可能だと無理矢理に解釈し、地方官人事への介入を正当化したのである。他地域とは異なり「軍政」という形式をとることになった理由はここにある。だが、国際法上「軍政」が施行できるのは交戦国の領域に対してである。局外中立宣言していた朝鮮は中立国である。また、仮に、日本が強制した「日韓議定書」の論理に立ったとしても、朝鮮は日本の「同盟国」である。したがって、日本による「軍政」は、国際法上なんら正当性がなく、不法にあたる。なお、満州とは異なり咸鏡道には軍政署（旧満州で開設された占領地行政のための機関。大本営が満州軍政委員を任命・派遣しました——引用者）は設置されなかったが、これは「軍政」という形式

をとったことが地方官人事への介入を正当化するための口実に過ぎなかったことを物語っている。

「軍政」において日本軍は地方官の赴任を阻止する、印章を奪う、地方官を監禁する、日本軍に協力する人物を担わせるなど、露骨に朝鮮の主権を侵害した。こうした行動の背景には、朝鮮の地方官に対する強い敵意と、朝鮮に対しては何をしてもかまわないという意識があるように思われる。（前掲誌、五一頁）

加藤氏によれば、咸鏡道《ハンギョンド》は「豪族儒者ノ勢力」の強い地域であり、地方官の多くはそのような勢力が担っていたといいます。そこへ日本軍がやってきて、韓国の主権を侵す強圧的なやり方で彼らに臨んだのですから、日本軍は彼らの全面的な対決に会わざるを得なかったのです（同論文、前掲誌・五二頁）。したがって日本軍が、彼ら「朝鮮の地方官に対する強い敵意」を示したのは、ある意味当然のことだと思えます（加藤氏自身は当論文で、日本による「朝鮮に対する敵視」が朝鮮の植民地化が本格化する起点から存在したことを明かにしてきたと述べ、その後の韓国の植民地支配や関東大震災時の朝鮮人虐殺に至るまで「伏流」する朝鮮人敵視の思想までを視野に入れた上で、上述の「強い敵意」という表現を使っているようです。前掲誌・五二頁参照）。

しかし、「こうした行動（ここに書かれている日本軍の様々な主権侵害行為——引用者）の背景には、……朝鮮に対しては何をしてもかまわないという意識があるように思われる」という指摘には、私は大いに共感を覚えます。なぜなら、このような韓国に対する徹底的な侮蔑意識は、咸鏡道の日本軍に限らず多くの日本人、換言すれば日本という国家の官僚・軍人・マスコミ・一般人に広く浸透していた意識だと思えるからです。そして韓国に対するこの意識は、強弱の差はあれ形を変えて現代もなお多くの日本人の潜在意識の中にあるのではないかとさえ危惧するのです。そこで韓国に対する侮蔑意識の問題については、後に節を改めて述べたいと思います。

ここでまた、韓国駐箚軍の動きに話を戻しましょう。松田利彦氏の前掲『日本の朝鮮植民地支配と警察』によれば、軍律を犯した罪により韓国各地で死刑が執行されたことに対し、韓国政府は「均衡を欠いた審理で人命が軽んじられているのではないかと抗議し」審理立ち会いを要求しましたが、日本側はこれを拒否、最終的には日本憲兵の単独審理によって、一九〇四年七月から翌年一〇月までに、軍律により死刑三五名を含む計二五七名の韓国人が処刑されました。（同書、三三八頁）

一九〇四年九月二一日に三名の韓国人が、漢城《ハンソン》郊外で軍用鉄道妨害の罪により「見せしめ的効果」を狙って処刑されましたが、この処刑は国際的にも大きな衝撃を与えたようで、趙景達《チョキョンダル》氏は「フランスのメディアには処刑の光景が絵画として掲載されたほどである」と、その写真とあわせて自著で紹介しています（『近代朝鮮と日本』趙景達、岩波新書、二〇一二年一一月二〇日、一七三頁）。

しかしいくら厳しい軍律で処罰しても、韓国人の抵抗は止みませんでした。特に鉄道敷設のための韓国人人夫の徴発は苛酷で、日本人の人夫頭が「通常の三分の一ほどの賃金で暴力的に徴用する」、「意にかなわない役夫が日本人監督者によって平然と殺される」といった事態が頻発し、「まるで奴隷としかいいようのない人々が、全国至るところに群れをなして誕生した」、と趙景達氏は述べています（同書、一七六頁）。このような中で、一九〇四年九月一四日に京畿道始興郡《キョンギドシフン》で数千の群衆が蜂起し（京釜鉄道の人夫徴発が原因）、先述の漢城郊外における三人の処刑の翌九月二五日にも黄海道谷山郡《ファンヘドコッサン》でも数千の群衆が蜂起（京義鉄道の人夫徴発が原因）しました。その後も軍用地・鉄道用地の収容や人夫の徴発などに対する民衆の抵抗（置石や投石による鉄道妨害、韓国政府への訴願運動、抗議集会、時には暴動も）は続きましたが、日本は憲兵隊を含む軍事力や軍律によってこれらの抵抗に対処しながら、五月に決定した「対韓施設綱領」に沿い、新たな協約を通じて韓国政府内部からの一層の保護国化を進めようとしました。

一九〇四年八月五日調印の第一次日韓協約がそれです。「日韓議定書」の弱点と新たな協約の必要性及び目的について、谷壽夫《としお》氏は自著『機密日露戦史〈新装版〉』（原書房、二〇〇四年、五月二五日）で、次のように述べています。

韓国は三十七年（引用者注：明治三七年〔一九〇四年〕）二月の日韓議定書第五条により相互の承認を経ずして将来議定書の趣旨に違反すべき協約を第三国との間に締結せざるべきを約したけれども、それ以外の事項に関しては任意他国人に各種の特権譲与を与え得ざるのではない。然り而して韓国当路者は誠心誠意国家のためを計ることなく、動もすれば黄白（引用者注：金銭のこと）の前に屈し、或いは一身の権勢のために如何なる約定をも取り結ぶなしと限らざること既往幾度か立証せられし所で、特に宮中はこれら陰謀の叢淵であるから、もし外政をその為すが儘に一任せんには如何なる危険の事態を演出するなきを保し得ない。故になるべく速に韓国政府を外国との条約締結その他外国人に対する特権譲与もしくは契約等主要なる外交案件の処理に関しては、予め帝国政府に必ず協議すべきを約さしむるの要がある。

この目的のためには韓国の外部衙門に顧問一名を入れ、裏面にありてはその職務を指揮監督せしむるに若しはなく、而してその顧問にはむしろ外国人をもって、これに当て帝国公使の監督の下にその職務をとらしむるをもって内外に対し便宜多しとする。この趣旨よりして林公使は、小村外相の訓令の下に韓国政府と折衝し、同三十七年八月同政府との間にこれに関する一協約を締結した。（同書、五六〇～五六一頁）

要するに、日韓議定書の規定では韓国政府が日本にとって不都合な処理をする恐れがある（特に日本の利害がからむ外国との案件）ので、新たな協約を結び日本人や日本の息がかかった人物を韓国政府の「顧問」とし、「裏面」から韓国政府を操縦しようとしたのですが、同書の記述からも、外交官の小村寿太郎や林権助及びエリート軍人の谷寿夫（日露戦争従軍時は近衛歩兵第一連隊付少尉、最終軍歴は陸軍中将）が韓国政府や韓国人官吏を蔑視していたことがうかがえます。

こうして第二次日韓協約が結ばれ、外交顧問に米国人のスチーブンス、財務顧問に大蔵省主計局長の目賀田種太郎が就くことになりました。目賀田は同年一〇月に着任し、強引に経済政策を進めようとしました（貨幣整理では、韓国政府の通貨発行権を奪い、最終的には一九〇五年七月より日本の第一銀行が韓国の中央銀行となり、大阪造幣局でつくった貨幣が韓国貨幣になりました。前掲、趙景達『近代日本と朝鮮』、一七八～一七九頁参照）。当然、韓国政府の抵抗を受けました。これに対する日本側の対応を、海野福寿《うんのふくじゅ》氏は次のように述べています。

「どうも事毎に思うように行かぬ」「日本の言う事が寸分朝鮮側に通らぬ」という目賀田らの苦情をうけた林公使が、帰国して小村外相とともに葉山滞在の桂首相を訪れた。事情を説明すると、桂は「それなら保護国までにしようじゃないか」ときりだし、ふたりも同意した、と後年、林は回顧している（林権助『わが七十年を語る』）。

（前掲『韓国併合』海野福寿、一四一〜一四二頁）

　こうして、韓国植民地化の重大な転換点となる第二次日韓協約が締結されることになるのですが、この協約のことは後で取り上げることにして、軍律体制下のその後の民衆の抵抗について、もう一度見ておきましょう。

　長谷川駐箚軍司令官は、一九〇五年一月九日処罰を強化した改正軍律（この節末の年表参照）を告示し、同年七月三日にはさらに改定され「日本軍に有害なる所為ある者は帝国の法規（略――引用者）に準據して処分す」（前掲、多胡圭一論文・『阪大法学』通号九〇、五三頁）という規定が加えられました。こうして、朝鮮の民衆であっても軍律違反者には日本の法規も適用できるようにしたのです。戦争終結後も軍律は維持され、一九〇六年九月には死刑を除外したがそれ以外は従来のものと本質的に変わらない新軍律が施行され、一九〇六年一一月以降の実行停止状態を経て、一九一〇年八月の韓国併合に至ってようやく廃止されました。

この間、厳しい軍律によっても日本の侵略に対する民衆の抵抗は止まず、やがて徳望のある指導者に率いられた多くの民衆が武器をもって日本と戦う義兵闘争（あるいは義兵戦争）と呼ばれる抵抗も、一九〇四年の末ごろから始まりました。

日露戦争中の義兵闘争は概して小規模のものがほとんどでしたが、韓国の保護国化を決定的にした第二次日韓協約（一九〇五年一一月）及び韓国の内政権を奪い韓国軍を解散した第三次日韓協約後には、韓国各地で数百から一千名、時には三千から数万名に達する大規模な義兵闘争が戦われるようになり、儒生や元官吏、商人や農民などの平民や解散された元韓国軍兵士など様々な人々が義兵として参加し、あるいは義兵を援助しました。

日露戦争が終わった時点で韓国には二個師団（第一三師団と第一五師団）が韓国駐箚軍に隷属しており、翌一九〇六年三月からは「韓国駐箚軍一個師団と臨時派遣隊二個連隊の兵力水準を維持し（略——引用者）この駐屯軍が朝鮮植民地化の推進に際して第一線の担当者かつ朝鮮民衆の抗日闘争（義兵闘争）を弾圧する役割を遂行した」（徐民教「韓国駐箚軍の形成から朝鮮軍へ——常設師団の誕生」『帝国支配の最前線 植民地』坂本悠一編、吉川弘文館、二〇一五年五月一日、一七〇頁。以下、『帝国支配の最前線 植民地』と略称）のでした。

多胡圭一氏によれば、一九〇七年前半の韓国民衆の抵抗は、西友学会などの文化団体や「大韓毎日申報」（英国人アーネスト・T・ベッセルが発刊した親韓国派の韓国語新聞）・韓国人創刊の「大韓民報」などによる国権回復・民主主義思想の啓蒙宣伝活動、そして韓国各地における私立学校設立など「言論・出版・教育活動の形態をとった反日運動」を中心に展開されました（多胡圭一「日本による朝鮮植民地化過程についての一考察（二）」『阪大法学』通号九四、大阪大学法学部、一九七五年、一六～一七頁参照）。

しかし、一九〇七年七月二〇日に統監府が高宗皇帝の譲位式を強行し、八月一日に第三次日韓協約の非公表覚書に従い首都の韓国軍が解散（王宮守備にあたる一大隊を除き、歩兵二個連隊〔六大隊〕及び騎兵隊、砲兵隊など）されると、首都漢城では一部の韓国兵と日本軍との間に市街戦が行われ、数時間の戦闘の後、交戦した大部分の兵士は市外に脱出して義兵闘争に参加していきました。また、各地方に配置されていた韓国軍の鎮衛隊（八個大隊＝四八〇〇名）も九月三日までにすべて解散されましたが、首都の情報が伝わるとやはり義兵闘争に参加する者が相次ぎました。こうして再び、一九〇八年の初頭をピークとする義兵闘争が、韓国各地で激しく戦われることになったのでした。

このころから韓国併合後（～一九一一年一一月）まで行われた義兵闘争は、日本の治安維持政策の特徴からいくつかに区分されていますが、その最初にあたる一九〇七年八月～一一月は、

「膺懲《ようちょう》的討伐」の時期といわれ、それまで義兵闘争の前面に現れたのが地方の鎮衛隊であったのに対し、韓国軍が解散されたこの時期には近代的兵器をもつ韓国駐箚《ちゅうさつ》軍が前面に出て、義兵を一気に鎮圧するため残虐な作戦を展開したことで知られています。歴史学者の大江志乃夫氏は、「軍事力を正面に押しだしたむきだしかつ無制限の継続的な暴力行使」を伴うこの作戦を、後の日中戦争における日本軍の「三光《さんこう》作戦」（中国側の呼称で、日本軍が華北で行った「殺しつくし、奪いつくし、焼きつくす」作戦）になぞらえています（『日露戦争と日本軍隊』大江志乃夫、立風書房、一九八七年九月九日、四一一〜四一二頁）。

多胡圭一氏は、「膺懲的討伐」において韓国民衆に向けて出された韓国駐箚軍の告示とそれに基づいて行われた義兵鎮圧の様子を、『朝鮮暴徒討伐誌』（朝鮮駐箚軍編、一九一三年三月三〇日、一二三頁）から次のように引用し、紹介しています。

※原文の旧字体は新字体に換え、適宜句読点を入れ読みやすくするため濁点を付けています。

「駐箚軍司令官は明治四十（一九〇七――引用者）年九月韓国民一般に対スル告示ヲ発シ……匪徒にして帰順するものは敢其罪を問わず、之を拘拿し或は其所在を密告するものには必ず重賞を与ふべく、若し頑陋悟らず或は匪徒に与みし或は之を隠避せしめ或は凶器を蔵匿する者に至りては厳罰毫も仮す所なきのみならず、責を現犯の村邑に帰せしめ部落を挙げて厳重の処置に出づべきを暁諭せり。然るに彼等暴徒は其服装固より良民と異ならざるもの多きのみならず、時利なければ直に武器を捨て良民に扮し我鋭鋒を避くるの手段を採り、而して特に事件発生初期に於ては土人亦彼等暴徒に同情し之を庇護する傾向ありしを以て、討伐隊は以上の告示に基き責を現犯の村邑に帰して誅戮を加へ若くは全村を焼夷する等の処置を実行し、忠清北道堤川地方の如き極目〔キョクモク〕見渡す限り——引用者）殆んど焦土たるに至れり」と。

ここに書かれていることは、「膺懲的討伐」のすべてではありません。英国『ロンドン・デイリィ・メイル』紙の記者F・A・マッケンジーは、一九〇七年秋、義兵に会うためそしてまた日本の弾圧政策を調査するため、首都漢城から馬丁を雇い馬で利川《リチョン》（京義道）、忠州《チュンジュ》・堤川《チェチョン》（忠清北道《チュンチョンプクド》）、原州《ウォンジュ》（江原道《カンウォンド》）の村や町を取材し、日本軍による略奪、文字通りの全村あるいは町中の家屋の放火・破壊、女性のレイプ、婦女子や老人を含む住民の虐殺、義兵の攻撃を受けた付近の村々の見せしめ的攻撃・焼却等について報告しています（マッケンジー『朝鮮の悲劇』渡辺学訳、平凡社、一九七五年七月一日、一八三～二〇七頁〔第一六～一八章〕参照）。

なぜ韓国駐箚軍は、どこの国の軍隊であろうと決して許されないこのような蛮行が平気でできたのでしょうか。もろん、長谷川好道司令官の「告示」が軍の行動に与えた影響はあるでしょう。しかし、そもそも長谷川司令官が出した告示のようなものが、日本国内の近代の歴史の中で日本の民衆に向かって出されたことがあるでしょうか。そのように考えれば、先に紹介した咸鏡道《ハンギョンド》の軍政について加藤圭木氏が指摘した「朝鮮に対しては何をしてもかまわないという意識」がこのころの日本軍の中に広く共有されていたからこそ、あのような蛮行が平気でできたのだと思うのです。そういう意味で、私は上記の多胡圭一氏による引用文中の「土人」という言葉に注目したいと思います。「土人」という言葉は前掲『朝鮮暴徒討伐誌』の当該箇所以外にも散見されます（例えば、六二頁、一五一頁）が、この言葉は近代日本の国内に対しては、「大和」民族が、併合した北海道のアイヌ民族と沖縄の琉球民族に対してのみに使った差別用語です。今は「土人」という言葉に現れた日本軍の韓国人に対する蔑視感、差別意識が蛮行の土壌となったという点だけを、ここでは指摘しておきます。

「膺懲的討伐」以後ますます激化する義兵闘争に対し、韓国駐箚軍・憲兵隊と韓国統監府がどう対処したかは年表を参考していただくとして、この節の最後に、韓国植民地化の決定的な曲がり角となった第二次日韓協約（一九〇五年一一月一七日調印）について話を進めていきます。

第二次日韓協約における日本軍の役割について考えるとき、注目すべき人物がいます。当時、韓国駐箚軍司令官だった長谷川好道《よしみち》陸軍大将です。歴史学者の荒井信一氏によれば、日露開戦後対韓政策をめぐり軍と外交（外務省、公使館）との間に深刻な対立が発展しましたが、一九〇五年八月一三日に韓国駐箚軍司令官が天皇に直属するものとされ、駐箚軍司令部が「皇帝の居所である慶運宮から約五〇〇メートルの至近距離におかれたえず威圧を意識させる存在となった」こと等により「駐箚軍司令官は、ステイタスのうえでも政策執行のうえでも公使の上位にたち、保護条約強制のための軍事優位の執行体制が保障され」ました（荒井信一「韓国『保護国』化過程における軍事と外交」笹川紀勝・李泰鎮編著『韓国併合と現代』、二三六～二三七頁参照）。

このような体制下で韓国駐箚軍司令官に任命された長谷川は、同年一〇月一三日に首都漢城に着任し、翌一一月二日には「伊藤大使および林公使を助けて不日韓廷に提出せらるべき保護条約の通過をはかるべき任務」を与える大本営訓令を受領しました。それゆえ、荒井氏のいう通り〈この日以後の長谷川の行動は「保護条約の通過を図るべき任務」の枠組みで理解しなければならない〉（同書『韓国併合と現代』、二四四頁）ということになります。そこでこの日から第二次日韓協約が締結されるまで、長谷川に与えられたこの任務を常に念頭に置いて、彼の行動と意識の有り様を追ってみようと思います。

荒井氏によれば、長谷川は第二次日韓協約成立直後陸軍参謀総長に「保護条約締結報告」を提出し、ほぼ同じ時期に「長谷川好道韓国駐箚軍司令官意見書」をつくっています（前掲『韓国併合と現代』、二四三頁）。長谷川のこの「意見書」は、前掲の谷壽夫『機密日露戦史』にも掲載されていますので、まずこれにより韓国政府や韓国人に対する長谷川の意識を見ておきましょう。

「意見書」によれば、長谷川は韓国皇帝や韓国政府大臣たちには統治能力がなく、一般官吏と民衆にいたっては強者のみを崇拝し従う野蛮人と大して変わらない存在である、と蔑視していたことがわかります。だからこそ長谷川は、対韓政策・対韓外交においては「口舌」ではなく、強者である日本の軍事力を見せつけて彼等を威圧・脅迫することが最も肝要だと考えたのです。

長谷川は次のように述べています。※旧字体は新字体に変えています。

対韓政策の実行は口舌の独り能くするところにあらず。必ずや実力の後援を待つ。
（前掲『機密日露戦史』、五九〇頁。「意見書」冒頭の言葉）

由来その身辺以外の状況については殆ど全く判断推測を下すの能力に欠如せるもの、詳言すれば単に耳聞せる事項は縦えその性質重大なるものも殆ど意に介することなくして放擲するもその目睹せるものは甚だ軽微なる事件なるも、猶狼狽して挙措を失するを常とせる韓皇以下が今日の態度をとるに至りたるの原因は遠く世界を聳動せる遼陽奉天の鏖戦（オウセン〔皆殺しにするまで大いに戦う〕——引用者）対馬海峡の決勝にあらずして、近く京城に駐劄せる軍隊

を頤使（イシ〔指図して自由に使う〕——引用者）すべき軍司令官の顔色にあるものと断言するを得べし。（同書、五九一頁）

蠢愚（シュング〔無知で道理のわからない〕——引用者）にして無気力なる一般官民に対しては文武官のいずれを機関の首脳たらしむも直接影響する所大ならざるが如きもその実大に然らざるものあり。その知識の程度においてその国家的観念を有せざる点においてその強者崇拝の劣性において蛮民の境を距ること遠からざる彼等に対しては圧力の伴わざる手段は到底効果を奏することなきを信ぜざるを得ず。（同書、五九一～五九二頁）

一方、日露戦争終結後も長谷川は「保護条約の通過を図る」ため軍律体制を維持するとともに、先の閣議決定通り憲兵隊を含めて韓国駐箚軍の「約一七％にあたる兵力（引用者注：四千名強となり、平時編成の四個大隊に相当します）を首都に集中」させましたが、その「兵力のほぼ三三％が民衆に対する威圧効果のいちじるしい砲兵と騎兵でしめられ」（前掲、荒井論文・『韓国併合と現代』、二四四頁）ていました。

強制調印の山場となった一一月一七日には、皇帝のいる慶運宮《キョンウングン》内外を日本軍に取り囲ませた上、一七・一八の両日にわたり旧王宮である景福宮《キョンボックン》前と鐘路《チョンノ》付近で、終日歩兵一大隊及び砲兵中隊・騎兵連隊の演習を実施させ、高宗《コジョン》皇帝と政府大臣及び韓国軍民を威嚇しました。

一〇日に長谷川を帯同して伊藤博文が高宗皇帝に謁見し、一五日の内謁見では高宗に対し脅迫的言辞を弄しながら日本政府による保護条約案の承認を迫りましたが、皇帝の強い抵抗にあい成功しませんでした。また一六日にも、伊藤は宿舎（ソンタクホテル）に韓国政府大臣（外相を除く）等を呼び条約案を強要し、林公使は日本公使館で外相に条約案受諾を要求しましたが、やはりうまくいきませんでした。

そこで、林公使が中心になって保護条約強要の作戦を練り、伊藤や長谷川と示し合わせた上で、翌一七日午前一一時に林がまず韓国政府大臣たちを日本公使館に呼び付けて予備交渉を行いましたが埒があかず、皇帝の意向を伺うということになって午後三時に林は、長谷川に頼んでおいた「護衛」のための（本当は逃亡防止のためです）憲兵たちを彼等に付け内外を日本兵が取り囲む慶運宮《キョンウングン》に向かいました。午後四時ごろ王宮の漱玉軒《スオクホン》に大臣たちを入れ、その後無理やり皇帝との謁見（「御前会議」）を行わせましたが、午後七時ごろ大臣たちの一致した意見が「拒絶」であること等を知らされた林は、帰ろうとする大臣たちを再び押し込め、打ち合わせ通り大観亭（長谷川司令官の居所兼韓国駐箚軍司令部）の伊藤に連絡、午後八時ごろ伊藤と長谷川が多数の憲兵・警官を引き連れて王宮に急行し、大臣たちはそのまま多数の憲兵・兵士が固める漱玉軒《スオクホン》で「閣議形式の会議」（前掲、海野福寿『韓国併合』、一六〇頁。海野氏は「不当合法論＝第二次日韓協約や韓国保護条約は適法に締結され、これらをもとに行われた韓国併合は合法である」に立っているので、このような表現をしているのでしょうが、このような状況下で伊藤が強制し采配を振るった「会議」はもはや会議といえない代物であって、第二次日韓協約は「不法かつ無効」です。海野氏の論理については、別の節で扱います）に参加させられました。そして同意か不同意か各大臣に二者択一を迫り、恣意的判定によって「五対二」の多数決により「会議」は保護条約案を承認したと見なした伊藤は、自ら前文に断り書きを挿入するとともに、第五条「日本国政府は、韓国皇室の安寧と尊厳を維持することを保証す」を新たに書き加えました。午後一一時半この条約案に林公使と朴斉純《パクジェスン》外相とが記名した後、翌一八日午前一時半ごろ日本公使館員が奪うようにして持ってきた韓国外相職印を捺印して、ようやく第二次日韓協約の「調印」が終わりました。

ところで、伊藤が高宗《コジョン》皇帝や韓国政府大臣を脅したことは案外知られているようですが、長谷川についてはどうでしょうか。

荒井信一氏の前掲論文（前掲『韓国併合と現代』所収、「韓国『保護国』化過程における軍事と外交」）によれば、今までふれたことも含め、一一月五日伊藤が皇帝に謁見して以来、長谷川による皇帝や大臣たちへの脅迫に関係する主なものは、次の四つです。

①一一月一六日、軍部大臣を招いて条約拒否の場合「最後手段」をとると告げたこと。
②同月一六日～一七日、大臣たちの逃亡防止のため歩兵部隊に市中巡邏及び外国公館等の護衛にあたらせたこと。
③同月一七日終日、旧王宮（景福宮《キョンボックン》）前広場において威圧効果のいちじるしい砲兵と騎兵、そして歩兵の三兵科による演習を行わせたこと。
④同月一七日、憲兵・兵士を動員して大臣たちを調印に至るまで長時間「会議」のため漱玉軒に監禁したこと。

長谷川による脅迫は、以上が全てではありません。海野氏の主要な論敵である歴史学者の李泰鎮《イテジン》氏（ソウル大学校名誉教授）も言及していますが、特に上記③、④に加えて次の点を重視すべきではないでしょうか。

⑤同月一七日の「会議」の場で、大臣たちが戦慄するような命令を憲兵隊長に下したこと。

荒井氏は、第二次日韓協約締結直後に長谷川が参謀総長に提出した先述の「報告書」から、「長谷川の報告からうかがえるのは、場外の強制が伊藤、林によるいわば場内での交渉と、長谷川の指揮するいわば場外での軍事力による威嚇、抑止行動との緊密な連携プレーの成果であるという自負である。長谷川自身も交渉の要所に登場するが、場外での役割を無血のうちにはたしたことにむけられている」（前掲『韓国併合と現代』、二四八頁）と述べていますので、いわば「場内」にあたる「会議」中の長谷川の言動を省略したのかもしれません。それはともかく、長谷川の⑤の言動は、大臣たちの態度に少なからぬ影響を与えたと思われます。この点について、李泰鎮《イテジン》氏は次のように述べています。

　首席大臣の韓圭卨《ハンギュソル》参政が反対、法務大臣李夏栄《イハヨン》、度支部大臣閔泳綺《ミンヨンギ》、などが反対した。この時、その場に同席した長谷川司令官は、参政大臣と外部大臣を指して憲兵隊長に何かを命じると、日本語を理解する大臣たちはその言葉を聞いて戦慄した。次に、外部大臣朴斉純《パクジェスン》は反対意見ではあるが、条約文を再度作成して字句を若干変えれば認准すると付け加えた。長谷川司令官の脅迫発言の直後に自身の発言の順番が来た朴斉純《パクジェスン》が、このように条件付き賛成意見を表明したということは、その発言がいかに脅威を与えたのかうかがうことができる。彼の条件付意見が出るや、伊藤特使は「韓国が富強となる時まで」という断り書きを前文に挿入し、第五条を新に設けて（略——引用者）字句を手ずから書き加えた。そして、すぐに再び議論を続けさせ、残りの三人の大臣も賛成意思を表明した。（李泰鎮「一九〇四〜一九一〇年、韓国国権侵奪条約の手続き上の不法性」『韓国併合と現代』、一二九頁）

条件付賛成意見を表明した朴斉純はこの協約上「本国政府より相当の委任を受け」第二次日

韓協約に署名したとされる人物ですが、李泰鎮氏のいうように、長谷川の命令が朴斉純のみならず、その他の大臣たちに大きな脅威を与え、彼等の意思をくじいていったことがわかります。

長谷川のこの命令について書かれている一次史料は中井喜太郎著『朝鮮回顧録』で、一九一五年に出版されたものです。この中で、中井は次のように述べています。

> 大使（伊藤博文特派大使——引用者）は長谷川（好道）大将に同伴を勧め、大将は憲兵五十名を選抜して之を帯同した。斯くて大使は入闕したが、談判依然として捗取らないので、大将は参政大臣（韓圭卨）と外部大臣（朴斉純）を指し、憲兵隊長に向て何事をか命令すると、日本語の分る大臣は之を聞て戦慄した。（海野福寿編『韓国併合：外交史料 上』、不二出版、二〇〇四年二月二七日、三九〇頁。以下『韓国併合：外交史料 上』と略称）

中井による上記の証言について、海野《うんの》氏は「第二次『日韓協約』調印後の一一月二七日に、京城・仁川居留民が伊藤大使・長谷川駐箚軍司令官を招いた祝賀会で、酩酊した両氏が語った『新条約の自慢話』を書き留めたもののようである。この点を考慮して読まなければならない」（海野福寿編同書・二八八頁）と述べ、『朝鮮回顧録』の関連箇所を『韓国併合：外交史料 上』（二九〇頁）に参考資料として載せていますが、中井自身は「大使は非常に酩酊され」とあるように、ひどく酩酊していたのは伊藤であって、そのことは祝賀会における伊藤の言動からもわかります。

自分が陪席だっただけでなく伊藤の「新条約の自慢話」を随分聞かされて、長谷川は「己れ一人の功にしてゐる」（前掲『韓国併合：外交史料 上』、三九〇頁）と伊藤に対して怒っていますが、大本営から与えられた先述の任務を強く意識して行動してきた長谷川にとってそれは当然のことでしょうし、また彼は酒には強かったのではないかとも思われるので（歴史学者の大江志乃夫氏は前掲『日露戦争と軍隊』・三九一頁で「紅燈の巷に耽溺し、芸妓を落籍して」との噂を紹介しています）、酒に酔ってありもしなかったような「自慢話」を長谷川が中井に話したとは考えられません。中井の方も、長谷川について作り話をする必要はありませんし、該当箇所についての中井の記述には信憑性があります（もっとも海野氏も、「調印時に、伊藤や長谷川駐箚軍司令官が脅迫的言辞を弄したことを否定するものではない」〔海野福寿編同書・二八九頁〕として、消極的ですが中井の記述を事実だと考えているようです）。

それでは一体、長谷川は憲兵隊長に何を命じたのでしょうか？　その場にいた韓国政府大臣が「戦慄した」程の命令とは……。残念ながらはっきりとは分かりませんが、ある程度はその内容と目的を推測できます。

荒井信一氏が指摘しているように、長谷川は一〇年前（一八九五年〔明治二八年〕）旧王宮の景福宮《キョンボックン》において、高宗皇帝の王妃（王后の閔妃《ミンビ》。おくり名は明成《ミョンソン》皇后）が三浦梧郎公使が指揮する日本軍京城守備隊と「壮士」集団等により虐殺された事件が、韓国皇帝や大臣たちにとっては自分たちもまた同様に日本軍に殺されるかもしれないと日々怯えるトラウマになっている、と考えていました。長谷川は「意見書」で次のように述べています。

> **実に二八年の先例は彼等が毎宵襲わるる所の悪夢にしてその連想は直ちに軍隊恐怖病たらざるを得ず。**（前掲『機密日露戦史』、五九一頁）

前述しましたように、大本営の訓令である保護条約通過の任務を常に念頭におき、また文官の「口舌」よりも軍事力＝日本軍の武力を用いる威嚇を重視する長谷川は、「会議」の山場において大臣たちの抵抗を挫くべくトラウマによる彼等の恐怖を利用しようとしたに違いありません。荒井氏は、王妃の虐殺現場となった景福宮《キョンボックン》前の広場における日本軍による終日の演習を、このトラウマによる大臣の恐怖と結び付けて説明しています（前掲『韓国併合と現代』、二四八頁）が、私はそれだけではなく、「会議」の山場で条約締結に関して最も重要な立場にある参政大臣と外部大臣の明確な不同意表明を見た長谷川が、彼等の抵抗を挫き「会議」の情況を転換するためにも、あのトラウマによる恐怖を利用しようと考え、拒否した二人を指しながら他の大臣たちに聞こえるように憲兵隊長に命令を下したのだと考えます。従ってその命令は、彼等に王妃虐殺事件を思い浮かべさせるような何かだったに違いありません。

荒井氏はまた、長谷川の脅しが大臣たちのトラウマによる恐怖を引き起こし、彼等に保護条約を受諾させたという見解を、この「会議」時に議定府参賛（筆者注：内閣官房長官相当）であり、その二年後に高宗皇帝からハーグ万国平和会議に派遣された李相卨《イサンソル》（康成銀《カンソンウン》「一次史料から見た『乙巳五条約』の強制調印過程」『韓国併合と現代』、一八九頁の原注によれば、彼は「会議」に参加できなかったが、協約締結直後監禁を解かれた参政大臣から様子を聞き、ともに慟哭し亡国を悲しんだといいます）の次の証言によって補強しています。

内部大臣李址鎔《イジヨン》、軍部大臣李根沢《イグンテク》は、一八九五年一〇月八日の駐韓日本公使三浦〔梧郎〕による王妃虐殺の悲惨な場面を思い出し、その時のような残虐行為が繰り返されることを恐れ、同僚の大臣にそれぞれ受諾を懇請しました。（前掲『韓国併合：外交史料 上』・参考資料「ハーグ『密使』の『控告詞』」、三八三頁）

この証言について、荒井氏は軍部大臣が前日に長谷川から脅しを受けていたことを特に指摘していますが、前述の通り一七日当日に長谷川が下した憲兵隊長への命令による脅しも効いたことでしょう。また、この「控告詞」に書かれた内部大臣と軍部大臣は、恐らく『朝鮮回顧録』で長谷川の命令を聞いて戦慄したと中井がいう「日本語の分かる大臣」の中に入ることでしょう。

しかしながら、ここでも考えさせられるのは、駐韓日本公使が計画・指揮し日本軍や「壮士」等が王宮に乱入して王妃を虐殺するなどという蛮行を、反省するどころかそれに対する大臣たちのトラウマによる恐怖を利用するという、倫理のかけらも感じられないやり方です。これもまた、「朝鮮人に対しては何をしてもかまわない」という日本軍人の意識を表すものでしょう。

軍事力の利用を含め様々な手段を弄して皇帝や大臣たちを脅迫し締結させたこと、とりわけ憲兵や兵士によって固められた建物に大臣たちを長時間にわたって監禁し、「会議」の場において軍司令官が命の危険を感じるまでの「戦慄」を大臣たちに与えて締結させたことは、（注4）伝統的国際法の下でも認められるものではなく、第二次日韓協約は不法かつ無効です。もしそうでないというなら、第二次日韓協約と同じやり方で成立し有効だと認められた条約を示すべきです。

この章の第一節で紹介した明治大学の笹川紀勝氏は、代表者への条約強制無効の法理（筆者注：「法理」とは法の基本原則を示す用語の一つで、「一定の事例に適用される規範または解釈の基準」のことです）の学説史を研究し、ジョバンニ・ヴェンナー（Giovanni Wenner）の研究を「ひとつの到達点を示すもの」と考えて高く評価し、その研究の概略を紹介しています。

※以下の記述では、笹川氏の論文中に使われた人名や用語のアルファベット表記について、煩雑さを避けるため省略します。

笹川氏によると、ヴェンナーは国際法における強制無効理論の核心は「強迫」にあると見、その強迫は国家に対する強制と機関に対する強制という形で現れ、「機関だけが意思の表示をなしうるので機関に向けられる強制はすべて『身体的な強制』であり」（前掲『韓国併合と現代』所収・笹川論文「代表者への条約強制無効　二つの事件：ポーランド分割条約と韓国保護条約の比較研究」、五五六頁）、事例としてポーランド分割条約（筆者注：この場合ロシアとプロイセンによる「第二回ポーランド分割」を指します）と韓国保護条約を取り上げ、「軍事的強制手段」と上述の「身体的な強制」との結びつきに注目します。

以下少々長くなりますが、彼の研究の意義について笹川氏の論説から引用します。

まず、ポーランドにかんして見てみたい。とくに今一七九三年九月二三〜二四日のロシアのラウテンフェルス将軍の行動は注目される。彼は、ポーランド国王に並んで帝国議会に座席を要求し、九月二三日、国王も議員も会議室からでることができないように、会議室の出入り口はすべてロシア軍によって封鎖されるように命じた。国王たちはむしろ沈黙してその場にとどまった。九月二四日午前三時、ラウテンフェルス将軍が立ち上がったとき、条約署名の権限を持つ委員から帝国議会に問いが出された。帝国議会はプロイセンへの譲渡条約の承認を与えるかどうか。このときの議会の反応についてヴェンナーは興味深い史実をルトスタンスキーを参考にして述べる。引用されたルトスタンスキーの該当箇所は次のようである。すなわち、「議会は、ロシア軍によって包囲され、九月二三日から二四日の夜中会議室に留め置かれながら、プロイセンへの分割条約のために審議し投票することを拒否し、『絶対的沈黙に閉じこもった』。この沈黙は、プロイセンとの譲渡条約の代表団によって、署名の同意として口頭通牒と解釈された」。

韓国保護条約ではヴェンナーは、次のようにいう。すなわち、一九〇五年一一月一五日、日本の全権使節伊藤と林がソウルの皇居に現れ、皇居を日本軍によって包囲させ、日本の保護国となる条約への署名を求めた。韓国の大臣たちは、その同意を与えるまで審議室に実際閉じこめられた。ヴェンナーは、以上の史実をペランジャックから引いている。

ヴェンナーの特徴は、「強迫」に関する「絶対的な暴力」と「強迫的な暴力」の区別に立ちつつ、「身体的な強制」を軍隊とかかわらせてポーランドと韓国に共通に認定できるものを引き出したことにある。この認定は、フランシス・レイがいうところとも基本的に一致する。すなわち「韓国皇帝およびその大臣たちは、伊藤博文侯爵と林権助公使を護衛した日本兵の圧力により条約の調印を強制された」。

このようにヴェナーは、「軍事的強制手段」によって「機関」に加えられた強迫を「身体的強制」と見て、フランシス・レイと同様第二次日韓協約も無効と考えたのでした。

（注4）伝統的国際法の下でも認められるものではなく…笹川氏は前掲論文で「一般論としては代表者への強制を無効として是認する学説はいくつもある。そのために、第二次日韓協約に即して代表者への強制があったことを、日本の学者はなぜ検討していないのかは問われる」（前掲、『韓国併合と現代』・笹川紀勝同論文、五〇五頁）と述べ、日本の国際法学者の姿勢に疑問を呈しています。有賀長雄が、第二次日韓協約の締結では国際法で無効とされるような強制はなかったと断じたことが、その後の日本の国際法学に影響を与えた可能性もあるように思うのですが、どうでしょうか。ちなみに、有賀は次のように述べています。

※旧字体は新字体に変え、読みのため適宜濁点を付けています。

今日の国際法に於ては事情の強制と肉体の強制とを区別し、条約締結者の一身上に危害を加へんとして之を恐喝し、調印せしめたる条約は無効なるも、事情に迫られて止むなく調印したる条約は之を無効とせず、而して十一月十七日の事、固より事情の脅迫に会ひたるは事実なるべきも、何人も韓国大臣に迫て之に調印せざるものは拘禁し、殺戮せんと脅したるを聞かザルなり。（前掲、有賀長雄『保護國論』、二〇八頁）

しかし、上記のように長谷川は大臣たちを監禁し、実質的に「殺戮せんと脅し」ましたし、伊藤もまた「余り駄々を捏ねる様だったら殺ってしまえ」（前掲、海野福寿『韓国併合、一六〇頁）と参政大臣を脅したのですから、もはや有賀の主張は「今日の国際法」〔伝統的国際法〕の下でも成り立たないといえます。

三、第二次日韓協約の不法・不成立論と合法・不当論

「国際法からみて、韓国併合はもともと不法（法にそむいている）・無効で、成立したと見なすこともできない」（不法・無効・不成立論）

これは、前節で少し触れた韓国の歴史学者李泰鎮《イテジン》氏の主張です。李教授は韓国併合の問題に早くから取り組み、多くの業績をあげてこられました。私は、『東大生に語った韓国――韓国植民地支配の合法性を問う』（李泰鎮著、明石書店、二〇〇六年一二月一〇日。以下、『東大生に語った韓国史』と略称）で初めて李泰鎮氏の考えを知りましたが、氏が発掘された史料や日本の教育現場ではまったく聞かない斬新で説得力のある主張に驚きました。この本は、東大の大学院生を対象に行われた李教授の集中講義を収録したものですが、多くの図や写真などを使い、できるだけわかりやすくなるよう配慮されています。ある程度の歴史知識は必要ですが、日韓の歴史に興味のある高校生にも薦めたい本です。李泰鎮教授は、この本や前掲『韓国併合

と現代』に掲載された論文等で不法・無効・不成立論を主張してきました。李泰鎮氏の主張は、日本が韓国に強制した日韓議定書を含め、韓国併合に至るまで韓国の国権を侵奪していったその後のすべての条約は、軍事力の不法な使用に加え、条約締結の手続きや条約の書面等の形式に重大な欠陥があり、成立したと見なすことはできない、というものです。

これに対し、李泰鎮氏の見解に一貫して反駁して来られたのが、歴史学者の海野福寿《うんのふくじゅ》氏です。海野氏の立場は、日韓議定書以後韓国併合に至るまでのすべての条約は不当ではあるが適法（合法）に締結されたもの〔合法・不当論〕であり、日本政府には元「慰安婦」や「徴用工」等に賠償する法的責任はないが、道義的責任はあるので被害者に賠償すべきだ、というものです。

私は両者の著作に目を通しましたが、海野氏の主張は理路整然としているように見えて多くの難点があり、賛同するわけにはいきません。その例をいくつか挙げておきましょう。

李泰鎮《イテジン》氏は、日露戦争以後日本が韓国に強要した国権侵奪諸条約は、その重大な内容から判断して、国家元首が発給する全権委任状と元首による批准がともなう正式条約でなければならないが、すべて武力を背景に日本公使と韓国大臣の職権ですませる略式条約（韓国併合条約のみ形式は正式条約だが、批准手続きは行われなかった）を強制し、英・米に通告する際これを変造する国際的詐欺工作を行って韓国の外交権を著しく侵害した、と主張しています。

これに対し海野氏は、批准条約と略式条約のどちらにするかは締結する条約の内容によって決まるのではなく、「いかなる形式の条約とするかは、交渉国相互の合意による」（海野福寿「韓国における日韓旧条約無効論―条約の形式と締結手続きについて―」『日露戦争と東アジア世界』東アジア近代史学会編、ゆまに書房、二〇〇八年一月一五日、一一九頁。以下、『日露戦争と東アジア世界』と略称）とし、通商条約・講和条約など慣例化している場合を除けば、「相手国との協議の上、条約形式を決めるのである」「交渉過程で、韓国側が批准条約形式を主張したことは一度もない」（以上、いずれも『日露戦争と東アジア世界』、一二〇頁）と反論しています。

しかし、ある時には首都を一個師団で制圧し、ある時には一方的に通達した軍律や首都に集めた地方の駐箚部隊によって事実上の戒厳状態を作り出し、ある時には王宮内外を日本軍と憲兵で固めながら旧王城前などで軍事演習を行って皇帝や大臣を殺害の恐怖に陥れる中で、締結を急ぐような日本側に手続き上の要求をしたところで日本はそれを受け入れたでしょうか。高宗皇帝が、「朕が政府臣僚に諮詢し、又一般人民の意向をも察するの要あり」（前掲、海野福寿『韓国併合』、一五八頁）といった時、それを尊重するどころか伊藤が皇帝をさえ脅した上、「ただちに外部大臣に協議とりまとめを命ずるよう要請した」（同書同頁）ことを海野氏は忘れてしまったのでしょうか。

また、海野氏は韓国国権侵奪諸条約の形式が批准を要しない略式条約となったことについては、Ａ外務省条約局『各国ニ於ケル条約及国際約束の手続ニ関スル制度』（一九二四年）を援用し、「条約締結権を天皇・皇帝の専権とし、議会に付議する必要がない日本・韓国の場合は、条約調印を裁可した君主が批准段階でそれを拒否することは、たんなる心変わりと見なされゆるされないから特定条約（通商・講和・多国間条約など）以外は批准形式を採らないのである」（前掲、『日露戦争と東アジア世界』、一一三頁）と主張、さらにＢ一方の締約国では批准条約（正式条約）だが他方の締約国では批准を要しない（略式条約）という実例として、フランスがタヒチなどのソシエテ群島を保護国とした一八四七年の保護条約及びカンボジアを保護国とした一八六三年と一八八四年の保護条約をあげています。

まずＡについていえば、日露戦争のころからずいぶん後の資料を援用しても説得力はありません。国際法学者の中村進午は、国家元首の批准について次のように述べています。

※旧字体は新字体に改めています。

マルテンス（ロシアの国際法学者――引用者）は批准を拒否せさるへからさる場合あることを断言すれとも代表者か権限を超越したる場合と雖も批准を為し得さるにあらす、若し之に批準を与ふるあれは事後の承諾に由りて完全なる条約たるへく又国会等の機関承諾を肯せさるときは批准を為さゝることを得へきも必すしも批准すること能はさるにあらす、元首は自由意志の作用に依りて或は批准し或は然らさるを得へし

（中村進午『平時国際公法』、早稲田大学出版部、一九〇三年、二四二頁）

要するに条約に於ける批準（ママ——引用者）は法律に於ける裁可と等しく全く批準（ママ——引用者）を為す人の権内にあり。

（中村進午『法律教科書 平時国際公法』、東京専門学校出版部、一九〇二年、一七二頁）

つまり、韓国国権侵奪諸条約を締結した二〇世紀初頭では、日本でも韓国でも国家元首である天皇・皇帝が条約締結権をもっており、全権を与えられた代表が条約に調印しても、それを批准するかどうかは元首の気持ち次第であったわけです。厳しい手続きを要する正式条約でさえそう考えられていたのですから、略式条約を国家元首が承認せず条約を執行（発効）させないことは当然できるはずです（もちろん、それによって相手国に損害が生じた場合は、賠償しなければなりませんが）。

他方Bについては、どちらも保護国となる側の元首であり批准権を持つ国王自らが調印書に記名したのですから、批准を要しないのは国際法上当たり前のことで、むしろフランス側も正

式条約の手続きに則って批准しているわけですから、保護条約を締結する手続きにおける当時の「文明国」の国際的な慣行に従っていたことになります。韓国の国権侵奪諸条約の手続きとは大違いです。

さらに海野氏は、「ある国家間では批准条約であるが、他の国家間では批准を伴わない種類の条約形式で締結されることが一般的にあり得たのであり、李泰鎮氏が説くように、条約の内容によって形式が特定されていたのではない。『不成立』は日韓間旧条約ではなく、李泰鎮説の方である」（前掲、『韓国併合：外交史料 上』、三八頁）とまでいっていますが、有賀長雄が次のように述べていることは重要です。

> 外務大臣が一省の行政長官として有する職権の範囲内に於いて約束する所、即ち前章に於いて変式の書面条約〔略式条約のこと――引用者〕（証書交換、同文信書、共同議定書等）として述べたる所も職権上の一種なり。換言すれば外交事件の軽易なるものは外務大臣の職権上の代理に依り之を約束し、重大なる事件に至り始めて正式の書面条約を締結するものたるなり。
>
> （有賀長雄『国際公法』東京専門学校出版部、一九〇一年、四四二～四四三頁）

したがって、李泰鎮《イテジン》氏が問題としたように、重要な外交事件であり正式条約とすべき日韓間旧条約即ち韓国国権侵奪諸条約をなぜ日本側は略式条約として韓国に強制調印させたのかということを、海野氏こそ改めて問われなければならないのです。

それから、李泰鎮氏の主張する条約文書変造とは、①第一次日韓協約では「覚書」(memorandum) とされていたものが英米に通告するときAgreementとし、記名・捺印した者を別人に代えたこと、そして②第二次日韓協約の場合は本来Agreement(協定のこと――筆者)とすべきところをConventionという名称にして通告したことを指します。

これに対し、海野氏は李泰鎮氏が第一次及び第二次日韓協約に元々名称がなかったことだけを問題にしているかのごとく受け取り、内容に即した名称にしただけだといっているようですが（前掲、『日露戦争と東アジア世界』、一二〇頁）、李泰鎮氏は、両協約に名称がつけられなかったことだけでなく、本来名付けられるべき名称ではなく国際法上日本にだけ都合の良い英語の名称にして米英その他の国に勝手に通告したため、韓国がすでに外交権を放棄していると理解され、第二次日韓協約は強制されたもので高宗皇帝が認めていない無効な条約だから承認しないよう韓国が第三国に要請しても、相手にされなかったり、韓国の主権に関わることを日本と第三国が勝手に取り決めたりするなど、韓国外交権の侵害が著しく進んでいったことを、特に問題視しているのです（前掲、李泰鎮『東大生に語った韓国史』、明石書店、一七六～一七八頁。前掲、李泰鎮論文・『韓国併合と現代』、一一六頁）。海野氏の反論はこの点でもピントはずれだといえます。

前述したように、第二次日韓協約は全権委任状も無く、批准書交換も行われていない略式条約ですが、日本は勝手に正式条約を意味する Convention という名称を付けて諸外国に通知しました。

東京帝国大学法科大学教授を務めた高名な国際法学者高橋作衛（一八六七～一九二〇）は、その著書において正式条約として Treaty と Convention の二つをあげ、日本ではこれらの名称を区別せずに使い、欧州では条約の内容に応じて名称を区別しているという人もいるが実際とは合わず効力上このような区別は必要ない、と述べています（高橋作衛『平時国際法論』、日本法律学校、一九〇四年一月、六七四～六七五頁）。

高橋作衛は、日清戦争では開戦劈頭《へきとう》日英の重大な外交問題となった「高陞《こうしょう》号事件」に関し常備艦隊司令長官付の法律顧問として海軍の求めに応じて意見書を提出、その後海軍省戦史編纂局での調査などを経て『英船高陞号之撃沈』（清水書店、一九〇三年五月）を著した海軍と関わりの深い学者で、日露戦争中の一時期は海軍省嘱託も努めていました。ですから、彼の『平時国際法論』（日本大学、一九〇三年）を日本政府の外務官僚が見ていないはずはなく、日本政府は Convention が正式条約を意味するものと知りながら、略式条約である第二次日韓協約の名称にしたのです。日本政府によるこの名称変造は、明かに韓国の外交権を侵害する重大な詐欺行為であって、こういう点からも第二次日韓協約は不法で無効ではないでしょうか。

このように、法を意識しながらも韓国に対しては平気で不法なことを繰り返す日本、「韓国に対しては何をしてもかまわないという意識」が多くの人々に共有され自国の不法な行為を顧みることのない明治以後の近代日本を、何と呼べばいいのでしょうか。現在の言葉では、アメリカの著名な言語学者ノーム・チョムスキーのいう「ならず者国家」（他国に対する自らの行動については「法の支配」を拒否する国家 =Rogue Nation のこと）という表現がふさわしいように思えます。しかし、この表現についての論述を続けることは本稿の焦点の拡散につながるのでここで止め、韓国旧条約の核心である不法・無効・不成立論に論述を集中したいと考えます。なお、これから述べることに対して李泰鎮氏に責任はなく、全くの私見ですので誤解のないよう願います。

さて、海野福寿氏は早くから「わたしたちにとって考えるべき問題の本質は、併合にいたる過程の合法性如何ではなく、隣国に対する日本と日本人の道義性の問題ではないかと思う」（前掲『韓国併合』、岩波新書、一九九五年八月四日、二四四〜二四五頁）と述べ、日韓旧条約の「合法性如何」（適法か無効か）についての探求は無駄だといわんばかりの姿勢を続けてきました。

実は海野氏のこのような姿勢は、元「徴用工」の損害賠償をめぐって争われた韓国大法院判決（二〇一八年一〇月三〇日）で鋭く問われたのです。この判決は、「日本政府の韓半島に対する不法な植民地支配」および日本による「侵略戦争の遂行」と直結した日本企業の反人道的な不法行為を明確に認めた上で、新日鉄住友金属に対して、その反人道的な不法行為によって受けた精神的苦痛に対し元「徴用工」四人への慰謝料支払いを認めるものでした（サンフランシスコ平和条約及び日韓請求権協定で用いられた「請求権」の解釈についても判断しましたが、ここでは触れません）。つまり、この裁判では「日本政府の韓半島に対する不法な植民地支配」、「侵略戦争の遂行」、そしてそれらと結びついた新日鉄住友金属による「反人道的な不法行為」の三つが厳しく問われたのでした。韓国併合条約を含めた日韓旧条約が国際法上合法か違法かという問題は、被害者の救済と日韓対立の根本を解決するために、今まさに避けて通れないものになっているのです。

本論に入る前に、第二次日韓協約に的をしぼる理由を述べておきます。それはこの協約によって韓国の保護国制が完成し、この韓国保護国制を前提にして韓国併合条約が可能になったからです。つまり、第二次日韓協約が無効であれば、韓国併合条約も成立できなかったことになるのです。第二次日韓協約で成立した保護国制によって韓国は外交権を失いましたが、条約締結については次のようになりました（前掲、『韓国併合：外交史料 上』、一四頁および一九頁）。

①条約を結ぶことを含めすべての外交権の行使を日本外務省が行う。

②韓国の主権を侵害する条約を日本が韓国と結ぶ場合は、日本政府を代表する統監が、形式的ではあるが韓国政府との合意の上で締結する。

ですから、第二次日韓協約が無効であれば当然②は無効となり、その後結ばれた日本と韓国との条約である韓国併合条約も無効・不成立となります。

そこでこれから、第二次日韓協約は合法だったのか、それとも初めから違法で無効だったのか、に焦点を絞って見ていきましょう。

海野福寿氏は、第二次日韓協約締結の際韓国の内閣を構成する大臣たちに加えられた「強制」は、当時考えられていた条約の無効原因に該当しない（従って、第二次日韓協約は適法に成立した）ということを、前掲書の高橋作衛氏の記述に依拠して次のように述べています。

C条約の無効原因は強制一般ではなく限定的である。すなわち、ある国家に対する他国家の強制、例えば戦勝国と敗戦国との講和条約は、最大の国家強制の結果であるが講和条約の内容いかんにかかわらず有効とする。無効となるのは条約締結に際して「錯誤又ハ詐欺アルトキ」のほか、「主権者又ハ締結ノ全権ヲ有スル人ガ強暴又ハ脅迫ヲ受ケ……自由決定ノ能力ヲ失ヒタル」場合である。しかも個人に対する強迫が「身体ニ強暴又ハ脅迫ヲ受ケタル」場合に限られる。（前掲、海野福寿『韓国併合：外交史料 上』、一九頁）

また、第二次日韓協約の「協議」が憲兵・兵士で固められた漱玉軒《スオクホン》で行われたとき、参政大臣韓圭卨《ハンギュソル》が最後まで協約に反対し、皇帝に調印拒否を上奏しようと退出しようとしたのを伊藤が止めた上、「余リ駄々ヲ捏ネル様ダツタラ殺ツテシマヘ」と聞こえるようにいって、憲兵たちが包囲する別室へ連行させ再び伊藤が威嚇と懐柔を繰り返したことについては、坂元茂樹氏の次の主張を用いて、このような強制が国家に対するものか代表者個人に対するものか判定することは困難だとしています。

D国家は団体人格であるから、国家に対する強制という場合、具体的には国家元首や大臣という職務上の機関に強制が加えられる場合をいうのであって、無効原因として承認されていた国家代表者個人に対する強制の区別をどこに置くかという問題は、実際には容易ではないからである。その結果、時として、国家自体に対する強制と国家代表者に対する強制のどちらの範疇で論ずべきかの判断が困難な事例が生ずることになる。第二次日韓協約はまさしくそうした事例のように思われる。（同書、同頁。なお、同書の注によれば、坂元氏のこの記述は『世界』一九九八年九月号、一九八頁にあります）

以下、このC・Dの誤りを正しながら第二次日韓協約の無効を論証していきます。

まず、条約の無効原因に関して二人の国際法学者、ゲオルグ・フリードリッヒ・マルテンス（ドイツ人）とフョードル・フョードロヴィッチ・マルテンス（ロシア人）両者の著作を扱いますが、二人を区別するためにドイツ人のマルテンスをゲオルグ、ロシア人のマルテンスをフョードルと名前で呼ぶことにします（国際法の文献では単にマルテンスと書くことも多いので混同されることがあり、海野福寿氏も前掲書『韓国併合：外交史料 上』・二八頁で間違っています。これは、国立国会図書館デジタルコレクションの著作者名表示が誤っていたからかも知れません）。

それから、伝統的国際法時代の法解釈として海野氏は高橋作衛の著作に依拠していますが、第二次日韓協約に関する当時の日本政府の法解釈を考える場合、高橋と同時代の国際法学者中村進午（一八七〇―一九三九）の著作『平時国際法 完』（日本大学発行）を第一に考える必要があります。なぜなら、この本の表紙には「司法大臣指定／文部大臣認定」と明示されており、日本政府の条約に関する国際法解釈は中村進午のこの著作に代弁されていると考えられるからです（「司法大臣指定」とは、当時の判事検事登用試験の必須科目であった国際公法の指定教科書になったことを意味します）。

実は、国立国会図書館デジタルコレクションによると、同じく「司法大臣指定／文部大臣認定」と掲示されている本がもう一冊あります。こちらの書名は『戦時国際公法 完』でやはり日本大学発行ですが、前者の表紙には「法学博士 中村進午 講述」とあるのに対して、後者の表紙は「法学博士 高橋作衛／法学博士 中村進午 講義」とされているのに、初めに「高橋作衛 講述」と表示され高橋作衛の講述が続きます。一体誰の講義録なのか不思議でしたが、六六頁に小さな文字で高橋作衛が公務多忙のため講義を辞し、その後中村進午が講義を受け持ったという編者の注が入れてあり、納得しました。また、国立国会図書館による書誌情報では後者の本は「シリーズ名 日本大学39年度法科第2学年講義録」とあるのに対し、前者の中村進午による本には表紙に「三十九年度法科講義録合本」とスタンプが押されています。こういうことから考えると、この二冊は、もともと明治三九年度（一九〇六年九月～一九〇七年八月）に日本大学の法科で行われた中村と高橋の講義をそれぞれ同年度の「講義録」として、二冊同時にあるいは順次に発行した可能性があります。

本論にもどりますが、中村の『平時国際法 完』には奥付が欠けていて、残念ながら正確な発行年はわかりません。しかし、「単独国タルニハ其国家カ法律制度等ヲ異ニスル多クノ部分ヨリ成立スルコトヲ妨ケサルモノトス例ヘハ日本帝国ハ日本内地ト台湾トノ二部分ヨリ成立スルカ如シ」（同書、一一六頁。旧字体は新字体に換えています）とされていることから、この本は日露講和条約より前つまり一九〇五年八月以前に書かれたことがわかります。なぜなら日露講和条約で樺太の南半分は日本に割譲されましたので、講和条約後であれば「日本帝国ハ日本内地ト台湾及ヒ樺太南部トノ二部分ヨリ成立」と書かれたはずだからです（なお樺太南部が日本の「内地」とされたのは、一九一八年〔大正七〕の所謂「共通法」以後のことです）。また、中村は同書三六頁で読者のために五人の著書のタイトル（題）を掲示していますが、その中で最も初版が遅いと思われるのは「松原氏国際法」です。他の四人の著作の初版が一九〇三年以前であるのに対して松原一雄の『最近国際公法原論』（東京法学院大学）は一九〇四年五月に出版されていますから、中村による上記『平時国際法 完』（日本大学）で説明される国際法解釈は、一九〇四年五月から一九〇五年八月のころ、つまり日露戦争当時の国際法解釈であり、それはとりもなおさず日本政府の国際法解釈であった、ということを示しているわけです。そしてその後、中村の条約に関する記述は後述する二点を除いて全くといってよいほど変わっていないので、伝統的国際法の時代における日本政府の条約についての解釈も、上記中村の著書と同じくほとんど変わることはなかった、と考えられます（もちろん、その解釈が国際法上世界に通用するかどうかは、別に検討が必要です。なお、上記の『戦時国際公法』も奥付が有りませんが、内容から考えると発行は日露講和条約後です）。

さて、中村進午によれば、先述のDの主張は誤りであることが以下の記述よりわかります。

※以下、中村進午など当時の国際法学者の文献からの引用文は、すべて旧字体を新字体に換え、文章の片仮名表記を平仮名にし、句読点と読みの濁点をいれます。また、国名は漢字表記を片仮名表記に換えます。

> 強暴に依る条約は何故に無効となさざるやの理由に付ては学者の論ずる所一様ならず。（略——引用者）第二説は国家は強暴の客体たることを得ず。普通国家が強暴を受くると云ふは国家自体に対する強暴にあらずして実は之に関係せる私人に対する強暴なり。
>
> 凡そ国家に対する強暴は直接及び間接の二に区別することを得。例へば甲国が其軍艦を以て現に乙国を囲みたるが如きは直接の強暴なるべく、又甲国が乙国に対して土地を割譲せずんば軍隊を以て貴国を亡さんと云ふが如きは強暴の間接なるものなり。此の二者は共に国家をして痛痒を感ぜしめずと雖も、若し代表者の一身に対して強暴を加ふることあれば此強暴に因りて締結せられたる条約は無効なりと。（略——引用者）之を要するに、今日に於ては、強暴は私法上の契約に於けると異なり条約にありては有効なりと雖も、代表者の身上に加えたる強暴は其条約をして無効ならしめること定説なるが如し。故に余は前掲第二説を以て可なりと信ず。蓋し国家と代表者の一身とは全然別物なるべければなり。

（前掲、中村進午『平時国際公法　完、二七五～二七七頁）

中村は同書の別のところで、「国家とは一定の土地の上に一定の人民を有し其上に主権を行使する団体なり」（同書、三八頁）とも述べています。従って一定の土地・一定の人民・主権という三つの要素からなる国際団体である「国家」は自然人とは違い、強暴を加えられたからといっても何ら痛痒を感じない、つまり国家自体は強暴の対象になるようなものではない。それゆえ通常国家が強暴を受けるというのは国家自体に対する強暴ではなく、実際には国家に関わる私人に対しての強暴といえる。一般に国家に対する強暴といわれるものは、国を軍艦で取り囲むというもの（直接的強制）と、土地を渡さなければ国を滅ぼすと脅すもの（間接的強制）とがある。どちらの強暴も条約の有効無効には全く影響を与えないが、仮に条約の締結権を持つ代表者の一身に強暴を加えることがあるなら、この強暴によって締結させられた条約は無効となる。第一説から第四説をかいつまんでいえば、今日では強暴が加えられても私法上の契約と違い条約は有効だが、代表者の身上に加えられた強暴はその条約を無効にするというのが定説のようである。それ故私は、前掲第二説が相当であると確信する。思うに、国家と代表者の一身とは全く別物であるに違いないからだ。

このように、中村進午は説いています。それでは、国家に対する強暴とは何でしょうか？

それは特に、中村が支持する第二説の中で示されています。中村のいう国家に対する強暴とは、例示された直接的強制と間接的強制を踏まえ最も広義に解釈すれば、「軍事力を使用する場合も、言葉を用いる場合も、専ら国家の要素である人民即ち私人を対象にした強制である」ということです。こういうことなら当然中村は、条約締結時に代表者がおかれた状況や軍隊・憲兵・警察の動きとその動員目的、交渉現場における会談などを調べることによって、代表者の一身に向けられた強暴か、それとも私人一般を対象にした強暴なのかの区別はできるはずです。

以上から、海野氏がいう先述のDの主張は誤りであることがわかります。日露戦争当時の中村は、国家代表者に対する強制と国家自体に対する強制とを、はっきり区別できたはずですから。

次に、条約の無効原因に関する海野氏の主張Cについて検討していきます。これこそ、第二次日韓協約が無効か否かにかかわる国際法上の最重要の問題です。Cの中で指摘されている「錯誤又ハ詐欺アルトキ」に条約が無効となることについては、確かにその通りなので異論はありません。しかしもう一つのこと、即ち条約が無効になるのは主権者又は締結の全権を有する人が「身体に強暴又は脅迫を受けたる」場合に限られる、ということについては厳密な検証が必要です。そこでまず、条約の無効原因についての中村進午の解釈を検討し、次いで高橋作衛の解釈を検討しましょう。

四、二人の国際法学者の条約無効論とG・F・マルテンス

(1) 中村進午の見解

一九世紀後半から二〇世紀初頭にかけて、ロシアの著名な外交官として又国際法学者として活躍したフョードルによる国際法の体系書『文明諸国民のための現代国際法』（全2巻、一八八二〜一八八三年）を翻訳し、『国際法』（上下2巻、初版は一九〇〇年）として出版したのは中村の業績の一つです。フョードルの前著はドイツ語、フランス語、スペイン語、中国語等に翻訳され、多くの国で読まれました。まず、フョードルが条約の有効性についてどのように考えていたか、中村訳の『国際法 上巻』から該当箇所を引用しておきます。

主権者又は締結の全権を有する人が強暴又は脅迫を受け、為に条約に記名するに至りたるときは該条約は有効にあらず。斯かる場合に於ては、国家の名に於て行為を為したる個人は強暴を受け、為に自由決定の能力を失ひたるものなるを以て其条約は拘束力を生ずるものにあらず。千八百〇七年ナポレオン第一世はバヨンヌ（Bayonne）に於てスペインのフェルヂナンド第

七世を脅迫し、同王をしてスペイン王位を去るの宣言をなさしめたり。此の条約は脅迫を用ひたるものなるが故に拘束力を生ぜざること一見して明かなり。

千五百二十年仏国のフランツ第一世がマドリッドに捕らはれて調印署名したる条約、及びナポレオン第一世が千八百十四年フォンタンブローに於て帝位を退くことを承諾したる条約は元より強暴を受けたること勿論なりと雖も、身体に強暴又は脅迫を受けたるものにあらざるが故に右条約の適法なるは何人も疑を容れざる所なり。

ナポレオン第三世がヴィルヘルムスヘーヘーの宮殿に捕らはれたる時に於て、仏国人の帝たりとのことを前提としてドイツと講和条約を締結したりとせんが、帝の一身上に脅迫を加へられざりし限りは該条約は有効なり。

〔ホウィートン『国際法原理』、ダナ出版第二百六十七節。ゲー、エフ、マルテンス『概要』第二巻第二編第五十八節。フォン、ノイマン『概論』第二十八節〕。（同書、六三六頁）

上記の引用文は、三つの部分に分けられます。最初に条約の無効原因についてのフォードルの説明があり、次いで具体的な四つの事例が挙げられ、最後に三人の国際法学者の参考文献の該当箇所が掲げられています。そして、この三つの部分は条約の有効性に関して互いに関連した、一つながりの記述です。ですから、ある条約がどのような場合に無効になるかは、三つの部分を検討して初めて明かになるといえます。

まず指摘できることは、中村進午も高橋作衛もフォードルの説明については異論を唱えていないので（フォードルの説明を正確に理解したかどうかは別ですが）、唯一の無効事例とされたフェルヂナンド第七世の事件と、三人の国際法学者の学説、特にゲオルグの学説を検討することが必要です。三人の中でなぜゲオルグの学説が重要かといえば、フォードルが最も高く評価しているのがゲオルグだからです（ゲオルグは自然法的哲学主義と成文主義とを調和し、「此の新主義の劈頭に立ちて国際法上の問題を真正に学門的に講究した」国際法学者として、その欠点も含め彼の記述に約三頁分を当てています。同書、二七六〜二八〇頁）。ところが不思議なことに、中村も高橋もゲオルグの学説については全く言及していないのです。ゲオルグの学説については後ほど紹介しますが、まずこういう点からみても、条約の無効原因に関するフォードルの説明を二人とも正確には理解できていなかった、と考えられます。

ところで、条約の有効性を論じるときによく使われる法律用語があるので、まずその用語と意味を確認しておきましょう。

それは**強暴**、**暴行**、**脅迫**、**強迫**の四つです。戦前の法律辞典などを調べてみましたが、この四つの用語の意味は今も変わっていません。**強暴**だけは現在ほとんど使われなくなったようですが、その意味は「強迫して暴行すること」です。暴行は「人の身体又は物に対して、危害を生じさせる不法な有形力（物理的な力）を行使すること」で、これとよく対で使われるのが脅迫です。脅迫は、「人に恐怖心を生じさせる目的で、害悪を加えることを告げること」です。例えば、日本の刑法の強要罪は「生命、身体、自由、名誉若しくは財産に対し害を加ふべきことを以て脅迫し、又は暴行を用い、人をして義務なき事を行はしめ又は行ふ可き権利を妨害したる者は、三年以下の懲役に処す」（『改正 帝国法律全書』、法律研究会編纂、一書堂、一九〇七年四月一三日、新刑法、四五頁）と定められていました。この例でもわかるように、暴行は有形力（物理的な力）の行使（殴る、刃物を振り回す、監禁する、物を投げつける等）ですが、脅迫は有形力を使わず、言葉や文書などで害悪を告げるのです。一方強迫は民法上の語句で、「他人に害悪を告げて恐怖心を生じさせ、その人の自由な意思決定を妨げる違法な行為」です。脅迫と同じく、有形力を使いません。

さて、本論に移ります。中村は、司法大臣指定の自著『平時国際法 完』の中で、前に引用した「代表者の身上に加えたる強暴は其条約をして無効ならしめること定説なるが如し。故に余は前掲第二説を以て可なりと信ず。蓋し国家と代表者の一身とは全然別物なるべければなり。」に続けて、次のように述べています。

ホールが一私人を強制して締結したる条約、例えば千八百七年スペイン王フェルヂナンド七世がナポレオンの脅迫に因りて王位を退かんと宣言したるが如きは国際法上無効なり、と言へるは即ち是なり。マルテンス（フョードルのこと——引用者注）も亦君主又は締結権を有する者が強暴を受けて条約に署名したる場合には、其条約は拘束力を生ぜずといへり。

（前掲、中村進午『平時国際公法 完』、二七七頁）

中村はこのように、ナポレオンの脅迫によってフェルヂナンド七世が一私人として王位を退く宣言をしたのは無効だとホール（一九世紀後半の、イギリスの国際法学者 William Edward Hall）が言っている、と述べていますが、これは誤りです。ホールは、一私人としてではなく条約の締結権を持つスペインの君主として、フェルヂナンド七世の例をあげているのです。次の引用文を注意して見てください。

君主、軍事司令官又は全権委員の一身上に加へられたる暴行又は強迫の手段は、前述の如く国家自体に暴行又は強迫の手段を加へらるる場合とは少しく異なるものあり。

何となれば斯の如き一個人に対する強制は、其個人の代表する国家が被る強制と相比例するものに非ざればなり。即ち、夫の（かの——引用者）バイヨンヌに於けるスペイン王フェルヂナンド第七世事件の如く一方の国王に暴行を加へ以て二国の真正の関係よりしては一方が譲

> 一個人に対する暴行又は脅迫の手段を使用して締結したる条約は総て無効なりとす。之を要するに、一個人に対する暴行又は脅迫の手段を使用して締結したる条約は総て無効なりとす。

（『ホール氏国際公法』立作太郎訳、東京法学院、一八九九年七月一〇日、四二九〜四三〇頁）

このように、中村はホールの述べていることを誤って受け取っていることが明かになりましたが、恐らく倉知鉄吉がその著作『国際公法 完』（日本法律学校第四期講義録、一八九九年？）の中で、一国の君主がもう一国の君主を位につかせる等の合意をしても、それは王家の私約であって国家の代表者という資格で締結したということはできない、と述べていること（倉知鉄吉、同書一八八〜一八九頁）が関係しているのかもしれません。

それはともかく、フェルディナンド第七世の事件について、ホール自身も一方で間違ったことを述べていますが（後に説明しますが、フェルディナンド第七世が「暴行」を加えられた、という点です）、他方で条約の無効原因については見落とされがちで重要な点を指摘しています。なぜそのように判断できるかは、ゲオルグの学説を検討しないとわかりません。

中村は、パリでフォードル著『国際法』上下巻の翻訳を終えたころ（序文によれば、一八九九年二月一六日ころ）、フォードルが述べているように主権者又は全権を有する代表者が強暴又は脅迫を受けて署名させられた場合、条約は無効になると解釈していたと思われます。

しかし、いつごろかはわかりませんが、先述の『ホール氏 国際公法 完』（立作太郎訳、一八九九年七月一〇日）を見て、同書にある「一個人」を「一私人」と勘違いした上、スペイン王フェルヂナンド第七世の譲位宣言が暴行によって強制されたと見なすようになっていったのではないでしょうか。その後中村は、日露戦争から約一〇年後に出版された『国際公法論』（中村進午、清水書店、一九一六年五月二〇日）では、「代表者の身上に加へたる暴行は其の条約を無効とす。例へば、一八〇七年スペイン王フェルヂナンド第七世がナポレオンの脅迫に因りて王位を退かんと合意したる条約の如きは即ち無効なるものなり」（同書・四一五頁）と記述し、フェルヂナンド第七世に冠していた「一私人」という表現を取り去り、フョードルの解説の援用も止めました。ようやく自説の誤りの一部に気が付いたようですが、フェルヂナンド第七世が暴行されたという誤った見解を変えることはなく、暴行だけを条約の無効原因とするかのごとく記述するようになっていきました（例えば、同書の五訂増補第一一版、一九二八年四月一八日発行、四一五頁）。

ではなぜ、中村（高橋やホールも）は、フェルディナンド第七世の事件の正確な認識を持つことができなかったのでしょうか？

簡単にいえば、日本は産業や軍隊の近代化などには成功しましたが西洋史学の歴史は浅く、一九〇〇年代初頭の日本では、西洋史の個々の研究もまだその緒に就いたばかりだったからです。東京帝国大学の学生に西洋の歴史学を初めて教えたのは、いわゆる「お雇い外国人」のドイツ人歴史学教師ルートヴィヒ・リースでした。『西洋史学の先駆者たち』（土肥恒之、中央公論新社、二〇一二年六月一〇日）によれば、彼は一八八七年に東京帝大に着任し一九〇二年に帰国するまでの一五年余り、専門のイギリス中世について細かな考察を伴う講義などもしていましたが、講義の多くは西洋近代までの概説が中心で、学生にもヨーロッパ史の個別的なテーマについて学位論文を書くように求めることはなかったそうです。なぜなら、そのための手段が日本にはなく、「図書館にはヨーロッパ史の刊行史料など何一つなかったし、歴史雑誌も専門書もまだでていなかった。たまたま丸善の店頭で新刊書を手に入れたとしても、それだけでは『論文』は書けない」（同書、一二三頁）からでした。

従って、日本の国際法学者が欧米の過去の事例を調べようと思っても自国の西洋史の専門家に頼ることはできず、国際法の概説書に出てくる欧米各国についての記述を参考にしたり、海外に派遣されたり留学した時を利用して各国の外交記録を調べること以外に手はなかったでしょう。中村の重訳になるフォードルの『国際法 上巻』では、フランス革命からウィーン会議に至る（一七八九～一八一五年）国際関係の記述はありますが、フェルディナンド第七世の事件については書かれていません。もちろんフォードル自身はこの事件を知っていたはずですし、この本は「第一次世界大戦までの約30年間、ロシアで最もひろくゆきわたった教科書」（天野尚樹「近代ロシア思想における『外来』と『内発』：F・F・マルテンスの国際法思想」『スラブ研究』第五〇巻、北海道大学スラブ研究室、二〇〇三年、二〇八頁）ですから、ロシアの国際法学者や学生たちも知っていたことでしょう。しかし、ナポレオンがヨーロッパを支配し、さらにイギリスとの戦争に勝つために「大陸封鎖」をしていた時代（ロシアはこの時期、フランスの同盟国として大陸封鎖に協力し、外交関係も維持していました）に、ナポレオンが起こしたこの事件を正確に知ることは、「19世紀後半におけるイギリス最高の国際法概論書」（『国際法辞典』国際法学会編、鹿島出版会、六四二頁）といわれる前述の著作を書いたホールが間違っていたのですから、日本の国際法学者が当該事件の真相を知っていたとは、とても思えません。当時の日本でナポレオン研究の第一人者であった箕作元八《みつくりげんぱち》の『ナポレオン時代史』（冨山書房発行。直弟子であった大類伸《おおるいのぶる》などの努力により、箕作の遺稿を聴講学生のノートを参考に編纂された）が発行されたのは、一九二三年四月のことでした。フェルディナンド（スペイン語名では、フェルナンド）第七世の事件について、箕作は同書で次のように書いています。

一八〇八年三月十八日、アランフェスに一揆が起ったので、同所にあった王室は恐れて南方に走らうとしたが、反徒はフェルヂナンドを戴き、王及び其の家族を抑留しゴドイ（スペインの宰相で国王夫妻の寵愛を受けていた——引用者注）を擒にした。王后はゴドイの殺されんことを恐れ、王をして反徒の望む通りに位を太子に譲らしめたので、新王フェルヂナンド七世はゴドイの死刑を免じて之を禁固した。

是より先きナポレオンは、私かにミユラーをイスパニヤ軍総司令官としてマドリッドを占領せしめ、朝廷に対して決して直接談判等を開くべからざる事を命じた。（略——引用者）

此の時に当たり、先王チャールス（スペイン語名では、カルロス——引用者注）四世は私かに帝（ナポレオンのこと——引用者）の保護を求め、一方新王フェルヂナンド七世は帝に対して王位相続を認定せん事を嘆願した。ナポレオンはそこで王室一家を国境に近きベヨンヌに招致した。彼等は帝の陰謀を悟らずして其の地に来たり、チャールスは太子が己れを脅迫して王位を譲らしめたるを訴へ、フェルヂナンドはゴドイの擅恣の状（〔センシのジョウ〕・ほしいままにふるまうさま——引用者）を告げ、父子共に身を遜り辞を卑くし平身低頭帝の足をなめん許りに愁訴嘆願した。ナポレオンは此の醜陋を極めた父子の争の間に立ちて彼一流の詭計と脅迫とを用ひ、フェルヂナンドに対しては其の王冠を其の父に返す事を命じ、フェルヂナンドの之に抗せんとするや、直に威嚇を加へて従はしめた（五月五日——引用者）。又チャールスは本国に帰還するも、人心の収め難きを知り、王后の勧めによりて王位を其の子に譲らずしてナポレオンに献じた（五月六日——引用者）。かくして凡てはナポレオンの望通りとなったのである。（略——引用者）さて、一八〇八年六月十五日ベヨンヌの地に二百五十人より成るイスパニヤの名士会を招集し、之を威圧してジョセフ（ナポレオンの兄——引用者）をイスパニヤ及び印度の王たる事を承認せしめた。

又ナポレオンはイスパニヤ人民に向って一の宣言書を発し、其の中に、「朕は爾等の窮状を見て之を救済せんとす。汝等の威力は朕の威力の一部を成す。汝等の君主は朕にイスパニヤ王位に関する総ての権利を譲渡したり。汝等の王室は既に廃頽せり。朕の来るは之を新鮮にせんが為めなり。朕を信ぜよ。朕は希望す、爾等の子孫が朕に関して彼はわが祖国の再興者なりと云ふ事を」と。旧王の一家は之をイタリヤに送り、十分の金を与へて安楽に生活せしめ、フェルヂナンドは之をフランスに抑留した。（同書・四九二～四九六頁）

イスパニヤ人民は彼等の王室の受けたる凌辱に対して怨骨髄に徹した。（略——引用者）即ち一八〇八年五月二日、フェルヂナンド七世がベヨンヌに誘拐された報至ると共に、忽ち大一揆がマドリッドに起り、フランス軍は多大の犠牲を払って辛うじて之を鎮圧した。つづいてアスツリアス地方を初として各地に一斉に一揆が勃発した。（同書、四九七～四九八頁）

以上から明らかなように、フェルディナンド第七世はナポレオンから暴行を受けて譲位させられたのではありません。ナポレオンの脅迫によって、譲位させられたのです。このような認識は、現在の歴史学でも変わりません。例えばスペイン近世史専攻の中本香大阪大学准教授は、「フェルナンド七世がバイヨンヌでナポレオンとの交渉に挑んでいた間、彼はフランス当局のゆるやかな監督下に置かれていた。しかし、スペインでは、王が監禁されているとの誤った情報が流布したために、恐怖と怒りの感情が社会に広がった」（『スペインの歴史を知るための50章』、立石博高・内村俊太編著、明石書店、二〇一六年一〇月三一日、一七二頁）と述べています。

当時流布された監禁も暴行の一つ（日本でも、明治時代から身体・行動の自由を侵害する犯罪です）ですから、ホールはこれを事実と見なし、フェルディナンド七世が暴行を受けて譲位させられた、と考えたのかもしれません。フェルディナンド七世は一八一三年末に王位を返還され、翌年スペインに帰国するまで、フランスのロワール地方にあるフランス宰相タレイランの城館で、弟や伯父と優雅な生活を送っていたのですから、箕作元八の「抑留」という表現はふさわしくありません。ただ、どんな言葉あるいは方法でフェルディナンド七世が脅迫されたのかは、箕作の他の著作でも書かれておらず、残念ながらわかりません。当時日本で出版された西洋史学の文献や国際法学者の文献もできる限り調べてみましたが、具体的に書かれていたのは、教育者や児童文学者、翻訳者として知られた桜井鷗水が著した『ナポレオン物語』（丁未出版、一九一四年一二月一五日）だけで、そこでは「首府には一揆が起り、ムラーは之と戦って一千の兵を失った後、之を鎮撫して、暴徒を虐殺する。ナポレオンは之を機会に太子に迫り、若し今日の夜半までに王位を辞退せぬことなら、反逆人と見做して取扱ふからと威し付けたので、フェルヂナンドも止むを得ず承服した」（同書、二九二頁）と描かれていました。ナポレオンがそのように脅迫したという根拠を桜井は示していないので、これが事実かどうかはっきりしませんが、ロシアからイタリア、エジプトに至るまでナポレオンゆかりの地を巡り、以来ナポレオンの一代記を著し世に問いたいと思ってきたとその序文に書かれているのをみても、また箕作による前掲書の内容とも矛盾しないので、ナポレオンが「反逆人と見做して取り扱ふ」と脅迫した可能性は高いといえます。ともかく桜井の記述する通りの言葉でナポレオンが脅迫したかどうかは別にして、ポルトガルだけでなくスペインの支配も目論んでいたナポレオンが、フェルディナンドの譲位三日前にマドリードで偶然起こった一揆を利用しないはずはなく、この出来事に絡めてその身に起こり得る害悪を示しフェルディナンドを脅迫したことは確実ではないでしょうか。

以上により、フェルディナンド第七世の事件を検討してわかったことは、フォードルが条約の無効条件として示した「主権者又は締結の全権を有する人が強暴又は脅迫を受けた場合」のうち、脅迫だけを受けた場合であっても条約が無効となることがある、ということです。前に触れたように、日露戦争当時中村はこのようなことを検討できなかったので、彼は条約の無効原因を脅迫単独では考えず、たとえ脅迫がおこなわれてもそれは強暴あるいは暴行と一体化して行われたものと、考えていたといえます。当然このような考えは、有賀長雄にも見られますし、現代の国際法学者である坂元茂樹氏にも受け継がれています。坂元が雑誌『世界』（一九九八年九月号〔第六五二号〕、岩波書店）で、「当時（第二次日韓協約のこと——引用者）、禁止されていたのは、国家代表者に対して過去の不行跡を暴露するとか拳銃を突きつける（これはもはや脅迫の要件となる害悪の告知ではなく、有形力の行使なので暴行になります——引用者）などの脅迫により条約の締結を迫る行為であった」（同誌、一九八頁）と述べているのは、そのことをよく表しており、このような解釈の誤りは韓国保護条約の有効性に直結する重大問題といえます。

(2) 高橋作衛の見解

高橋の条約無効に関する見解は、ほとんどがフォードルの記述で成り立っています。言葉遣いを少し変えていますが、高橋の記述は中村進午訳前掲フォードルの著作の記述に自分の記述を数行挿入して、できています。それだけフォードルの説に異論がなかったのでしょう。しかし注意すべき点もありますので、高橋の見解を以下に抜粋しておきます。

※原文の旧字体は新字体に、漢字以外の片かな表記は平かな表記に換えています。また、〔 〕の中は元の中村進午訳の用語で、□で示した囲みは引用者によるものです。

強暴脅迫は条約の成立を害せざるものとすること此の如きも、主権者又は締結の全権を有する人が強暴又は脅迫を受け、為に条約に記名するに至りたるときは該条約は有効にあらず。斯る場合に於ては国家の名に於て条約を為す個人は強迫〔強暴〕を受け、為に自由決定の能力を失ひたるものなるを以て、其条約は拘束力を生ずるものにあらず。

千八百〇七年ナポレオン第一世はバヨンヌ（Bayonne）に於てスペインのフェルヂナンド第七世を強迫〔脅迫〕し、同王を以てスペイン王位を去るの宣言をなさしめたり。此条約は脅迫を用ひたるものなるが故に拘束力を生ぜざること一見して明なり。千五百二十年仏国のフランツ第一世がマドリッドに捕はれて調印署名したる条約、及びナポレオン第一世が千八百十四年フォンタンブロー（Fontainebleau）に於て帝位を退くことを承諾したる条約は、元より強暴を受けたること勿論なると雖も、身体に強暴又は脅迫を受けたるものにあらざるが故に、右条約の適法なるは何人も疑いを容れざる所なり。ナポレオン第三世がヴィルヘルムスヘーエの宮中に捕はれたる時に於て、仏国人の帝たりとのことを前提としてドイツと講和条約を締結したりとせんが、帝の一身上に脅迫を加へられざる限り該条約は有効なり。（ホウィートン『国際法原理』ダナ出版第二百六十七節ゲー、エフ、マルテンス『概要』第二巻第二編第五十八節フォインノイマン『概論』第二十八節）

（高橋作衛前掲書、六四九～六五〇頁）

右引用文中〔 〕のように、高橋は中村訳フォードル原書の用語を置き換えています。それには何か理由があったはずですが、恐らく先に囲み枠で紹介したホールの見解にヒントを得たのではないでしょうか。なぜなら、高橋は自著の「凡例」で前掲『ホール氏 国際法』を参考図書として掲げているので、条約の有効性に関するホールの見解、つまり君主や全権委員のような「一個人に対する暴行又は強迫の手段を使用して締結したる条約は総て無効なりとす」を意識しないはずはありません。

もともと私は、中村の訳を見て違和感を感じていました。そして、用語を換えた高橋の文章を読んでも、やはり違和感は解消されませんでした。なぜなら二人の文章では、その前の文章と内容的につながらないからです。

右引用文中□で示した「斯る場合に於ては」の「斯る場合」とは、前の文から判断すれば、「主権者又は締結の全権を有する人が強暴又は脅迫を受けて条約に記名するに至ったとき」を指しています。そしてこの後の文章では、意味の異なる「強暴」と「脅迫」という二つの言葉を、いわば一語でまとめて説明しているわけです。しかし中村の訳では「脅迫」の方が無くなってしまいますし、高橋の文章では「強暴」の方が無くなってしまうのです（前に、「強迫」の意味を紹介しましたが、この用語には有形力の行使つまり強暴は含みません）。そこで、中村が翻訳（重訳）したフォードルの原書（ドイツ語訳）を調べてみました。そうするとそこではＺｗａｎｇ（強制）という言葉が使われていて、「斯る場合に於ては」の前の文の内容と後の文の内容が矛盾なくつながりました。拙い訳ですが、後の文は次のようになります。

「そのような場合においては、国家の名において行為した個人は強制による圧迫の下で自由決定の能力を失ったものであり、それ故その条約は拘束力を生じることはない」ちなみに後で気づいたのですが、先に囲み記事で紹介した立作太郎訳『ホール氏 国際公法』の条約の有効性に関する記述中でも、「一身上に加へられたる暴行又は強迫」という前文を受けて「斯の如き一個人に対する強制は」という表現が使われていました。このように、ホール自身も「強制」という用語を使っていたことに高橋も中村も意識化できず、また文章の講造を注意深く考えず、自分の思いを優先して適当だと思える語句をあてはめたということは、厳密であるべき条約の無効原因に関して何らかの誤った解釈をした可能性が疑われます。高橋の同書は一九一二年五月発行の五訂増補第一〇版まで出版されましたが、この部分の記述は全く変わりませんでした。初版の段階で、恐らくフォードルが参考文献として挙げていたゲオルグの参考文献も調べないうちに、条約の無効原因については早々と考え尽くしたと思いこんだのは、高橋の大きな間違いでした。

高橋が上記参考文献を調べていないと推察するのは、以下の理由によります。中村訳フォードルの『国際法 上巻』では、「第四章国際公法学の歴史的発達」の中でゲオルグの参考文献『文明諸国民の現代国際法』（一七八九年ゲッチンゲン出版一八二一年第三版）が初めて「概観」という用語を使って紹介されています（フォードル同書、二七七頁）。ところが次にゲオルグの同書が登場するときは「第三章国家版図の獲得」の中で『概論』（フォードル同書、五六三頁）という略称表記で現れ、さらにその次に同書が登場するときは「第一〇九節意思の自由」の中で『概要』（フォードル同書、六三六頁）と言う省略表記にかわり、それ以後はずっとこの表記が変わることなく使われています。ゲオルグの同じ著作がこのように変わっていったのは、中村が序文で述べているように、ヨーロッパ留学中場所を変えながら翻訳を続け、完了まで三年もかかったせいだと思われます。前に何と表現したのかあやふやになってしまったのでしょう。一回正確な参考文献名を書いたのだから、読者にはわかるだろうと考えた可能性もあります。

一方高橋の『平時国際法論』（日本法律学校、一九〇四年一月）では、国際公法の歴史も扱っていますがフォードルの前掲書よりずっと簡単な記述になっており、ゲオルグの参考文献は登場しません。従って中村訳のように「概観」という用語は使われず、高橋の同書の「第三節新土壌に対する領土主権の延長第一節増添」の中で中村訳フォードルの前掲書と同じ用語『概論』を使ってゲオルグの同書が登場し（高橋同書、三五九頁）、次に高橋同書の「第四款特別なる個人を公使として受くるを拒否する条件」（これは中村訳フォードル『国際法下巻』中の「第三章外交使節の区分」で、『概要』とし略称表記されているのに対応します）にゲオルグの同書が『概要』として再登場し、そして高橋同書の「第二款条約の成立要件第三意思の自由」の中でゲオルグの同書がやはり『概要』という略称表記で使われています。以上からわかるように、高橋は中村訳フォードルの同書で使われている略称表記を、自分の著作の対応する内容の箇所で同じ様に使っています。このことは、高橋が中村訳のフォードル原著『国際法 上巻』及び『国際法 下巻』をそのまま利用している、つまりフォードルの原著を一々当たって検討していないことを強く示唆しています。もっとも、その後何かの機会に自分の考えを再検討し自分の記述に疑問を抱いた可能性はあると私は推測していますが、最後まで記述が変わらなかったことを考えると、韓国が実際に日本の植民地になった現実の前にそれを口にすることは憚られたのでしょう。

とにかく高橋はフォードルの原著だけでなく、中村同様ゲオルグの原著にまで溯って検討することはありませんでした。

以上の検討から、まず条約の無効原因として締結権を有する代表者に対する強暴（暴行）又は脅迫という二つの強制があるということがわかりました。次の検討課題は、この二つの強制があるときには常に条約は無効になるのか、それともそれらの強制に何らかの条件が加わったときだけ条約が無効になるのか、これを確かめることが必要です。中村と高橋だけでなく日本の多くの国際法学者や歴史学者である海野福寿氏は、その検討をなおざりにしてきました。そこで、残された最後の課題である上記二つの強制についてゲオルグの原著の検討をしなければなりませんが、実はこの検討は既に笹川紀勝氏によって行われているので、氏の研究から条約の無効原因を扱ったゲオルグの見解を紹介しましょう。

笹川氏はゲオルグの著作について、彼の生存中に発行されたものだけでなく死後ヴェルジュによって一九世紀後半に発行されたものまで、ゲオルグの見解を丁寧に調べています。笹川氏によれば、それまで学生のための適当な国際法の体系書がなかったので、ゲオルグは一七八五年にラテン語でそれを表しました（笹川氏の仮訳では『ヨーロッパ諸国における実際の国際法綱要――学生の学習のための素描』）。そして彼は、その四年後の一七八九年にフランス語で国際法の体系書を発表し、ラテン語版ではなかった次のような見解を展開しており、笹川氏の研究を見る限り、表現に多少の違いはあってもこのときの見解をその後も維持し続けているように思えます。

※笹川氏によるフランス語の注記は省略しています。

物理的強制によって強奪されたものは、合意の欠如ゆえに義務的ではない。精神的強制によって、すなわち、より大きな害悪の恐怖によって強奪されたものは、もし他者が用いる暴力が正当であるなら、義務的である。しかし、反対に、もしこの暴力が不正であるなら、権原（引用者注：ある法律行為を正当化する法律上の原因）の欠如ゆえに、権利を獲得する者に対して義務はなくなるだろう。しかしながら、国家の安全、自由、独立は、上級裁判官はいないので……、あらゆる暴力を正当と認めなければ存続しえない。それだから、せいぜい、とられた暴力には不正の疑いがないほど明白である場合においてのみ、国家と国家の条約の有効性の〔主張〕に対して恐怖の抗弁（引用者注：相手の主張する権利・事実を排斥するため、他方が相手の主張とは別個の事項を主張すること）を持ち出すことが出来るに過ぎない。

条約の有効性に関して、フォードルが中村訳『国際法 上巻』で参考箇所に掲げているのはこの部分ですから、フォードルの記述で「強暴」と「脅迫」は、それぞれゲオルグの「物理的強制」と「精神的強制」に対応して用いられているといえます。

そうすると、「強暴」という「物理的強制」によって締結された条約は、合意が全く欠如しているので常に無効ですが、「脅迫」という「精神的強制」によって締結された条約の場合は、相手が用いた暴力が「不正の疑いがないほど明白である場合においてのみ」例外的に無効だといえることになります。

つまり、国家元首または条約締結権を与えられた代表者が「脅迫」によって条約を結ばせられた場合は、相手が用いた暴力が明白に不正である（正義とは全くいえない）場合にのみ例外的にその条約は無効になる、というのがゲオルグやフォードルの時代、つまり伝統的国際法の時代の条約無効の法理といえそうです。

それでは、フェルディナンド第七世を脅迫して譲位させた事件で、ナポレオンは「脅迫」に関わって明白に不正な暴力を用いたでしょうか？　ここでまず、以前に□で示したホールの記述を、もう一度振り返っておきましょう。立作太郎訳『ホール氏国際公法』（一八九九年、初版）では、ホールは条約の無効原因に関して、「二国の真正の関係よりしては一方が譲歩せざるべき所の譲歩を之に求めんとすることあるべきなり」と述べています。初めにこの記述について、ホールの原著で確かめておきます。

立が翻訳したのはホールの初版本（一八八〇年発行）ですが、九大中央図書館にはその第二版がありましたので、この本で確認しました。そうすると、立の訳では「真正の関係」となっていますが、原著には「真正の」と訳せる用語は使われていません。どうやら立による意訳のようです。そこで、以前に□で示した記述のうち、解釈上重要だと思われる英文の後半部分をできるだけ原文に添って訳すと、次のようになります。

　即ち、バヨンヌにおけるフェルディナンド第七世の事例のように、二国間のその全般的関係よりしては全く正当化できない譲歩を強要されることが有り得るのである。それゆえに、身体的な恐怖の影響下でなされた全ての条約は、無効とする。

立が「二国の真正の関係よりしては」と訳した英文は by the general relations between the two countries ですが、それをどう訳せば原文の意図を損なわないか、正直随分迷いました。この箇所は「条約の有効条件」という節の中で述べられているのですから、ここでいわれている二国間の関係は勿論条約上の関係であり、なにより例示されたフェルディナンド第七世のころのスペインとフランスとの関係でもあるはずです。そして、当時のスペインとフランスは同盟国としてイギリスと戦争状態にありました。これらのことを考慮に入れれば、前記のように訳するのが最も適当だと思い至りました。

当時のスペインは、フランスと連合してイギリスと戦い（一八〇五年のトラファルガー海戦。スペイン艦隊は壊滅）、またナポレオンの大陸封鎖に従わないポルトガルへの侵攻作戦では、フランス軍のスペイン通過を認めました。このように、伝統的国際法の時代でも、同盟した二国の間では、参戦・中立・軍隊通過・同盟国軍のための宿舎提供や物資及び人馬の提供・情報の提供等、国家の多様で全般的な協力が要求されるわけです。まさに同盟は、国家の興廃が関わる一大事でした。そこで、訳を上記のようにしたわけです。

さて以上のように、ホールのいう「二国間のその全般的関係」を同盟に基づくものだと解釈すれば、ホールが何故「全く正当化できない譲歩」というのか、はっきりしてきます。現実の政治や軍事力の上で差はあっても、文明国の法である当時の国際法では主権国家は平等であり、条約上の義務は等しく守らなければならないと考えられていました。特に最後の手段として戦争による問題の解決を認めていた当時にあっては、国家の興廃がかかる同盟条約において互いに条約上の義務を守るのは当然のことでした。それにも関わらず、ナポレオンのように軍事力を同盟国に対して違法に用い（ひそかに、軍隊を派遣して首都マドリードを制圧した上、抵抗した市民四百名以上を捕らえて銃殺しました）、フランスの違法な軍事力の行使によって起こされた出来事を利用してフェルディナンド第七世を「暴行を加へ」て（この点はホールの誤解ですが）脅迫し譲位させたことは、国際法学者であるホールにとって「全く正当化できない」ことだったはずです（恐らく当時の国際法学者で、正当化できる者はいないでしょう）。

換言すれば、君主あるいは条約締結権を有する代表者に対する「暴行」はもちろんのこと、その一身上の脅迫が同盟国に対する違法な軍事力を伴うものであったかどうかということを、ホールは条約の有効性に関する重要な判別基準にしているのです。

(3) 伝統的国際法時代の真の条約無効原因

こうして今や、高橋作衛など日露戦争のころの日本の国際法学者や海野福寿氏のような現代日本の歴史学者や国際法学者及び日本政府が把握できなかった条約の無効原因に関する正確な論理が、ようやく明確になりました。それをまとめれば、次のようになります。

a　主権者又は条約締結の全権を与えられた人がその身体に暴行を受け、そうして条約が締結された場合、その条約は無効である。

※「暴行」とは有形力の行使を伴うもので、ピストルを向けるとか投獄・監禁するなどを含みます。

b　条約を締結する二国が同盟関係にあるとき、主権者又は条約締結の全権を与えられた人が、相手国の軍事力を使った一身上の脅迫を受け、そうして条約が締結された場合、その条約は無効である。

※こちらの方は、ゲオルグが条約の無効原因として述べる「精神的強制」の際の「明白に不正な暴力」のうち、ホールが明確化したと推定される「同盟」という判別基準を踏まえて定式化したものです。従って、同盟国でなくても「精神的強制」の手段として「明白に不正な暴力」が使用されれば、当該条約は無効となります。つまり、条約が無効となる場合はこれ以外にも有り得るということです。

繰り返しますが、特に右のbについては、高橋作衛だけでなく伝統的国際法の時代の日本の国際法学者が全く見落としていた条約の無効原因です。そして、前節第二節で詳述した第二次日韓協約締結の際に果たした日本軍（韓国駐箚軍司令官長谷川好道や憲兵隊を含む）の役割を見れば、この条約が無効であったこともbから明かになります。それでは、韓国保護国化を進めた諸条約の無効理由を、ここでまとめておきましょう。

まず日韓議定書について。一九〇四年一月局外中立を宣言していた韓国に対し、同年二月六日日本海軍は密かに馬山の韓国電信局及び鎮海湾を占領して海軍の根拠地とする一方、陸軍の釜山守備隊も同日釜山の韓国電信局を占領しました。ついで二月八日連合艦隊の第四戦隊による威嚇の下、仁川港から平時編成四個大隊に当たる陸軍部隊を上陸させて直ちにその半数を首都漢城の占領に振り向け、さらに二月二〇日には陸軍の第一二師団全員が入城して首都は日本軍によって完全に制圧されました。このようないきさつと状況下において、二月二三日日韓議定書の強制調印が行われました。これらの日本による軍事行動は、イギリス・フランスなどの列国も認めた韓国の中立宣言と韓国の主権を侵す重大な不法行為であり、さらに重要なことは、韓国保護国化の端緒となる日韓議定書強制調印のために最初に二個大隊、次には一個師団ものの「明白に不正な暴力」が韓国皇帝及び韓国大臣を脅迫するために（ゲオルグのいう「精神的強制」のために）使用された、と見ることができます。ちなみに、脅迫罪が成立するためには一般人が恐怖する程度であれば十分だということを申し添えておきましょう。従って、日韓議定書は無効であり、その後の日韓のすべての条約も無効です。なお、これらの軍事力の動員はたまたま行われたのではなく、日露戦争前から日本政府・軍部によって計画され、実施されたものだということも付け加えておきます。何故なら、既に一九〇三年一二月の日本の閣議で、「往年日清戦役の場合に於けるが如く、攻守同盟若くは他の保護条約を締結し得ば最も便宜なるべし」(前掲、海野福寿『韓国併合』、一二四頁)を含む日露開戦時の「対清韓方針」を決定し、これに添って外交や軍の作戦計画が進められてきたからです。

次に第二次日韓協約について。万一日韓議定書が有効であると仮定しても、この条約はその内容からいって日韓両国の同盟関係を定めたものです。それにもかかわらず、日本はその同盟国である韓国の国家元首高宗《コジョン》皇帝と条約締結権のある大臣たちに対して、軍事力を用いた数種類の脅迫を加えました。特に決定的なのは、王宮である慶運宮《キョンウングン》内外を日本軍で固めただけでなく、その中の漱玉軒《スオクホン》に大臣たちを閉じ込め、建物内では長谷川韓国駐箚軍司令官と佐藤憲兵隊長を彼等に対峙させ、その外部は武装した兵士と憲兵隊に包囲させて、彼等を脅迫し条約に調印させたことです。これは正に先に述べたbの最も極端な事例であって、それゆえこの条約は疑問の余地なく無効といえます。

以上の論証で旧韓国保護諸条約特に第二次日韓協約の無効が明らかとなったことにより、結論として韓国併合条約がそもそも無効であり、またそれに基づく日本の植民地支配が不法な占領統治に過ぎなかったことも明かになりました。

(4) ハーバード草案における条約無効原因との類似

この節の最後に、代表者への条約無効の法理の先行研究で世界的に注目されたといわれる所謂「ハーバード草案」(=一九三五年に発表された米国ハーバード大学法学部国際法研究の「条約法協約草案」及びそのコメント)が指摘する条約の無効原因と上記bとの類似について、触れてみたいと思います。

この章の第一節でも紹介した明治大学法学部教授の笹川紀勝教授は、この草案とコメントについて次のように書いています。

同草案第三二条(a)は「強迫」(duress)を定義して、それは、国家のために条約に書名する人々に対して向けられる「強制」(coercion)であり、かかる強制がある場合にはその条約は無効になるといった。そして、「強迫」に関するコメントは、定義に合致する事例として、一七七三年のポーランド議会包囲、一九〇五年の日本の韓国保護条約、一九一五年のハイチ国会に対するアメリカ占領軍の圧力を掲げる。

（笹川紀勝「2ハーバード草案のとらえるグロチウスとマルテンス」『韓国併合と現代』、五二〇頁）

また笹川氏は、同草案コメントは第三二条(a)に関して切れ目なしに論述していてその特徴はわかりにくい、としながらも同草案がグロチウスについて述べた後、「代表者への条約強制無効の法理の叙述のはじめにマルテンスをおいた」（同書、五三二頁）と指摘してマルテンス即ちゲオルグの著作を分析していき、最終的に同草案の主張に関して次のようにまとめています。

ハーバード草案は次のようにいう。すなわち、草案第三二条の強制は、「暴力の行使」を含んでいるかもしれないし「または」含んでいないかもしれない、「現実的または強迫的」(actual or threaten)である、「ある著者たちは強制を物理的強制の行使に限るけれども〔マルテンスのことか?〕、物理的または精神的でありうる」と。このような言い方を再考すると、「または」は選択的ではあるが、強制が二種類あることを指摘していると受けとることも出来る。どちらか一方を主張することを否定しているからである。もしそういえるなら、同草案の結論である「物理的強制または精神的強制」も、マルテンスの物理的強制と精神的強制、サヴィニーなどの絶対的な暴力と強迫的な暴力などの区別と十分対応していると思う。（同書、五四七頁）

私はフォードルが提示した条約の無効原因を、ゲオルグの見解を中心にすえ、それをホールの見解を手掛かりとして分析して、前記bのような解釈に行き着いたわけですが、それは笹川氏やハーバード草案の主張と重なっているように思われます。もちろん私は同草案の研究者ではありません。しかし、例えば初めに引用した条約の無効例としてコメントが指摘する三つの事例が、全て上記bの無効原因に当てはまると考えられるのは偶然なのでしょうか？ 恐らく、ハーバード草案と上記bがどちらもゲオルグの見解を中心にすえたことによって、少なくとも両者に重なる部分（これは私の推測なので、「一致した」とまでいい切ることはできませんが）が生じた、といえそうです。この事実は、前記bに対するいわば 援護射撃にあたるもので、私にとってはありがたいことです。

　では、ハーバード草案が指摘する三つの事例が前記bにあてはまることについて、説明しましょう（第二次日韓協約については、既に説明しましたので省略します）。

　まず、「一七七三年のポーランド議会包囲」について。この事例は、第一次ポーランド分割に関する条約を認めさせるために、その条約の批准を行うポーランド議会をロシア軍が包囲し、議員たちを脅迫したという事実を指しています。このときのポーランド王国の国家元首はスタニスワフ・アウグスト（在位一七六四〜九五）で、彼はロシアのエカチェリーナ二世の協力も得て王位につき、その後ロシアに対する反乱軍に一時捕らわれてもロシア支持をやめず、同盟国であったロシアとの関係を維持しました。そのような同盟国の議会をロシアは軍事力を不正に用いて包囲し、議員たちを脅迫したのですから、これは前記bに完全にあてはまります。

次に「一九一五年のハイチ国会に対するアメリカ占領軍の圧力」について。この事例では、まずアメリカとハイチが同盟国であったかどうかが問題です。私は同盟国であったと考えています。このことの検証は重要ですので、以下紙幅を割いて論述したいと思います。

初めに、フランスの植民地であったハイチ（当時はサン＝ドマングと呼ばれました）が独立し、アメリカから主権国家として承認されるまでの歴史を、浜忠雄氏の著書『ハイチ革命とフランス革命』（北海道大学図書刊行会、一九九八年三月二五日）から概観しましょう。

アメリカ合衆国政府はハイチ革命（一七九一年に起きた黒人奴隷の一斉蜂起から始まりました）の推移を注意深く観察し、第二代ジョン・アダムズ大統領のとき、一七九九年四月に革命の指導者トゥサンと同盟関係を結び（同書、巻末年表二二頁）、通商も開始しました。ハイチはその後一八〇四年にナポレオンが派遣した軍隊を打ち破って独立し、アメリカによる独立の承認を得ることはできませんでしたが、米国との通商は続けられました。

しかし、ハイチ独立時の指導者デサリーヌによる白人の虐殺事件が起こると、第三代合衆国大統領ジェファーソンは一八〇五年二月に禁輸に踏み切ります。ジェファーソンの引退後通商は再開されましたが、第一六代合衆国大統領リンカーンによるハイチ承認案が一八六二年二月に米国連邦議会で可決されるまで、ハイチの念願であった米国による独立承認が行われることはありませんでした。

さて、浜忠雄氏は同書においてトマス・O・オットの著書をもとに、米国大統領ジェファーソンがモントフォンテーヌ条約（一八〇〇年九月三〇日）による米仏間の関係修復後、親仏外交をとったためにアメリカとの「同盟」が失われたと見ているようですが（同書二二四～二二五頁）、これは誤解ではないでしょうか。

先の概観で述べたように米国は一七九八年に革命の指導者トゥサンと同盟関係を結んでいます。その当時トゥサンはハイチの主要地域を制圧していたとはいえ、まだ国家として独立を宣言したわけではありません。したがって、米国がトゥサンと同盟関係を結ぶには、まずトゥサンが率いる武装組織を国際法上の「交戦団体」と認めなければなりません。「交戦団体」とは「戦争行為に関してのみ独立国と等しき権能を有する団体」（高橋作衛『戦時国際公法』、哲学書院、一九〇三年三月五、二六頁）です。

ハイチの母国であったフランスとハイチとの同盟ならば話は別ですが、米国のような第三国がトゥサンの武装組織を交戦団体と認める場合はたいてい文書によりました。そして国際法上は、「一旦明示の（文書による――引用者）承認を与へたる以上は再ひ同一の手続き即ち明かに文書により取消すに非されは第三国は承認の効果を免るへからさるものとす。第三国の与へたる承認はただ其団体と其国との間に有効にして他の第三国は無関係とす。」（高橋作衛・同書三〇～三一頁）とされていました。

また、これまで幾度か参照した高橋作衛の前掲『平時国際法論』（一九〇四年）では、国家の承認（独立の承認と同義です）と交戦団体の承認との違いについて、「交戦団体の承認は之を与へたる時より以後に向て其効力を有するに過ぎずと雖も国家の承認は遡及力を有するものなり。換言せば其建国の当時に溯て国際公法上国家たるの地位に立つものとす。従て新立国が他国により独立の承認を受けたるときは其独立を宣言したる時よりして承認を得たる時に至るまでの行為に付ても亦国際公法上の責に任ずべきものたり。」（同書、二三六～二三七頁）と書かれています。

以上に依拠して国際法上の米国とハイチの関係について要約してみましょう。

米国は第二代アダムズ大統領の時に、トゥサンの武装組織を国際法上の交戦団体として文書で認め、同盟関係を結んだはずです。この同盟は米国がハイチとの間で文書でもって取り消さない限り有効です。第三代ジェファーソン大統領がフランスと協定を結んで米仏間の戦闘を停止し関係を修復したといっても、ハイチとの同盟が切れるわけではありません。ハイチで起こった白人虐殺事件によりジェファーソンは禁輸に踏み切りましたが、文書でハイチとの同盟関係を断ったわけではなさそうです。米国の力がまだ弱く、西半球におけるヨーロッパ列国の動静を警戒しなければならない時代に、米国がハイチとの同盟まで断つことは考えにくいですから。浜忠雄氏が作成した一九九五年までの出来事を綴った詳しい「ハイチ革命とフランス革命」関連年表（浜忠雄前掲書、巻末）を見ても、一八〇六年二月に米国下院がハイチ禁輸を決議したことが記されていますが、ハイチとの同盟を破棄したとは書かれていません。そもそも、当該年表中にはワシントンとトゥサンとの同盟以外にハイチと米国との同盟に関する記事は一切出てきません。国際法上の同盟関係は維持されたと見るのが妥当です。こうしてハイチはようやく一八六二年六月、第一六代リンカーン大統領の時に、西アフリカのリベリアとともに米国から主権国家として承認されました。

先に見ましたように、米国による国家承認の効力はハイチ独立の時点（一八〇四年一月一日の独立宣言の時点）まで溯りますから、この時点で米国がトゥサンと結んだ同盟は新国家ハイチに引き継がれたことになります。もちろん、同盟関係も消滅することがありますが、それは同盟関係にある国がその条約を破棄した場合（交戦団体の場合は、文書によらなければなりませんが）か、両者が戦争した場合です。ハイチと米国が戦争したことは一度もありませんから、米国とハイチは現在まで、非常に長期にわたる同盟国ということになります。

しかし、ジェファーソンがハイチとの同盟を万一破棄していたなら、その後ずっとハイチは米国の非同盟国だったのでしょうか？　次にこのことを検証していきます。

ラテンアメリカ国際法の研究者である中井愛子氏は、「主権国家体系と国際規範をめぐる地域的構想──一九世紀ラテンアメリカの法的地域主義──」（『国際政治』第一八九号、日本国際政治学会編、二〇一七年一〇月）において、「二〇世紀初頭には、欧州でも、ラテンアメリカに欧州とは異なる国際規範が存在しており、それらが『米州国際法』として国際法の一部をなしていることが認識された。」（同誌、七六頁）と述べるとともに、この事実がそれまでの国際法の観念に大きな変化をもたらしたことを、チリ外務省法律顧問であり著名な国際法学者でもあったアルバレス（Alvarez・第二次世界大戦後は国際司法裁判所の判事を務めました）の例も取り上げて、次のように書いています。

この変化を明確に裏付ける具体例に、同時代の最も権威ある基本書の一つであるフランスのボンフィスの（Bonfils）の『国際公法教本』がある。同書の一八九四年版によれば、実定的国際規範すなわち「実定国際法」とは、欧州およびそれと同等の文明を持つ諸国に適用される、欧州諸国間で生成された国際法のことであった。ボンフィスの死後、この教科書は同じくフランスのフォーシィユ（Fauchille）に補完されて版を重ねる。一九一四年の版では、かつて欧州諸国間で生成された規範だけを国際法として論じた節の内容が一変している。そこには特別に「米州国際法」という項が設けられ、アルバレスの理論が紹介されるとともに、米州国際法の創出が既存の国際法を変化させたことが次のように強調された。「(米州）諸国は、一定の法原則を形成・生成し、欧州においてもその適用を受容させた。彼らは一般に受入れられた諸原則に変更を加え、……いくつかの問題につき欧州とは異なるドクトリンを創出し、……国際関係にも国際法 の展開にも多大な影響を与えた」。

同書は続けて、大陸ごとの国際法の存在を肯定して、「欧州国際法、米州国際法、アフリカ国際法、アジア国際法」を列挙する。当時まだ実在していなかったアフリカやアジアの地域国際法が存在可能性を認められているだけでなく、欧州国際法が、もはや主権国家体系を支配する唯一かつ普遍的な国際法としての地位を持たない、地域国際法の一つと位置づけられている。さらに、「真の世界的な国際法」は、「全ての大陸ごとの要請が考慮された」ものでなければならないとの記述が続く。

（略——引用者）文明国間の唯一かつ不変的な法としての国際法と欧州国際法との同一性の仮

定は、米州国際法の登場を契機にしてついに瓦解したのである。

（中井愛子論文・同誌、七四～七五頁）

このように、二〇世紀の初頭には一般国際法の中に、地域的な特別国際法として欧州国際法とは異なる米州国際法が創出されていたのですが、中井氏によれば、二〇世紀に南北米大陸規模の地域的国際会議・機構が設置されたのに伴い南北共通の国際法観念が生まれてラテンアメリカ国際法（メキシコ以南の中南米地域に共通する地域的国際法）と区別する「米州国際法」（中南米と北米に共通する地域的国際法）という用語法が生まれたが、「実質的にみても、今日において米州国際法と呼ばれる南北米州の特有の法や実行の中に、アングロアメリカ諸国（米国とカナダ――引用者）を中心に形成されたものは皆無に等しい」（同氏著『国際法の誕生―ヨーロッパ国際法からの転換』京都大学学術出版会、二〇二〇年一一月三〇日、一五頁。以下、『国際法の誕生』と略称）とのことです。

したがって、アルバレスの理論を紹介した上記ボンフィスの『国際公法教本』で取り上げられた「米州国際法」は、同書発行の時期から推測して米国を含めた意味で用いられていると考えられますが、いずれにしても中井氏の右の記述を踏まえれば、実質的にはラテンアメリカ諸国によって生み出された法規則やドクトリン（政治・外交上の原則）から成り立っているはずです。

ここでハイチに関わる問題として取り上げたいのは、一九二三年にモンロー第五代米国大統領が内外に向けて発表した（注5）モンロー主義（モンロー宣言、あるいはモンロー・ドクトリンともいわれます）です。モンロー主義については、日本では米国による一方的な政治宣言にすぎないと考えられているようですが、そうではありません。いくつか例をあげましょう。

①一九〇二年のベネズエラ封鎖事件（自国民の被った金銭債務の不履行に対する賠償を求めて、英独伊三国が海軍を派遣してベネズエラの港を封鎖し町を砲撃しました）に際し、アルゼンチン外相ドラゴーが米国大統領に宛てた書簡に盛られたドクトリン（ドラゴー主義と呼ばれます）。その書簡には、次のような原則が述べられています。

人類が定立した国際公法の基本的諸原則の中で、最も価値あるものの一つは、すべての国家は、自己の有する力がいかなるものであれ、法的存在であり、相互に完全に平等であり、それによって同一の考慮と尊重の権利を相互に与えられていると規定する原則である。

（藤澤巌「国際法における不干渉原則論の構図(3)―適用問題への一視座―」『千葉大学法学論集』第二九巻第三号、千葉大岳法学会、二〇一五年一月、四四～四五頁。以下『千葉大学法学論集』第二九巻第三号と略称）

軍事的手段による諸債務の回収は、これらの諸債務を実現させるための領土の占領を含意する。そして、領土の占領は、それが課された諸国の政府の抑圧や従属を意味する。このような状況は明かに、何度も米州諸国によって宣言されてきた諸原則、とりわけ、非常な熱意をもってあらゆる場合に合衆国によって維持され擁護されてきた、モンロー主義に反する。この原則には、アルゼンチン共和国はこれまで厳粛に従ってきた。（同誌、四五頁）

②アルバレスが、モンロー宣言が単なる米国の政策ではなく、「法的な国際主義」であり、米州諸国の間に成立した「国際的連帯の諸原則の最も重要なものを凝縮したものである」（同誌、四六～四七頁・注）と見なしていること。

③米国のウィルソン第二八代大統領〔在任一九一三～二一〕が、一九一四年、米州諸国間の集団安全保障を約束するパン・アメリカン条約を作成しその締結を目指したこと（不成立に終わりましたが）、また第一次世界大戦では米国の参戦後、メキシコ（メキシコ革命で内戦中。しかしドイツからの同盟の誘いを拒否しています）を除く中南米一九カ国のうち一三カ国（米軍の占領下にあったハイチを含む）が参戦し、残り七カ国は中立（中立もまた、伝統的国際法の時代における同盟国のとる戦時対応の一つです）を保ったこと。

以上から、米国はモンロー宣言を介して、ハイチを含めた中南米諸国と米州国際法における集団保障上の（少なくとも黙示の）同盟関係にあったと考えられます。

（注5）モンロー主義…米国のジェームズ・モンロー大統領〔在任一八一七〜二五〕が、一八二三年一二月の年次教書で発表されたドクトリン。中井愛子氏によると、モンロー主義とは「欧州による米州の新たな植民地化への反対を改めて示し、欧州の勢力均衡への不関与と独立した外交政策の採用を宣言した」もので、前掲の論文「主権国家と国際規範をめぐる地域的構想」において、その第四八、四九項を以下のように訳して、紹介しています。

神聖同盟諸国（ナポレオン戦争後、英国・オスマントルコ帝国・ローマ教皇を除く全欧州の君主が結んだ精神的盟約——引用者注）の政治体制と米州諸国のそれとは……本質的に異なっている。この相違はそれぞれの相違に起因する。……我々は、……彼らの政治体制を西半球の一部に伸長しようという試みを我々の平和と安全に対する危険とみなすと宣言しなければならない。……我々は、いずれの欧州の国の既存の植民地や属国にも干渉したことはなく、今後もすることはない。……しかし、米国が十分な検討と公正な原則に従ってその独立を承認したものについては、……欧州諸国によるいかなる干渉も米国に対する非友好的意図の表明とみなさざるを得ない。……いずれの欧州諸国の国内事項にも干渉せず、事実上の政府を正統政府とみなし、欧州と友好関係を培うことは……我々の変わらぬ対欧州政策である。

（前掲『国際政治』第一八九号所収、六七頁）

さて本論にもどります。

縷々述べてきましたように、ハイチは一七九九年以来米国の最も古い同盟国でした。ところが理屈はどうあれ、一九一五年七月二八日米国海兵隊はハイチの首都ポルトープランスに上陸して軍事占領します。そして同年八月、米国の最初の弁務官に就任したケイパートン提督の意向に従ってハイチの新大統領選が実施され、ハイチ議会はダルティィギュナーヴを大統領に指名しました。さらに九月にはアメリカ海兵隊が全土を占領して、戒厳令を敷きます。このような状況下でケイパートンはダルティィギュナーヴ大統領に迫ってハイチを保護国化する条約に署名させ、一一月にはハイチ議会を脅迫してこの条約を批准させたのでした。したがって、このように軍事力を違法に用いて同盟国ハイチと締結した条約は、地域的国際法である欧州国際法においても違法かつ無効であった、といえます。

また米州国際法に関していうと、ラテンアメリカ国際法が米州国際法の実質となっているという中井氏の先の指摘を踏まえれば、集団安全保障の原則を規定する一九六五年の第二リマ連合条約が、外部からの侵略はもちろん締約国の主権的権利をはく奪する目的で行われる武力行使を伴わない行為（例えば、締約国を保護国化したり、あるいはその主権の完全な行使および独立を脅かす上位の権威の確立のためになされる行為など）をもラテンアメリカ諸国全体への攻撃行為として集団防衛の対象にしていることからわかるように（前掲、中井愛子『国際法の誕生』、六九〜七〇頁）、同条約は米州国際法においても違法かつ無効でした。

以上の論説によって、ハーバード草案があげた第二次日韓協約を含む三つの事例の無効原因が、すべて前述「(3)伝統的国際法時代の真の条約無効原因」で定式化したbにあてはまることがはっきりしました。このことからも、bによる第二次日韓協約が無効であること、即ち韓国植民地支配は日本による不法な占領支配であったことが、明白になったと考えます。

従って日本は、この不法な占領支配によって重大な被害を与えた韓国（南）及び朝鮮（北）に対し、またその国民に対して、誠実に賠償または補償を行う国家責任があります。なお日本が負うこの国家責任は、第四章で述べるサンフランシスコ平和条約や日韓基本条約・日韓請求権協定によっても解除されません。なぜなら、前者では大韓帝国の不法な植民地支配に対する賠償・補償は対象外であったし、後者については「千九百十年八月二十二日以前に大日本帝国と大韓帝国との間で締結されたすべての条約及び協定は、もはや無効であることが確認される。」（日韓基本条約第二条）というように韓国国権侵奪諸条約に対する無効時日の合意がなされなかったからであり、韓国請求権協定の方はサンフランシスコ平和条約第二条に基づいて朝鮮半島の日本国からの分離にともなう財産請求権のみを補償の対象としたもので（このことは先行する諸研究で明かにされてきました）、植民地支配そのものに対する請求権を扱ったものではないからです。

◆

本節の内容と関連して、ハイチについて少し付言します。ハイチも米国の不法な占領支配に対して米国に補償を求める権利があり、米国は自らが負う国家責任を解除するために誠実な補償をすることが必要です。

またハイチ独立の承認に際して、旧コロン（フランス人の入植者）が失う植民地財産（家畜と同じ「所有物」とされた黒人奴隷を含む）への補償として膨大な「賠償金」をハイチが支払うことになったフランスとの一八二五年の条約、及び期限までに支払えなかった残りを多少減額した上支払うことを決めた一八三八年の条約についても、有効といえるかどうか国際法からの検討が必要です。例えば日本の開国を決定した日米和親条約の有効性に疑問を差し挟む人はいません。それは、江戸幕府が米国の圧力を感じながらも慎重かつ優れた対応をしたからであり、とりわけ大きな武力を擁しながらもペリー提督が条約の無効原因となるような不法な行為を行わなかったからではないでしょうか。横浜市立大学名誉教授加藤祐三氏の著書『開国史話』

（神奈川新聞社、二〇〇八年四月一五日）によれば、次のようなことがわかっています。

ペリーは、自衛または自身及び乗組員への暴力に対する反撃以外、軍事力を用いないよう本国から指示を受けていました（同書一六四～一六五頁）。そこで彼の率いる艦隊は、現在の羽田沖まで航行しましたが一発の大砲も撃つことなく、将軍家定や老中首座の阿部正弘等幕閣のいる江戸城から直線距離で三〇㎞近く離れた横浜村（現在の横浜市内神奈川県庁付近）に設営された応接所で、条約交渉に応じました。祝砲についても、横浜村沖合に停泊した八隻の艦隊は日本側に提案した上で行っており、民衆に対しても浦賀奉行から空包ゆえ心配なしとのお触れ出すこともできました（同書二四八頁）。上陸したペリー一行は兵士を含めて約四百五〇名、応接所の玄関前を武装した兵士がコの字型に囲み、その外側は浦賀奉行所の与力や警固の藩士が囲み、さらに群衆が遠巻きに見ていました（同書二四八頁）。内部の部屋では長椅子に座ったペリー一行四人（拳銃を帯びている）の背後を三〇人の武装兵が並び、その後ろに町奉行所の与力・同心が控えました。ペリーたちに対面して脇差をつけた応接掛五人が座りましたが、これらは「戦闘態勢というより、両者が正装で相対した」というのが正確のようです（同書二六五頁）。条約交渉の場で、ペリーが難破船に対する日本側の対応などを取上げ「国政を改めないならば国力を尽くして戦争に及び雌雄を決する覚悟がある」と脅したことがありましたが、日本側が反論し説得すると、ペリーは率直に自説をとり下げました（同書二七〇〜二七一頁）。その後の様子をみても条約を無効とするような米国の対応はなく、ペリーが日本側の慣行に応じたせいで条約の正文が決められなかったということと署名の形式に問題が残りましたが（同書三〇〇〜三〇一頁、三〇四頁）、その後無事に批准書の交換が行われ条約は成立しました。

私は浜忠雄氏の別の著書『ハイチの栄光と苦難——世界初の黒人共和国の行方』（刀水書房、二〇〇七年一二月一〇日）を見て、フランスとハイチが結んだ前述の二つの条約は無効の可能性があると思いますが、明確に無効を論証するには、条約締結の際にフランスから派遣された司令官や艦隊・海兵隊に対するフランス本国の命令や指示、及びハイチ議会と大統領に対するさらなる具体的な軍事的脅迫の動きを調べ、その上で日米和親条約などの事例と比較検討することが必要だと考えます。浜忠雄教授など専門家による今後のハイチ研究の進展を望みます。

第四章　日本による「過去の清算」の法的検討

一、戦後補償・戦後責任についての日本とドイツの評価

日本とドイツは、どちらも第二次世界大戦の主要な侵略国、そして同盟国でした。また戦争中、日本はおもにアジア、ドイツはヨーロッパ・ソ連で膨大な戦争犯罪を犯しました。「どちらも似た国なのに、なぜ戦後ドイツは高く評価され、日本は批判されるのだろう？」と漠然と思っていました。

しかし、それは単純すぎました。日本では戦後、東久邇宮内閣が「一億総懺悔」をとなえて連合軍を迎えて以来、一部の人々を除き侵略戦争と植民地支配の責任があいまいにされてきました。一方、ドイツはどうでしょうか。『ナチス・ドイツの強制労働と戦後処理』（田村光彰、社会評論社、二〇〇六年六月三〇日）によれば、ドイツではナチスのみに戦争責任が押しつけられ、ドイツ国防軍や企業、一般国民はむしろナチスに強いられて止む無く侵略戦争・戦争犯

罪（大規模な殺戮、強制労働等）に協力させられた被害者だと見なされてきたのです。例えば、ドイツの有名な自動車会社フォルクスワーゲン（ＶＷ）は、戦争中ナチス親衛隊と親密な関係を結びながら強制収容所の親衛隊本部や民間労働者収容所で捕虜や占領地の住民・子どもを劣悪な環境で強制労働させ、大いに儲けました。そのＶＷ社は、「元強制労働者への人道的な給付のための基金」をつくり、次のような声明文を発表しています。

※同書からの引用文中、省略記号（略）はすべて引用者によるものです。

フォルクスワーゲン（ＶＷ）株式会社は一一九九八年七月七日の声明で、第二次世界大戦中、当時のＶＷ社のために強いられて労働をした人々に人道援助をすることを公にしました。

連邦政府の補償給付はこれまで広範囲に続けられてきましたが、これによりナチ独裁の非人間的な強制措置そのものをなかったことにすることはできませんでした。ＶＷ株式会社は、法的に義務はありませんが、道義上、今後も引き続き人道的な寄与をするように要請されていると考えます。（略——引用者）

私たちは第二次世界大戦中、かつてのＶＷ社で労働を強いられた元強制労働者に援助をすることを通して、すでに進んできた道をさらに歩み続け、またすでに高齢に達している人々の生活設計の形成に寄与したいと思います。我が社は、以下のように決定しました。直ちに成果があがるよう私的基金を創設し、この基金は、出身（国）や国籍に関係なく、強制労働に従事した人々に迅速かつ直接に必ず支援をすることになります、と。（以下略——引用者）

（同書、一九〇～一九一頁）

ＶＷ社のこの声明に対して、同書の著者田村氏（北陸大学教員）は次のように述べています。

この基金の特徴は、第一に、法的な義務はない、と宣言している点である。先に略年表でごく少数の企業による支払いの歴史を掲げたが、これらの企業を含め今日までドイツの企業の中で法的責任を認めた企業は一社たりとも存在しない。ＶＷ社は、既に触れたように、〈一〇人中九人も殺す〉職場環境で、国際法にも国内法にも違反していた。この法的責任を認めない姿勢は、後の「記憶・責任・未来」基金〔二〇〇〇年七月にドイツ連邦議会で成立した『記憶・責任・未来』基金設立法」に基づいてつくられた基金。二〇〇七年六月一二日まで元強制労働者への補償を続け、その後はナチス時代の不正を心に刻むためのさまざまなプロジェクトに助成をおこなっています。基金はドイツ政府や自治体、ＶＷ社などの企業等が拠出したお金で設立されましたが、田村氏によれば、参加を呼びかけられた二二万社の中で応じた企業は約一・四パーセントにすぎなかったそうです。——引用者〕にも貫かれている。（略）第二に、支払いの根拠は、道義的な問題であり、したがって「人道援助」であるという。（略）一般に、事故の行為を顧みて、良心に基づいて反省する時、それは謝罪という。謝罪に基づいて金銭的補償がなされる。しかし、この声明文の基調は謝罪ではなく、援助である。自分がかつて何をしたのかという事実は指摘しても、その反省はなく、困っているから援助をするというわけだ。自らの善意の強調である。（略）

特徴の第三は（略）「直ちに」「迅速に」しなければならないとしていることである。しかし、そうであるならば、では今まで五三年間、何をしていたのかが問われることになろう。（同書、一九一〜一九二頁）

このように引用すると、現在の「慰安婦」・「徴用工」をめぐる「日韓合意」や「日韓請求権協定」に関して、日本政府や日本のマスコミが、〈日本と日本企業に法的責任はなく、あくまで道義的責任による「支援金」あるいは「経済協力金」を支払い、不可逆的に解決した〉と主張していることを思い浮かべて、結局ドイツも日本も同じなんだと早合点する人がいるかも知れません。実は、同じではないのです。

田村氏は次のように指摘しています。引用が長くなりますが、重要なことなので、特に日本の政府や企業・マスコミには真摯に耳を傾けてほしいと思います。

ドイツは戦後補償の模範であろうか。私は、戦後補償を〈謝罪と個人補償〉に限定すれば、日本よりはよく取り組んでいる、といえるであろう。つまり、日本があまりにも放置し、無視しているので、日本と比較すれば、ドイツの取り組みが目立つ。私は、日本もドイツも共に歴史に反省し、共に学びあいながら〈謝罪と個人補償〉に取り組むべきであると考える。むろん日本はドイツ以上にこの課題を引き受けなければならないし、ドイツから学ぶことが多いことは言うまでもない。

私は、今、戦後補償を〈謝罪と個人補償〉に限定した。しかし、これをもっと広くとらえ、歴史認識、基本法（憲法）、司法、教育、政治指導者の姿勢、思想レベルでの、また、戦争遺跡や歴史的記念物の保存等で、ナチス時代を〈くり返さないための努力〉ととらえれば、ドイツの試みは評価したい。例えば、中国残留邦人が日本政府に対して起こした損害補償裁判で、日本政府は、（注1）「満州国は我が国とは別の独立国家」という歴史観を準備書面で述べたことが伝えられている（『朝日新聞』二〇〇三年七月二八日）。「満州国」は議会もなく、実権は日本人官吏に握られ、関東軍司令官（兼駐満大使兼関東庁長官）の下、日本の傀儡国家であった。「日本と満州は政府としては一体で、満州国に派遣した官吏は国内勤務と同一に扱われてきた」（同、山室信一京都大学人文科学研究所教授のコメント）。日本政府のような認識はドイツでは考えられない。例えば傀儡国家スロヴァキアを「独立国家」だったと主張することはない。ナチス時代に国外追放された政治犯、ユダヤ人を諸外国は「亡命者」として引き受けた。戦後ドイツはこの追放を反省し、基本法に「政治的に迫害された者は庇護権を享受する」（第一六条）と国外からの政治亡命者の受け入れを謳い、憲法レベルで亡命権を補償した。（略）国際連盟下、国際知的協力委員会の教材の検討に源を持つ、教科書の国境を越えた共同作成は、ドイツで発展している。この試みは、歴史、地理教科書から民族間の優劣に基礎を置く偏狭な民族主義的記述を、相互になくしていく姿勢を堅持している。真相の解明と研究、議論によって多国間で共通の教科書を作成する〈教科書の国際主義〉は、他の国にもひろがっている。また今日、ドイツでは至る所にナチス時代の犠牲者を心に刻み、あの時代をくり返さない記念碑、歴史的建造物が存在する。

満州国が「独立国家」であったならば、それは関東軍が〈良いこと〉をしたという歴史認識につながる。そうすると、〈良いこと〉は、何度あっても〈良いこと〉になり、繰り返しの対象になる。満州国型の「独立国家」は、大いに建設すべきことになる。戦後補償には、くり返さないことをも視野に含める必要性を強く感じる。と同時に、国家による歴史認識の占有を避け、研究者や市民レベルで真相の解明を続ける作業が大切な点も痛感する。（同書、二七二～二七三頁）

（注1）「満州国は我が国とは別の独立国家」という歴史観…実は、『仏印特別問題に関する交渉調書』（二〇一一年二月一八日公開）という外務省極秘文書には、日本が「条約」を結んでいた満州国政府や占領・支配地域の各中国政権（例えば汪兆銘政府）に対する見解が書かれています。フランスのビジー政府と結んだ協定はフランスと日本との戦争の結果無効になったので、日本はその協定から尾をひいて生じたフランス側に対する債務を支払う義務はないけれども政治的解決をはかる見地からお金を支払うことにしたとされる一方、「他の債務関係、とくに中国関係の債務に及ぼす影響を検討する必要ありと思われるところ、これらの債務は、戦時中、かいらい政権と締結した協定にもとずくものであり、（略――引用者）別段悪影響があるとは考えられない。」（同調書・一五頁）としています。これは極秘文書ですから、恐らく日本政府の本音が出てしまったのではないでしょうか。

戦後の歴史を振り返ると、日本では、田村氏の指摘に反するようなことが何度もおこなわれてきました。例えば、敗戦前後に中央省庁だけでなく全国の役所で、戦犯に関わる多くの公文書が燃やされました。このときの指令書を書き陸海軍にも承諾させ実行させた人物は、当時内務省の官僚だった奥野誠亮《せいすけ》です。『派に頼らず、義を忘れず――奥野誠亮回顧録』（奥野誠亮、PHP研究所、二〇〇二年一〇月。以下、『奥野誠亮回顧録』と略称）には、焼却を決めた内務省の会議や奥野氏の行動が語られています（同書、七〇～七一頁参照）。

奥野氏は、一九四三年に鹿児島県の特高警察のボスである特高課長に就任し、住民を弾圧した経歴を持っていましたが、ＧＨＱによる公職追放を免れ、その後自治事務次官、文部大臣・法務大臣などを歴任しました。そして一九九五年、村山富一内閣（自民、社会、さきがけ三党の連立政権）の下で与党三党が中心になって国会に「戦後五十年国会決議」案〔筆者注：この決議案は現憲法下で初めて我が国の姿勢を示そうとしたものでしたが、「世界の近代史上における数々の植民地支配や侵略的行為に思いをいたし、我が国が過去に行ったこうした行為や他国民とくにアジアの諸国民に与えた苦痛を認識し、深い反省を表明する」とあったように、表現があいまいでどのようにも解釈できる、反省の主体が誰なのかわからない、などの問題がありました〕を提出しようとすると、奥野氏は、「あの戦争は自衛の戦争だった。白人の植民地を解放するという面もあった」などと日本の侵略戦争を否定し、「戦後五十周年国会議員連盟」（会長奥野誠亮。前首相の安倍晋三氏は事務局次長でした）を結成して「わが方の一方的断罪と反省につながる。絶対容認できない」との決議をあげるなど、反対運動を展開しました。その結果この戦後決議は衆議院ではかろうじて可決されましたが、参議院での同様の決議の提出は見送られました。歴史学者の中塚明氏によると、奥野氏は朝鮮の植民地支配についても次のように述べています。

　この間も言ったんだけれども、私たちは朝鮮支配なんて考えたこともありませんと。私は当時は役人だったんだが、朝鮮がよくなるように台湾がよくなるように、努力してきたんですと。（略――引用者）そして、日本国になり日本人になったんだから、日本人と同じようにしたければさせてあげようということで、日本流の「氏」を使い、名を使うなら申請すればそのようにしてあげましょうとしたんです。（『月刊国会ニュース』一九九五年四月号）

（『歴史の偽造をただす』中塚明、高文研、一九九七年一一月二〇日、一三五頁）

また奥野氏は、「戦後五十周年国会議員連盟」を引き継ぐ形で、翌九六年『明るい日本』国会議員連盟（会長奥野誠亮、事務局長板垣正〔筆者注：関東軍高級参謀として満州事変を計画・実行した一人で、戦後A級戦犯として処刑された板垣征四郎の次男〕、事務局長代理は安倍晋三）を結成し、結成総会後の記者会見で「従軍記者や従軍看護婦はいたが、『従軍』慰安婦はいない。商行為に参加した人たちだ。」（「朝日新聞」九六年六月五日付。以下、同紙）と述べ、「未成年を慰安婦として働かせたとするのは歴史の事実ではない」と発言していた板垣正氏も、韓国から来日中の元「慰安婦」で面会に訪れた金相喜《キムサンヒ》さん（当時七三歳で、一九三七年に国防服をきた日本人三人に連行され、終戦まで八年間慰安所生活をしいられました）が「私は十五歳で拉致、連行され、日本軍部隊の慰安婦にされた。私が生き証人だ」と抗議したことに対し、「カネ（報酬）はもらっていないのか」と何度も尋ね、さらに「強制的に連れていったという客観的証拠はあるのか」と逆に居直っています。さらに板垣正氏が「その八年間に一銭ももらわなかったの」と迫ったのに対して、金さんは「生死の境をのりこえた者に本当か本当じゃないという話をどうしてするのか。かつて戦場で私の体を汚し、五十年たって今度は私の魂までよごすのか。断じてない」と答えています。

日本の政治家や外交官、財界人などによる朝鮮の植民地支配についての妄言や暴言は、『「妄言」の原形―日本人の朝鮮観』（高崎宗司、木犀社、二〇〇二年四月一日）や『差別と日本人』（野中広務・辛淑玉、角川書店、二〇〇九年六月一〇日）などにも紹介されており、残念ながら奥野氏や板垣氏に限ったことではありません。

次に、前述の引用文中で田村光彰氏が危惧していた「満州国」（以下、単に満州国と書きます）や満州事変に関する政治家の発言をいくつか取り上げておきます。

以前、国会中継を見ていて驚いたことがありました。参議院無所属クラブの水野賢一議員と安倍晋三前首相との間でおこなわれた満州事変に関するやり取りです。

水野…この問題はちょっと歴史の教訓からも重要なところなんですけど、総理にまず満州事変について伺いますが、政府の認識では満州事変というのは石原莞爾作戦参謀ら関東軍が引き起こしたという、そういうものですか。

安倍…個々の歴史的な事象についての、そして今委員がおっしゃったような確定的なことについては政府として申し上げることは差し控えさせていただきたいと、このように思うわけでございまして、具体的な事象に関する評価については専門家等により議論されるべきものと考えておるところでございます。

水野…いや、そんなことを言ったら、個々のことについて確定的に言えないなんて言ったら、じゃ、総理はあれですか、真珠湾奇襲は山本五十六が立案して連合艦隊が実施したというのが普通の解釈でしょうけど、それも確定的には言えないということですか。

安倍…これは、一々、今、政府として今まで、統一的なことを申し上げてきたことはないわけでございます。一々の歴史的事象についての評価は差し控えさせていただきたいと思います。

水野…いや、だから、侵略かどうかの評価とか、いいとか悪いを聞いているんじゃなくて、事実としての認識も言えないということですか。

安倍…政府として、歴史的な出来事一つ一つについて確定的なことをお答えすることは適切ではないと、このように考えております。

（二〇一五年九月一四日、参議院「平和安全法制」特別委員会）

　このように安倍前首相は、満州事変について高校の日本史の教科書に書かれているようなことについても、質問に答えませんでした。なぜ安倍氏はこれほどかたくななのでしょうか？　恐らく、奥野誠亮氏が立ち上げた前述の議員連盟の中心ポストについていたことが示しているように、思想的には奥野誠亮氏と同じだからでしょう。しかし、自分の本音をいうことは外交上もはばかられるので、何とかして避けたいのではないでしょうか。

　とりわけ中国を侵略してつくった満州国については、安倍氏が敬愛する祖父・岸信介元首相が戦後も自慢していました。欧米のマスコミは、「右派強硬論者として知られている」（英国BBC、一五年八月二八日）、「右翼の国家主義者」（米国ニューヨーク・タイムズ、一三年一月三日）、「歴史修正主義者」（仏国ル・モンド、一七年一〇月二〇日）などと安倍氏を批評していますが〔筆者注：「歴史修正主義者」とは確立された歴史学の成果を無視したり、歴史的事実を自分の思想に都合のよいように解釈したりする人のことです〕、第一次安倍内閣以来、「戦後レジームからの脱却」を唱えてきた安倍前首相のことです、祖父である岸元首相と似通った考えを持っていると推測するのはそれほど外れていないのではないでしょうか。

＊「戦後レジーム」とは、敗戦時のポツダム宣言と日本国憲法によって形づくられた日本の国家体制のことです。

もし安倍氏がそうではないと否定するなら、日本のためにも喜ばしいのですが……。

それでは、満州国に対する岸元首相の自画自賛の言葉を引用します。

満鉄を中心とする満蒙開発は、新天地の驚異的発展をもたらしたが、なお、多くの障碍が纏綿（まといつくこと——引用者）した。新興満州国はそれらの矛盾を止揚し、自ら欲するままに開発建設することができた。民族協和、王道楽土の理想が輝き、科学的にも、良心的にも、果敢な実践が行なわれた。それは正しくユニークな近代的国つくりであった。直接これに参加した人々が大きな希望のもとに、至純な情熱を傾注しただけでなく、日満両国民は強くこれを支持し、インドの聖雄ガンヂーも遥かに声援を送った。当時、満州国は東亜のホープであった。不幸、大東亜戦争が難局に陥るとともに、満州国は治政のうえに重圧を受けたが、終戦まで泰然として挙国一致、国内建設と対日協力に邁進していた。

＊「王道」は、儒教思想の仁徳によって君主が国を治める道のことです。

（『あゝ満洲』満洲回顧集刊行会編、一九六五年発行・序文）

この主張に対してはいろんな批判が可能だと思いますが、ここでは特に以下の①と②について述べておきます。

①「新興満州国はそれらの矛盾を止揚し、自ら欲するままに開発建設することができた。」、

「科学的にも、良心的にも、果敢な実践が行われた。それは正しくユニークな近代的国つくりであった。」

満州国の頂点には関東軍があり、満州国の官僚組織の実権は日本人が握っていました。満州国の高級官僚として赴任した岸信介氏は、三九年に総務庁次長（事実上、満州国の産業政策を企画・推進するトップの地位）となり、日本の国家利益と戦争体制つくりのために働きました。事実上国会はなかったので、日本人の思うままに法律をつくり、「自ら欲するままに」国つくりができたのです。岸元首相は晩年にも、「満州を振り返ってみると、下手であるかもしれんが、俺の描いた作品が満州にずっと残るだろうといったんです。」（原彬久『岸信介証言録』、毎日新聞社、二〇〇三年四月二〇日、三六頁）と語っていますから、満州国を生涯誇りに思っていたのでしょう。

しかしその満州国では、「徴用者」を含め、華北・華中・華南から夥しい中国人が炭鉱や鉱山に強制連行され、強制労働によって使い殺されました。このようにして殺された中国人労工の人捨て場が「万人坑」と呼ばれ、満州国各地に何十カ所もできたことを思えば（筆者注：一九七二年に朝日新聞社から本多勝一著『中国の旅』が発行されていたので、岸氏は「万人坑」のことを知ることができました。もっとも、自分の思想に反するこういう本は見なかったかもしれませんが）、岸氏のような評価は口が裂けてもできないはずです。

数年前、中国東北地方の著名な歴史研究者である李秉剛《リビンガン》教授は、満州国政府の指令で全満州の石炭・鉄鋼・非鉄金属・化学薬品等の配給を一手に引き受けていた日満商事株式会社（日本の国策会社です）の調査室が作成した極秘資料に基づき、中国人労工の死亡率を割り出しました。

『万人坑《まんにんこう》を訪《たず》ねる』（青木茂、緑風出版、二〇一三年一二月一〇日）の著者で李秉剛《リビンガン》教授とも親しい青木茂氏は、教授の著書（『私は地獄へ行ってきた—中国東北部、旧日本軍占領地区の生存労工の記憶』高嵩峰・李秉剛編著、遼寧大学出版社（瀋陽）、二〇〇九年）で発表された研究結果を、次のように自著で紹介していますが、実に驚くべき内容です。

＊なお青木茂氏によると、次の引用文中「一四の現場」とあるのは、西安（遼源《りょうげん》）炭鉱・本渓湖《ほんけいこ》炭鉱・撫順炭鉱など一一の炭鉱と満州鉱山・満州鉛鉱の二つの鉱山、そして昭和製鋼所、合わせて一四の現場のことを指しています。

例えば、八万人以上の中国人労工が死亡した西安（遼源）炭鉱における労工の死亡率は、労工が西安炭鉱に来てから一カ月で一八・八パーセント、二カ月で四六・四パーセント、三カ月で六三・五パーセント、半年で八四・三パーセント、一年以内に一〇〇パーセントである。つまり、西安炭鉱に連行された労工は三カ月以内に三分の二が死亡し、一年後には全員が死亡している。

また、一三万五〇〇〇人の中国人労工が死亡した本渓湖炭鉱の死亡率は、労工が本渓湖炭鉱に来てから一ヵ月で一〇・二パーセント、二カ月で一八・七パーセント、三カ月で三〇・八パーセント、半年で六五・五パーセント、一年で八一・一パーセントである。つまり、本渓湖炭鉱では、三カ月で三割、半年で三分の二、一年で八割の労工が死亡している。（略——引用者）

このように、各現場毎の死亡率が「死亡者加重比率表」に全てまとめられているが、その詳細は本稿では省略し、「満州国」における強制労働の実態を全体像として把握できると思われる、一四の現場全体における労工の平均死亡率を最後に確認しておこう。

一四の現場全体の平均死亡率は、各現場に中国人労工が来てから一五日で六・七パーセント、一カ月で二〇・六パーセント、二カ月で三六・二パーセント、三カ月で五一・三パーセント、半年で七五・九パーセント、一年で八七・〇パーセントである。つまり、三カ月で半数が死亡し、一年たつと約九割が死亡している。「満州国」における強制連行被害者のこの死亡率は、「内地」における強制連行被害者の死亡率一七・五パーセントに比べると桁違いと言えるほど高い値である。（青木茂『万人坑を訪ねる』、四二一～四四頁）

青木氏は同書で『『内地』への中国人強制連行は、約四万人を連行し苛酷な強制労働で約七〇〇〇人を死亡させた重罪犯罪事件であり、加害者の日本に弁解の余地はない。」（同書、三七頁）と書いていますが、「強制連行された中国人は『満州国』全体で一〇〇〇万人をこえる規模になり、『内地』の中国人強制連行とは比較にならないほど死亡率も高い。」（同書、四四頁）と述べる事実の前には、もはや言うべき言葉もありません。

②「民族協和、王道楽土の理想が輝き」「日満両国民は強くこれを支持し、インドの聖雄ガンヂーも遥かに声援を送った。当時、満州国は東亜のホープであった。

「終戦まで泰然として挙国一致、国内建設と対日協力に邁進していた。」

インド独立運動において非暴力不服従の方針でイギリスと闘ったマハトマ・ガンディーまで持ち出して、岸元首相はまるで自説に酔っているようにもみえます。

まず、ガンディーについては何の根拠も示されていないので、まゆつば物ではないでしょうか。

『インド国民軍』（丸山静雄、岩波新書、一九八五年九月二十日）の中に、太平洋戦争開戦時のマレー作戦において、日本軍と「協力関係」を持つことになるインド独立連盟（筆者注：バンコクに本部があり、東京・中国・インド・東南アジアなどに支部があったインド人の秘密結社）の会長アマルシン、及び日本軍の工作機関の説得に応じてインド国民軍の指令官となるモハンシン大尉、両人の日本に対する見解が書かれていて参考になります。

モハンシン大尉は「自分は捕虜の身であって、こんなことをいうのは失礼かもしれないが」と前置きし、さらに「インド民族と日本民族の将来の幸福のために率直に所感を申し述べることを許していただけるならば」といったあと、日本の台湾、朝鮮の統治、満州、中国における日本の政策、日本軍の行動についてインド人がどれほど悪い印象を受けているかをこまごまと説明した。これは先にプリタムシンからも鋭く指摘されたことだった。（同書『インド国民軍』、二二四頁）

一方、ガンディー自身の「すべての日本人に」（マハトマ・ガンディー『わたしの非暴力2』みすず書房、一九七一年一二月〇日、三三三〜三三八頁）には、中国侵略に対する非難と日本人への必死の訴えが綴られています（一九四二年七月一八日付）。

もしわたしが自由な身であったなら、そして貴国を訪れることが許されますなら、わたしの体力は弱ってはいますが、わが身の健康を、いや生命をも賭してあなたがたの国に赴き、あなたがたが中国に対して、世界に対して、ひいてはあなたがた自身に対して行なっている罪悪をやめるよう懇願するでありましょう。（同書三三五頁）

岸信介は、ガンディーのこの言葉をどのように受け止めるのでしょうか。

満州国がどういう国であったのか、なぜ滅亡したのか、少々長くなりますが、満州国の建国大学教員で戦後ソ連によりシベリア・カザフスタンに抑留された西本宗助氏と、一人の「満人」（中国の満州民族）の証言を引用して、この節を終わりましょう。

李さんは日本に留学したこともある日本語も達者な知識人で満洲国外交部調査司長の要職にあった人であるが、この李さんと満洲国高官のH氏、憲兵少佐のM氏と雑談中のこと、この中の一人が、ラーゲリ（俘虜収容所のこと——引用者）の粗悪なこと、豚小屋のようなバラック住いであること、強制労働の不当なことなどをあげて、ソ連当局のわれらに対する待遇の苛酷なことを非難したところ、李さんは憤然としてこういった。「なるほどソ連のやり方は酷い。しかしそれでもなお、かつての帝国主義日本よりはまだましだ。あなた方はどっかりと椅子に安座していて、知らなかったかもしれんが、満洲国におけるいわゆる満人——いや、われわれ中国人は、日本人のために場合によっては、これ以上に苛酷な目に遭わされてきたのだ。今あなた方のうけている待遇は敗戦国の俘虜であるから、この待遇は酷いといわれても、しかし一面からいうと当然のことなんだ。いわば戦犯なんですからね。それに反して、戦犯でも俘虜でもなく、それどころか、自分たちに都合のよいときには、『五族協和の一員』とおだてたわれわれ中国人に対して、その『王道楽土』でどんなひどい政治をやってきたか、ご存知でしょうか」と激しく突いてきた。（略――引用者）「例えば粗末な食事とか豚小屋のような、とかおっしゃるが、あなたがたは満洲で贅沢三昧やってこられたからこそ身に沁みてかんぜられるわけで、実は勤労奉公隊の美名の下に中国人を苦力代用に使っていたあの勤奉の給与、施設、待遇よりは、これでも、このラーゲリの方がまだましなんだ」ときめつけた。（略――引用者）そうして「一番親しくすべき兄弟的東洋諸民族に対する日本人のこの差別感と民族優越感、これを徹底的に払拭するのでなければけっして日本は再起できぬでしょう。見本の民主化はまず日本人のこの東洋民族に対する差別観と蔑視感の匡正が先決だ」と彼は語り、「それにしても、あなた方は帰りたい帰りたいといいながら、日本を戦争に導き、東洋諸民族を塗炭の苦に陥れたその責任に対して、どうして反省なさろうとはしないのですか。満州国はなぜ崩壊したか、その真因をご存知でしょうか。あなた方は少なくとも道義的には戦犯ではないのですか」と言葉鋭くつめよった。

私はいちいちもっともと肯かずにはいられなかった。そして深沈たる感慨にふけりながら、今さら昭和十九年の春、海城の製麻工場視察にいった時のことを想起するのであった。私は建国大学文教学部の学生八名と王補佐官をともなって、主として協和青少年運動及び国民勤労奉公隊の実情を視察するために、特にその方面において模範的であるという海城県を選定していったのである。ところが、製麻工場に着いたところ、工場長は海軍指定工場の故をもって、なかなか満系工員の作業状況を見せようとはしない。しかし熱心に交渉嘆願した結果、ようやく縦覧を許され、親しく満系の作業状況をみることができたが、そのとき、特に満系補佐官及び学生を通じて、彼ら作業員の心境をきき、その実情を調べてみて驚いた。

彼らはいう、「強制的に引っ張ってこられて脅迫的に労働させられているのであって、協和青年団員とはほんの形だけのこと、ぜひなんとかして帰郷させて欲しい。もし帰郷できないのであれば、せめて家庭との通信連絡を許してほしい」と訴える。見ると青少年たちは、皆、麻屑で真っ黒によごれているので、「入浴は一週に何度するのか」とたずねると「一カ月に一度もない」と答える。そうして目の赤く爛れているものが過半数である。

次にわたしは宿舎に案内して貰う。「国民勤労奉公隊宿舎」との看板はさがっているが、不潔で異臭を放つことが甚しく、しかも南京虫、虱が一杯涌いているというにいたっては呆然とした。さらに食堂にゆき、蝿のたかっている食卓上の一椀の高粱飯や菜汁をみては、もはや驚いてばかりはいられなかった。私は満系の学生諸君に対して、心から申訳がないと詫びた。本当に心が痛かった。

その夜、首脳部の人たちに会って、抗議を申入れたけれども、県本部協和会事務長は白酒をあおりながら、いたずらに天下国家を論ずるばかり。副県長は傲然とうそぶいて日本人のための八紘一宇と王道楽土を説くだけで、けっして耳を傾けようとはしなかった。

私は終戦末期の満洲国のことを想う。あの海城の製麻工場のこと、それから多くの満系中等学校教師の訴えたことなど。それらの一つ一つが満洲国自壊の前兆でないものは一つもなかった。道義的にもつづくはずがないほどに国の柱の根本が腐っていた。

そしてたまたま強風が吹いて自壊してしまったという感で一杯である。そしてこれは当然に、祖国日本に対する感慨である。日本民族がその民族の深い業障にたいして根源的に反省し、道義的に立ちなおるのでなければ、断じて再生しえないことを痛感した。

（『ソビエトの真実・俘虜記一九四五―四九・』西元宗助、教育新潮社、一九八五年、六三〜六六頁）

＊「民族協和」もしくは「五族協和」とは、満州国の「建国宣言」に由来する理念といわれ、漢・満・蒙・日・朝の五民族が平等の権利を保障されながら共存共栄していく、というものです。また、「協和会」は正式名称を「満州国協和会」といい、『岩波日本史辞典』（岩波書店、九九年一〇月二六日）では「満州国の官製国民教化・運動組織。一九三二年七月、行政各部の大臣、関東軍首脳らを役員として設立され、地域・職域に支部や分会をひろげた。（略――引用者）日中・アジア太平洋戦争期には行政機構との一体

化が進み、戦時動員体制の担い手になった」と書かれています。

二、日本の最高裁判決（二〇〇七年四月二七日）は破綻している

この裁判は、「中国人強制連行・西松建設損害賠償請求裁判」と呼ばれるもので、内外に少なからぬ波紋を広げました。この裁判は、太平洋戦争中に強制連行され西松建設で強制労働に従事させられた被害者と遺族が訴えたもので、一審で原告敗訴、二審高裁では逆転全面勝訴したものです。ところが、最高裁は、高裁判決を破棄したばかりか、被害者が裁判に訴えて救済を求める権利まで事実上否定したのです。このときの判決の根拠となった戦後処理の仕組み（あるいは原則）を、「サンフランシスコ条約の『枠組み』」といいます（以下、判決文を引用するとき以外は「サ条約の枠組み」と表記します）。「サ条約の枠組み」は中国人被害者の裁判で使われましたが、韓国人被害者であろうと他の外国人被害者であろうと、また「徴用工」であろうと「従軍慰安婦」あるいは他の種類の被害者であろうと、適用対象を広げることができます。なぜならその仕組みは、敗戦国の日本が「米国を中心とする連合国」と結んだサンフランシスコ平和条約（一九五一年九月八日署名、翌五二年四月二八日発効。以下、引用文以外はサ条約

と表記します）によって作られたと考えられているからです。

事実韓国の場合も、第二次不二越《ふじこし》訴訟（戦時中、だまされたり脅されたりして朝鮮から不二越富山工場へ強制連行され、強制労働に従事させられた韓国在住の元女子勤労挺身隊員たち（大半が一二〜一三歳でした）とその遺族計二二名が、損害賠償と新聞への謝罪広告を求めて二〇〇三年四月に国と不二越を訴えた裁判）の一審で、サ条約の条項を明示的に取り込んだ日韓請求権協定（一九六五年六月二二日署名、同年一二月一八日発効。以下、引用文以外では「請求権協定」と表記します）は「サ条約の枠組み」を逸脱するものではないとして被害者の訴えをしりぞけ、二審高裁も一審判決と同様の立場に立って、被告の国・不二越が請求権協定を根拠に被害者はどんな請求もできないと主張する以上、裁判上の救済を求める権能は失われることになるとの理由で、訴えをしりぞけています。

「徴用工」や「従軍慰安婦」問題に対して、日本政府が中国以上にそして日本の最高裁以上に韓国に強硬な態度をとるのは、「韓国は、合法的に結ばれた併合条約によって日本の植民地になった」という思いに加え、中国のような旧連合国でもないから当然「サ条約と請求権協定によって解決済み」だという思いからではないでしょうか。次の新聞記事を見れば、日本政府だけでなく、マスコミもまた同じ思いであることが予想できます。

日本政府を今突き動かしているのは、つまるところサンフランシスコ平和条約に基づく「戦後処理」の枠組みが崩れることへの危機感だろう。

条約の賠償規定は、米国の意向で寛大なものとなった。韓国は英国の横やりで講和会議に参加できなかったが、一九六五年の日韓基本条約と請求権協定は広い意味でサンフランシスコ体制に含まれる。両国は大局的視点から歩み寄った。

ところが、徴用工問題で昨年一〇月に出た韓国大法院の判決は、日本が不法に韓国を併合したのだから個人の慰謝料請求権は日韓協定の対象外、との理屈でサンフランシスコ体制に風穴を開けようとしている。

「これは一ミリも動かせない」。日本の高官はそう言い切る。条約の不履行を、国内法で正当化していたら、国際法秩序は成り立たない。（毎日新聞、二〇一九年八月三日付、論説委員長）

安倍前首相は記者会見（二〇一九年八月六日）で「最大の問題は国家間の約束を守るかという信頼の問題だ」とも述べています。安倍氏に限らず「韓国は国家間の約束を守らない困った国だ」という非難は、判で押したように日本のテレビ・新聞・週刊誌に出てきます。

しかし、条約や国際法に対する日本の常識は世界の常識なのでしょうか？　特に、「従軍慰安婦」や「徴用工」のような重大かつ大規模な人権侵害に対しては、冷静に調べ、判断しなければなりません。

確かに韓国の政府・司法やマスコミの姿勢は時代とともに揺れてきました。

大きく見れば、軍事政権の時代が終わり、一九九〇年代からまず「従軍慰安婦」、次いで「徴用工」の人々が日本政府や企業の謝罪と補償を求めて声をあげるようになり、政府の側も被害者に寄り添う努力をするようになりました。このような歴史の動きの中で、韓国でも世界でも既存の条約や国際法を見直し、あるいは深化する新たな潮流が生まれてきたのです。その結果の一つが現在の韓国の司法であり、文在寅《ムンジェイン》政権だと見ることができます。ところが、韓国とは反対に、日本の政府や司法、マスコミはこのような潮流になぜか背を向けてきました。ですから、日本の姿勢が一貫しているように見えるのは、実は、韓国・中国などアジアの国々との和解がますます困難になるというだけでなく、国際社会における日本の評価が下がっていくということなのです。日本で嫌われる「平和の少女像」が、韓国だけでなくアメリカ・カナダ・オーストラリア・ドイツ・台湾・フィリピンへと広がっていることも、日本の「常識」が世界の常識ではないということを、象徴的に示しているのではないでしょうか。

恐らく今後、「従軍慰安婦」や「徴用工」など戦後処理の問題をめぐって日本政府がサ条約や請求権協定などを持ち出しても、何の説得力もないでしょう。それを明らかにするためにも、最初にふれた中国人強制連行・強制労働事件の最高裁判決が、破綻していることを示したいと思います。

次の文は、最高裁判決の根拠とされた「サ条約の枠組み」（仕組み、あるいは原則のこと）と、それが定められた目的について、判決理由の中で述べているところです。長くてなじみにくい表現だと思いますが、大事なところなので、抜粋します。

※引用した判決文は、インターネットで公開されている最高裁判所判例集に拠っています。また、引用文中の省略記号（略）は引用者によるものです。

戦争賠償の処理の前提となったのが、いわゆる「請求権の処理」である。ここでいう「請求権の処理」とは、戦争の遂行中に生じた交戦国相互間又はその国民相互間の請求権であって（略）、これについては、個人の請求権を含め、戦争の遂行中に生じた相手国及びその国民（法人も含むものと解される。）に対するすべての請求権は相互に放棄するものとされた（一四条(b)、一九条(a)）。

このように、サンフランシスコ平和条約は、個人の請求権を含め、戦争の遂行中に生じたすべての請求権を相互に放棄することを前提として、日本国は連合国に対する戦争賠償の義務を認めて連合国の管轄下にある在外資産の処分を連合国にゆだね、役務賠償を含めて具体的な戦争賠償の取決めは各連合国との間で個別に行うという日本国の戦後処理の枠組みを定めるものであった。この枠組みは、（略）日本国がサンフランシスコ平和条約の当事国〔引用者注：サ条約に署名し、かつ批准した国のことです〕以外の国や地域との間で平和条約等を締結して戦後処理をするに当たっても、その枠組みとなるべきものであった（以下、この枠組みを「サンフランシスコ平和平和条約の枠組み」という）。

　サンフランシスコ平和条約の枠組みは、日本国と連合国四八カ国との間の戦争状態を最終的に終了させ、将来に向けて揺るぎない友好関係を築くという平和条約の目的を達成するために定められたものであり、この枠組みがさだめられたのは、平和条約を締結しておきながら戦争の遂行中に生じた種々の請求権に関する問題を、事後的個別的な民事裁判上の権利行使をもって解決するという処理にゆだねたならば、将来、どちらの国家又は国民に対しても、平和条約締結時には予測困難な過大な負担を負わせ、混乱を生じさせることになるおそれがあり、平和条約の目的達成の妨げとなるとの考えによるものと解される。

　そして、サンフランシスコ平和条約の枠組みにおける請求権放棄の趣旨（略）にかんがみると、ここでいう請求権の「放棄」とは、請求権を実体的に消滅させることまでを意味するものではなく、当該請求権に基づいて裁判上訴求する権能（引用者注：裁判で救済をもとめる権利

・能力のこと）を失わせるにとどまるものと解するのが相当である。

最高裁は、以上のような「サ条約の枠組み」とその目的とを大前提として、中国を含めた日本の戦後処理とその根拠となった条約・協定等を検討し、裁判によって救済を求めようとする中国人強制連行被害者の訴えを、事実上葬り去りました。

しかし、この最高裁の判決には重大な欠陥があり、破綻しています。日本国内ではともかく、国際的には通用しません。

以下にその理由を述べます。

A　最高裁のいう「サ条約の枠組み」は、日本がサ条約第二六条の最恵国待遇に該当する戦争請求権処理をおこなったことにより、ずっと以前に崩れ去っている。

最高裁は自らの主張を補強するために、「サ条約の枠組み」に合う二国間の賠償協定や条約等を列挙していますが、恐らく意図的なのでしょうが、サ条約第二六条の「最恵国条項」には触れず、またこの条項に該当する二国間条約が成立していることにも一切触れていません。なぜなら、サ条約の当事国であろうとなかろうと、一カ国でもこの「最恵国待遇」に該当する国があれば、「サ条約の枠組み」は崩れ去るからです。

問題のサ条約第二六条は、前段と後段に分かれていて、まず前段では、日本は非署名国（こここでは、一九四二年一月一日にワシントンで署名された連合国宣言に参加していて、さらに日本と戦争状態にある国、または以前に主要連合国の領域の一部だった国を指します。こういう国に該当するのは、ソ連・中国・インド・ビルマなどです）と「この条約に定めるところと同一の又は実質的に同一の条件で二国間の平和条約を有すべきものとする。」とされ、続いて「この日本国の義務は」サ条約の効力発生後「三年間で満了する。」と定められています。実際にサ条約が発効したのは一九五二年四月二八日ですので、その時から三年の間（一九五五年四月二八日まで）は、日本はサ条約と同じか、または実質的に同じ条件で二国間の平和条約を結ぶよう義務付けられていたことになります。

　これに対し、後段の方が「最恵国条項」あるいは「最恵国待遇」といわれる部分で、次のようになっています。

> 日本国が、いずれかの国との間で、この条約で定めるところよりも大きな利益をその国に与える平和処理又は戦争請求権処理を行ったときは、これと同一の利益は、この条約の当事国にも及ぼされなければならない。

　この中の「いずれかの国」とは、どういう国のことでしょうか？　日本が、前段に定められた条件で二国間平和条約を結んだ相手国を指す、とは限りません。ここが非常に大事なところです。サ条約の正文（条約で、解釈のより所になる特定の言語で書かれた文）は、日本語ではなく、英語・フランス語・スペイン語なのです。ちなみに、英語では〝any State〟と書かれていて、何の限定もありません。つまり、正文によって解釈すれば、どんな国でもよいということになるのです。

このような最恵国条項は、アメリカが最初に発表した連合国と日本との平和条約案（米国大統領の特使として対日平和条約の交渉・立案にあたったジョーン・フォスター・ダレスの名をとって「ダレス草案」といわれます）にはなく、サ条約の署名式を兼ねたサンフランシスコ講和会議の直前になって発表されました。その背景には、賠償請求権の処理について、できるだけ日本に寛大な措置を取ろうとするアメリカの考え（筆者注：米国には、早く日本を復興させ、アジアの反共の防波堤にしたいという下心がありました）に対し、インドネシアやフィリピン、マレーシアなどが最後まで強く反対したこと、戦争中自国民が酷い扱いを受けた中立諸国も日本に対して強硬に賠償を要求して引き下がらなかったことがありました。このような国々が、賠償請求権処理の取り決めに当たり、サ条約の当事国より大きな利益を受ける可能性が現実のものとしてあったのです。そこで、サ条約当事国の利益の平等性を図るため、サンフランシスコ講和会議の二〇日ほど前というギリギリのタイミングで、最恵国条項がサ条約の最終案に入れられたのでしょう。

日本政府も早くから、最恵国条項に注意を払っていました。一九五一年一〇月一〇日から始まったサ条約の承認を求める国会審議の中でも、参考人として呼ばれた国際法の専門家である山下康雄氏は中国を念頭に、最恵国条項が入ったことに不安を述べています（筆者注：第一二回国会参議院特別委員会、一九五一年一〇月二五日）。中国はアジア太平洋戦争において、日本の侵略により最大の被害を受けた国ですから、日本がサ条約の当事国より大きな利益を中国に与える戦争請求権処理をせざるを得なくなるかもしれない、そうなればサ条約の当事国（日本を除いて、計四五カ国）にも中国と同じ利益を与えなければならなくなるのです。

しかし、日本が実際にこの最恵国条項に該当する取り決めを結ぶことになった国は、中国ではなく、中立国でした。外務省がホームページで公開している条約、及び『日本の国際法事例研究(6) 戦後賠償』（国際法事例研究会編、ミネルヴァ書房、二〇一六年三月三一日）によれば、スイス・スペイン・デンマーク・スウェーデンの四カ国が該当します。

日本がこれら四カ国と結んだ取り決めが、なぜ最恵国条項に該当するのか、スイス外務省から得た情報も含め、節を改めて、後で詳しく述べたいと思います。

B　ジュネーブ第四条約は、戦争または武力紛争における重大違反行為に対して、被害者の個人請求権放棄を禁止しており、また締約国が被害者の個人請求権を放棄させること及び国家責任を免れることを禁止している。

国連NGOの日本友和会・ジュネーブ代表として、戸塚悦朗神戸大学大学院教授は、二〇〇〇年夏の国連人権小委員会でおこなわれた日本軍性奴隷問題等の審議に際して、ジュネーブ第四条約（一九四九年八月一二日署名、五〇年一〇月二一日発効）を援用し、日本政府の主張を打ち破る新たな論理をNGO文書として提出されました。この文書で提示された新論理と日本企業・国を被告とする強制労働訴訟とのかかわりについて考究した戸塚氏の論文「禁止されていた重大違反行為被害者の個人請求権放棄」（『季刊 戦争責任研究 第三〇号〔二〇〇〇年冬季号〕』、日本の戦争責任資料センター、二〇〇〇年一二月一五日、一一～一九頁）は、「サ条約の枠組み」を否定する上でも重要な二つの根拠を提供しています。以下に、引用します。

①戦時における文民の保護に関する一九四九年ジュネーブ第四条約は、戦争犯罪の文民被害者の権利を締約国が被害国として放棄することも、加害国として自らの責任を免れることも、共に禁止している。仮に、諸条約（サ条約その他の二国間条約）の締結・批准に際し、被害国政府（例えば中国政府）が被害者個人の賠償請求権を放棄したとしても、その合意は無効である。また、このような合意をした加害国（日本政府）も、合意に基づく放棄の有効性を主張

して自らの責任を免れることはできない。

②根拠の第一は、一九四九年ジュネーブ第四条約一四八条の責任免脱禁止規定である。同条は、「締約国は、前条に掲げる違反行為に関し、自国が負うべき責任を免れ、又は他の締約国をしてその国が負うべき責任から免れさせてはならない。」とする。ここで前条とされたのは、一四七条で、重大違反行為を定義している。一四六条は重大違反行為を侵した加害者個人を締約国が処罰すべき責務を定める。個人が処罰されるのに、重大違反行為を命じた国家が免責されるのは不合理であるところから制定された。被害者個人の補償請求権を補償した一九〇七年ハーグ陸戦条約三条を強化している。

軍性奴隷に対する日本軍の犯罪は、少なくとも、一四七条の言う「拷問若しくは非人道的待遇、身体若しくは健康に対して故意に重い苦痛を与え、若しくは重大な傷害を加えること」及び「不法に……移送し、若しくは拘禁する」ことにあたる。したがって、一九四九年ジュネーブ第四条約一四八条に基づき、加害国も被害国も重大違反行為だった軍性奴隷に関する日本の国家としての責任（補償責任）を解除することは、許されなかったことになる。

③根拠の第二は、ジュネーブ第四条約七条（1）の不利益な制限的協定の締結禁止規定である。締約国は、一定の場合特別協定を締結できるが、一四七条、一四八条に関しては特別

協定は許容されない。同七条（1）第二文は、「いかなる特別協定も、この条約で定める被保護者の地位に不利な影響を及ぼし、又はこの条約で定める被保護者に与える権利を制限するものであってはならない」とする。一四八条で禁止された加害国の責任を免脱するような特別協定を締結し、結果的に被保護者の権利放棄を許容するような協定は、「被保護者の地位に不利な影響を与え」且つ「被保護者に与える権利を制限する」ものにほかならないので、そのような結果をもたらすいかなる協定の締結も、上述の七条（1）の禁止に違反すると解する。

このように、一九四九年ジュネーブ第四条約は、加害国と被害国が被保護者の権利を侵害することを二重に防止しようとしている。（同誌、一三～一四頁）

戸塚教授はこの後、上記の法解釈について予想されるいくつかの法的論議についての検討をおこなっています。

例えば、「上記ジュネーブ第四条約一四八条は、同一四七条を引用している。そこから、『同一四八条は、一四七条ができた一九四九年以降の重大な違反行為に関してだけ適用され、それ以前の行為については、適用されないのではないか」という疑問について、戸塚教授は、「一四八条は、一四七条によって定義された重大な違反行為がいつ起こされたものかについて時期を限定していない。したがって、一九四九年以前の第二次世界大戦中の犯罪に由来するものであっても、一四七条の定義に当たる行為に関して生じたいかなる責任も、被害国であれ加害国であれ、およそ締約国は、一九四九年ジュネーブ第四条約が発効した後は、これを免れさせることも、またこれから免れることもできなかったと解すべきであろう。」と述べ、「一四七条があげる重大な違反行為の内容をなす犯罪構成要件〔筆者注：「犯罪行為を特徴づける定形（類型）」で、「加罰的行為の輪郭を明らかにし、犯罪と犯罪でない行為とを一応の判断として選別するカタログとしての機能を果たす。」また、「構成要件に該当する行為は原則として違法である旨が推定される。」（『法律学小辞典 新版』有斐閣、一九九四年一一月一〇日、三二二頁より）自体は、いずれも一九〇七年ハーグ陸戦条約及びそれが確認した慣習国際法によって禁止されていた違反行為に含まれていたもの」であり、また、七条一項の「被保護者の地位」とか「被保護者に与える権利」についても、「一九〇七年ハーグ陸戦条約及びそれが確認していた慣習国際法によって承認されていた被保護者の地位や権利は既に存在した。それらで、一九四九年ジュネーブ第四条約発効当時存在したものについては、除外規定がない以上、それ以降は、七条一項により不利益制限協定が禁止されたと解する。」と述べています。さらに、ジュネーブ第四条約一五四条を引用することによって、自身の論理を明文によって補強しています。

ここで日中共同声明と日本軍による中国人性奴隷についての「法の不遡及の原則」〔筆者注：

法はそれが実施される以前の事実にまでさかのぼって適用されることはないということ」に関するところは、条約の適用についてしばしば問題になる重要なことなので、戸塚教授の考えをさらに紹介しておきます。

筆者も、「条約はその発効した時以後の事象や行為にのみ適用される」という原則を否定するものではない。そして、確かに日本軍が女性を性奴隷とした行為自体は、一九四九年ジュネーブ第四条約以前に犯されたものである。しかし、ここで問題とされているのは、性奴隷化行為自体の時期ではなく、国家による権利放棄行為の時期なのでる。検討されるべき問題は、既に発生して存在する権利を「放棄する行為」自体が何時なされたのかである。問題の権利放棄行為である一九七二年日中共同声明自体は、一九四九年ジュネーブ第四条約発効後になされたのである。したがって、時間的遡及問題は起きないと解する。(同誌、一五頁)

戸塚教授は、論文の最後の注で、中国が日中共同声明より前にジュネーブ第四条約の批准をすませていたことに触れています〔原注、「日本は、一九五三年一〇月二一日にジュネーブ第四条約に加入した。中国は、一九四九年一二月一〇日これに署名し、一九五六年一二月二八日批准した」〕。日本が中華人民共和国との戦争賠償請求権処理に関して、サ条約や日華平和条約を持ち出すこと自体おかしいのですが、そのことについては後述することにして、中国が日中共同声明第五項で放棄した「戦争賠償の請求」とは、戸塚教授が日清戦争の例をあげて指摘しているように、一九世紀に常だった、戦争終結時に敗戦国が戦勝国に多額の賠償を請求することでした（同誌、一一三頁）。

ですから中国としては、ジュネーブ第四条約によって、日本軍による中国人の性奴隷被害者や強制連行・強制労働被害者の補償（日本政府・企業の誠意ある謝罪を含む）を請求すればよいのです。

一方韓国の場合は、この条約のみを根拠にして「従軍慰安婦」や「徴用工」・女子勤労挺身隊などの個人補償を要求することはむずかしいと思われます。なぜなら、韓国が日本と請求権協定を結んだのは、ジュネーブ第四条約に加入する前年だからです。「法の不遡及の原則」に該当するのではないでしょうか。しかし、条約に関する慣習国際法を法典化したウィーン条約法条約（日韓両国も締結しています）第三〇条〔同一の事項に関する相前後する条約の適用〕には「4 条約の当事国のすべてが後の条約の当事国となっている場合以外の場合には、(a)双方の条約の当事国である国の間においては、3の規則と同一の規則を適用する。」とあり、「3」の規定には「後の条約と両立する限度においてのみ、適用する。」と定められています。一般条約であるジュネーブ条約（日本の外務省によれば、二〇一九年七月末で一九六カ国が加入しています）と二国間条約である日韓請求権協定との請求権に関する条項は、この条約法条約の規定にあてはまりますから、韓国政府は、少なくとも第三章で明らかとなった不法な植民地支配に基づく重大な違法行為を受けた被害者（「従軍慰安婦」・「徴用工」とその遺族）の個人補償を、外交保護権を用いて日本政府に要求することができます。

二〇一五年一二月の「日韓慰安婦合意」の方は朴槿恵政権と安倍政権との合意で成立したといわれますが、国際法にいう合意文書もなく、日本軍による性奴隷という組織的な重大人権侵害を受けた被害者や遺族の了解もない、このような「合意」で「慰安婦問題が最終的かつ不可逆的に解決することを韓国政府が確認する」とし、これですべて終わったというのは（現に安倍首相は自分の言葉で直接被害者に謝罪せず、「おわびの手紙」を渡すことも拒否しました）ジュネーブ第四条約一四八条の責任免脱禁止規定及び第二七条〔被保護者の待遇〕の趣旨に明らかに反する（日韓両国ともに）ものといえます。日本側に「合意」はよくなかった、改めようという考えが全くなく、「国と国との約束を守れ」としかいわないのなら、韓国の方から「合意」を破棄されても仕方がないでしょう。

ここで、「サ条約の枠組み」の問題にもどりますが、戸塚教授が同誌で重要な考えを述べています。なぜ一四条(b)〔連合国の対日賠償請求権放棄〕を定めるサ条約に参加した連合国の多くは（筆者注：連合国の中でサ条約発効前にジュネーブ第四条約を批准していたのはフランスだけでした）、同時に重大違反行為について責任免脱禁止規定を定めるジュネーブ第四条約の締約国でもあるのか、という疑問に対して戸塚教授は次のようにいいます。

それらの政府が故意にこのような重大な条約違反を侵すとは考えにくい。したがって、サ条約上の合意には重大違反行為に関わる補償責任の放棄は含まれなかったと解釈することもできるのではなかろうか。または、サ条約一四条(a)冒頭の「日本国は、……日本国の資源は、日本国がすべての前記の損害及び苦痛に対して完全な賠償を行い且つ同時に他の債務を履行するためには現在十分でないことが承認される」との規定に留意し、放棄が「現在」のところなされたとしても、禁止された重大違反行為についての責任については、「永久」放棄ではなく、事情が変更して完全な賠償をなすことができるときまで一時的「放棄」すなわち猶予がなされたという解釈もありうるであろう。（略――引用者）そのような解釈もできないなら、重大違反行為に関する権利を「放棄」する合意は無効であって、効力を発生しなかったと解するしかない。（同誌、一六頁）

サ条約を素直に読んだ場合、私は後者の解釈の可能性が高いと思いますが、仮にそうであっても「サ条約の枠組み」が成り立たないことは明らかです。

敗戦後は、海外からの多くの復員兵士を迎え、当然とはいえ全ての植民地を失った上に戦禍で荒廃した国土と配給だけでは生きていけない膨大な国民が残りました。こういう当時の日本の状況から、連合国が国際法上のいわゆる「違法性阻却事由」（筆者注：事実上の国際義務違反であっても、一定の事由により違法性が問われないことです）を考慮した結果、サ条約の「現在」という条文表記になったということは大いに考えられます。しかし、東京オリンピックが開催された一九六四年に先進国の仲間入りをし、日本が経済大国になったのは、最高裁判決の四〇年以上前のことです。サ条約一四条（a）を大きな根拠にする「サ条約の枠組み」は成り立ちません。

また、ジュネーブ第四条約一四七条に定める重大な違反行為には「公正な正式の裁判を受ける権利を奪うこと」があげられています。被害者である「従軍慰安婦」や「徴用工」が裁判で国や企業を訴えても、被告の側がサ条約によって「原告の裁判上の訴求権は失われた」と主張すれば、裁判所が原告の訴えを棄却するという最高裁の判決は、この第四条約一四七条に該当します。大体被害者が加害者である国や企業に訴えても相手が聞き入れないから、被害者は裁判に救済を求めているのです。それなのに、敗訴することが予め分かっていながら、裁判に訴える被害者がいるでしょうか。このような最高裁の判決を支える「サ条約の枠組み」論は、第四条約一四七条に該当し成立できないばかりでなく、この判決は国際法にいう事実上の「裁判拒否」にあたり日本に国家責任が生じます。国家責任を負う国家である日本は、当然被害者に賠償しなければなりません。

C　中華人民共和国国民の個人補償請求権を、「サ条約の枠組み」論や日華平和条約・日中共同声明を根拠にして否定あるいは制限することはできない。

①Cの根拠［中国人個人請求権否定の不可］の第一は、「サ条約の枠組み」論で最高裁は、「サンフランシスコ平和条約は、個人の請求権を含め、戦争の遂行中に生じたすべての請求権を相互に放棄することを前提として」いると述べています。日本国と日本人の側の請求権についてはサ条約一九条(a)、連合国と連合国の国民の側の請求権については同第一四条(b)を根拠にして、最高裁はこのようにいうわけですが、サ条約が定める日本側の請求権放棄と連合国側の請求権放棄とでは、その内容と放棄する期間が違っているだけでなく、連合国の方も「個人の請求権を含め、すべての請求権を放棄する」という解釈は誤っています。

第一四条(b)で、連合国側が放棄する請求権は三種類あり、第二文に個人の請求権が入っていて、次のようになっています。

戦争の遂行中に日本国及びその国民がとった行動から生じた連合国及びその国民の他の請求

権

＊この条文中の「他の」とは、第一文に規定する「連合国のすべての賠償請求権」以外の、という意味です。

先に第五章第一節の（注1）で取り上げた外務省の極秘文書『仏印特別問題に関する交渉調書』の中で、英米法学者の高柳賢三氏（一八八七〜一九六七年。東京帝大でイギリス法講座を担当、成蹊大学学長・総長も務めた）が、サ条約の正文である英文に基づいて一四条(b)を分析しています。その中で、この第二文の「戦争」について、「本条(b)にいう戦争は連合国に対する戦争と解する以上、一九四一年十二月八日まで溯って適用される」（外務省、同調書・一八七頁）と述べています。つまり、連合国及び連合国国民の持つ個人請求権の放棄は、太平洋戦争以後の請求権であって、それ以前の請求権は残っていることになります。中華人民共和国とその住民の個人請求権は、後で述べるようにそもそもサ条約とは無関係なので全く関係がありませんが、最高裁のように無理やりサ条約をこじつける場合でも、例えば満州事変以後から太平洋戦争前に、中国（満州を含む）で日本軍及び日本人（日本の企業を含む）がとった行動から生じた中国及び中国住民の請求権は残っているわけです。どちらにしても、条文の解釈を間違えたのは、重大な欠陥です。

②Cの根拠〔中国人個人請求権否定の不可〕の第二は、最高裁は判決の大前提として、日中共同声明が締結されるまでの中華民国（台湾）政府を〔サ条約にいう中国の政府、つまり国際法上中国を代表する政府、という意味での〕「中国の正当政府」と見なしているが、これは誤りです。判決の大前提が誤っている以上、判決理由で述べられている日華平和条約及び日中共同声明の解釈や、これらをサ条約と結びつけた立論は虚構であって、虚構の上に成り立っている判決は、当然無効です。

日華平和条約（一九五二年四月二八日署名、同年八月五日発効）とサ条約との間に深い繋がりがあることは、日本の第一三回通常国会、特に米国のダレス特使に宛てた吉田茂首相の書簡（「吉田書簡」といわれ、日本が中華人民共和国政府（大陸）ではなく中華民国政府（台湾）と講和条約を結ぶという方針を告げたもの。ダレス特使との合意で、一九五二年一月一六日に発表されました）以後の日華平和条約の承認を求める国会での活発な論戦にも表れていますし、法政大学の安井郁教授の論文「日華平和条約と中国政府の承認」（『法學志林』第五〇巻第一号、法学志林協会、一九五二年一〇月三〇日。以下『法學志林』と略称）を見てもわかります。

第三次吉田内閣のもと、一九五一年一月二五日より対日講和条約のための日米交渉が始まりましたが、この時外務省条約局長として吉田茂首相兼外相を支えたのが、西村熊雄氏です。西村氏は有能な官僚であったばかりではなく、国際法にも精通し、戦前から国際法学者として軍部に逆らったことでも知られる横田喜三郎と共に財団法人国際法学会の理事の一人でもあり、サ条約の発効・日華平和条約の調印後は戦後初代の在仏日本大使に任命され、退官後はハーグ常設仲裁裁判所の判事も務めた人です。

西村氏が著した『日本外交史第二七巻 サンフランシスコ平和条約』（同氏著、鹿島研究所、一九七四年六月二〇日〔第二刷〕、以下『サ平和条約』と略称します）を読むと、西村氏を初め官僚たちが吉田茂の指示・意見・「叱咤激励」によく答え、官僚として誠心誠意全力を尽くしているのが伝わってきます。吉田首相の方も一大決意をもって対日講和に当たっていたようで、決して官僚任せにせず、逐一報告を受けると共に、官僚に対米交渉資料の作成を指示したり、提出された資料に対して「再検、再検討ヲ要ス」と記入して差しもどしたりしています。『サ平和条約』は、対米交渉の過程を知る上での第一級の資料であることは、間違いありません。

対日講和に当たっては、中国の代表権問題〔筆者注：中国を代表するのは中華人民共和国（大陸）なのか、それとも中華民国（台湾）なのかという対立のこと〕があり、イギリスは中華人民共和国（大陸）、アメリカは中華民国（台湾）を支持して互いに譲らず、結局サンフランシスコ講和会議ではどちらの参加も認めず、サ条約の条文ではどちらの国名でもない「中国」という表記にし、どちらの国と講和条約を結ぶかは日本自身に選んでもらうということに落ちつきました。この中国問題に関する吉田首相の考えやアメリカ特使ダレスとの交渉については、もちろん上記の『サ平和条約』の中でも述べられていますが、その十年以上前に外交・国際問題を扱う雑誌『世界週報』（時事通信社、第四二巻九号、一九六一年二月二八日）の中で既に明らかにしています。当たり前ですが、どちらの資料も、サ条約をめぐる日本対米国の交渉と、日華平和条約をめぐる日本対中華民国（台湾）との交渉とが深い関係にあったことを示しています。長いですが、まず『世界週報』から見てください。

※引用文中の省略記号（略）は、引用者によるものです。

国府（引用者注：台湾の中華民国政府＝国民政府のこと）の法的地位は、さらに簡単である。法的にみて一国を代表する政府は一つしかない。もし二つあるとするならば、一つは正当政府であって他は反乱政府である。（略）国府を承認している国にとっては、国府が中国を代表する正当政府であって、北京政府は法的に否認される。北京政府を承認している国にとっては、北京政府が中国を代表する正当政府であって、国府は法的に否認される。別に法的にかれこれいう問題ではない。ただ日本にかんする限り、国府は特異な地位をもっている。日本は国府を承認しているけれども、日本の承認は現在、国府を承認している他の諸国のそれとは全くちがうものである。（略）（サンフランシスコ——引用者）条約は五一年の九月八日署名され、日本は十一月十八日批准した。条約の発効を鶴首して待っているところに十二月、ダレス代表は上院議員二名を帯同して東京に飛んでき、日本にただちに国府と平和条約を締結するよう勧請した。それは、日本が平和条約成立後その選択する政府と平和条約を締結していいという米英間の妥協と矛盾するところである。イギリスとの関係を考慮し、また（略）それなくしてはアメリカ上院の平和条約承認が円満にとりはこばない懸念があるとの、たっての要請に応じて、日本は国府と平和条約を締結することに応諾した。ただしその平和条約は中国全体を代表する政府としての国府と結ぶのではなく、いわば中国の一つの政府としての国府と結ぶのであり、したがってその現実に支配する地域にだけ適用される条約であっていい——という明確な了解のもとであった。

このことは、その後まもなく公表された中国問題に関する吉田書簡といわれる文書に明らかにかきとめられている。この書簡は、（略）「わが政府は、法律的に可能となり次第、中国国民政府が希望するならば、これとの間に、かの多数国間平和条約にしめされた諸原則にしたがって両政府の間に正常な関係を再開する条約を締結する用意があります。この二国間条約の条項は中華民国に関しては、中華民国国民政府の支配下に現にあり、または今後入るべきすべての領域に適用があるものであります」といっている。これらの文言は、その行間に今いった日本の立場がハッキリと折り込まれている。

その後、年あけてすぐ、日本は国府と平和条約の交渉をはじめた。この交渉にあたっての日本の根本方針の一つは、吉田書簡のラインにそい、大陸関係を条約に入れないことであった。このことはもちろん、国府の大いに不快とするところではあったけれども、（略）互譲の結果、平和条約付属の公文の中で「本日署名された日本国と中華民国との間の平和条約に関して、本全権委員は本国政府に代って、この条約の条項が中華民国に関しては中華民国政府の支配下に現にあり、または今後入るすべての領域に適用がある旨のわれわれの間で達した了解に言及する光栄を有します」を日本全権から申し送り、中国全権からこの了解を確認する旨の反簡を出すことで解決している。（略）これで明らかなように、日本の国府承認は国府を中国全体の代表政府として承認したものではない。日本の承認は、国府が現実に支配している地域の政府としての承認で ある。われわれは、それを〝限定証人《（ママ）》〟と呼んでいた。もちろん、国際法上、または国際政治上こういう事例はない。日本がつくった先例である。それをしもあえてしたのは、（略）この平和条約の存在が大陸中国に対するわが外交の障害となることを――必ず障害になるが――最少限度にとどめようと苦慮したところからきたものである。日本がこのような変則な平和条約を結ぶことについては、国府もイギリスも十分了解していたものと了解している。（略）日本は戦争によって中国との国交関係が断絶され、戦後あらたにこれを回復しなければならない立場に立った。だから、その時の中国の実情を直視し実体にそうよう国府を限定承認するという異例の措置をとったのである。（略）その後の様子をみると、政府ならびに世人一般の考えでは、日本は中国代表政府としての国府と国交関係を結んでいるとしているようである、そして日中関係の正常化の必要が叫ばれ、また国連における中共代表権問題が中共に有利に展開しそうな情勢になるにつれ国府との平和条約がこの両問題に対処するに当たり越ゆべからざる障害であるかのように思われているようである。（略）台湾の〝法的地位〟いかんというある意味でわかりきった、またある意味で法的に説明できない問題に対し回答とならない回答を草したのは、このような障害が将来必ず発生するであろうことを意識して、その場合の障害を最少限度にとどめようとこん身の知英がしぼられていることを説明するためである。（西村熊雄「奇妙な台湾の〝法的地位〟」『世界週報』、三二一〜三二二頁）

先にも説明したように、西村氏の十数年後の著作『サ条約』でも同様の経過を記していますが、一九五一年一二月におこなわれたダレス特使と吉田首相との会談について、原注で次のように書かれていることが特に重要です。

　中国の実態の把握について、総理と特使の間には何ら見解の相違はなかった。十二日総理に伝達された要望の中で、特使は、国府が国連加盟国であり本土の一部・台湾・澎湖島を現実に支配し国連加盟国の大多数と外交関係をもっている現実の事態の上に中国全体を支配する中国政府 The government of China としてでなく中国の一つの政府としての国府と友好関係にはいる趣旨の証文がほしいといった。ただ一点、両者の考えは一致しなかった。すなわち、総理が平和条約の予見する「平和条約」は中国代表問題が解決された後に結びたいとしたのに対し、特使は日本がこれから国府と結ぼうとする条約――限定的な条約――を平和条約の予見する「平和条約」とされたいとした点である。このことは、十八日書簡案を作成するにあたって、特使が「その内容は日本側の主張通りでいい。ただ名称は日本政府の気に召されないかも知れないが、サンフランシスコ条約にいう二国間条約として欲しい。これは譲れない、といったところによく表れている。

　吉田書簡に基づいて結ばれた日華平和条約は、付属交換公文に明らかにされているように、国府の現実の支配下にある地域と日本との間にだけに妥当し中華人民共和国の支配下にある地域には何ら法的効果を及ぼさないものである。（前掲『サ条約』、三二〇頁、原注三）

　以上から明らかなように、日華平和条約は、名称の上からはサ条約にいう中国を代表する政府と日本国政府との二国間条約のような体裁をとっていますが、実質的にはその各条項（「第一条日本国と中華民国との戦争状態は、この条約が効力を生ずる日に終了する。」を含めて）の法的適用範囲を、台湾及び澎湖島に限る「限定講和」であり、中華民国政府（台湾）を「中国を代表する政府」としてではなく、国際法上先例はないが、中国の一部を「現実に支配している地域の政府」として承認し（＝「限定承認」）、結んだものです。また、このような二国間条約の締結と国家の新しい形の承認は、アメリカ・日本・中華民国（台湾）三国合意の上になされたものであったことがはっきりしました。

日華平和条約が、西村氏がいうような中華民国政府（台湾）との「限定講和」であることは国際法の専門家によって早くから解明されていました。法政大学の安井郁教授は、吉田首相のいわゆる「ダレス書簡」と日華平和条約承認を求める国会審議、そして日華平和条約第一条と交換公文第一号（一九五二年四月二八日付）との関係を検討し、日華平和条約が法的に適用される範囲は、「中華民国政府の支配下に現にあり又は今後入るすべての領域」（交換公文第一号）に限定されるということを明らかにしました。（安井郁「日華平和条約と中国政府の承認」『法學志林』法政大学、一九五二年一〇月三〇日）〔筆者注：もっとも、安井教授のこの論文を読んだ限りでは、日本政府が中華民国政府を「中国を代表する政府」として認めたのかどうかという点については、はっきりしません。上述の西村熊雄氏の著作が発表されたのはずっと後のことですから、当然ですが……」

もっとも、先に紹介した西村熊雄氏の著作や安井郁教授の論文を読んでもなお、日華平和条約は、日本が中華民国政府（台湾）を中国を代表する正統政府として認めて結んだ条約であるとする論文もあります。京都大學法學會が発行する『法学論叢』誌上に連載された浅田政彦教授の論文はその代表ではないでしょうか。国際法の専門的な領域に、私のような門外漢が立ち入るのはおこがましいと思われるかもしれませんが、中国問題の本質上、あるいは現実に起きつつある戦後処理をめぐる問題（「従軍慰安婦」問題や「徴用工」問題等）の本質上、避けて通るわけにもいかず、あえて率直に述べさせていただきます。

浅田教授の論文の中で、日華平和条約締結当時日本政府が中華民国政府（台湾）を中国を代表する正統政府とみなしているか否か、そして適用地域に関する交換公文第一号〔「この条約の条項が中華民国政府の支配下に現にあり、又は今後入るすべての領域に適用がある旨のわれわれの間で達した了解に言及する光栄を有します。」〕は日華平和条約の全ての条項にかかるのか否かについては、『法學論叢』（京都大學法學會、第一五二巻二号、二〇〇二年一一月一日。浅田武彦「日華平和条約と国際法(三)」）誌上で詳しく述べられていますので、それを今から検討します。

まず、浅田教授がこの論文（同誌、第一五二巻二号）全体で明らかにしようとしていることは何か、始めの方にはっきり示されています。

日華平和条約は、日本と中国との間の平和条約であるのか。日華平和条約は、日本と中国との間の戦争状態を終了させる条約であるのか。（同誌、三頁）

つまり日華平和条約は、中国を代表する正統政府として中華民国政府（台湾）を日本が認め、そうして結んだ条約なのか。また日華平和条約は、中華民国政府（台湾）が現実に支配する領域だけではなく中国全領域（この場合は、全領土・領海・領空のこと）の戦争状態を終了させる条約なのか。この二つをはっきりさせるのが、浅田教授のねらいだということです。

そこで浅田教授は、日華平和条約の承認を求める国会審議（第一三回通常国会一九五二年五月一四日〜同年六月二六日）で、政府側の答弁を分析し、「下田条約局長答弁の日（同年六月一七日）に大きく転換することになる。」（同誌、五頁）と述べ、「その後の後半国会の審議では、右のような見解で政府は一貫することとなる。この点は、前半国会において「限定講和」論を主張していた岡崎外相の場合も輪島アジア局長の場合も例外ではなかった。」（同誌、六頁）と断じています。ちなみに、問題の下田外務省条約局長の答弁は、次のように記録されています。

第一条の日本という国と中国という国との国家間の戦争状態を終了させるということは、現実に支配している地域がどうのこうのという事実問題とは無関係な全面的な法律関係を意味するわけであります。従いまして或る地域に、いやそうでない、戦争状態は依然として継続しておると主張する政権があるかないかということは、つまり事実問題でありまして、この条約の解釈論として両締約国の意思は明確にそこにある、そう御解釈願いたいと思うのです。

（第『十三回国会参議院外務委員会会議録』第四一号、一九五二年六月一七日、一四頁）

さらに、上記の「その後の後半国会の審議では、右のような見解で政府は一貫することとなる。」の原注（19）（同誌、二八頁）において、次のように述べています。

なお、国会審議の最後の段階においても、大陸を含む戦争状態の終了という政府の立場と一見矛盾するかのような答弁もみられる。すなわち、六月二六日に吉田首相は、「日華条約は一に台湾政権との間の関係においていたしたのであって、中共政権についての関係はないのであります」と述べている。しかし、この発言は多分に政治的な色彩が強いもののように思われ、同日の委員会において後に岡崎外相が特に発言を求め、「法理的に見れば、第一条だけを考えれば、これは当然戦争状態の終了というような、国と間の包括的な法律関係でありまするから、その国の一部に限ってということに限定できない」と述べ、政府の立場と一見矛盾するかのように見えた吉田発言を実質的に否定している。

『第十三回国会参議院外務委員会会議録』第四三号（一九五二年六月二六日）六、一一頁）

＊上記の傍線（波線と棒線）は、引用者によるものです。

少し補足しますが、同日の同委員会の会議録（八頁）には、右の吉田首相の答弁の後さらに別の野党議員と吉田首相との次のような質疑応答が載っています。

○曾祢益君　（略――引用者）非常に俗語で申上げまするが、この日華條約のいろいろなテクニックや綾にもかかわらず、この條約によって日本政府は、この中華民国国民政府というものを全面的な中国の主人として承認したものではない、こう考えまするが、その点は総理のはっきりしたお考えを、イエス・オア・ノーでお答え願いたい。

○国務大臣（吉田茂君）　これは條約にもはっきり書いてありますが、現に中華民国政権の支配しておる土地の上に行われる事実を認めて、その支配せられておる領土を持つ中華民国との間に條約関係に入る。将来は将来であります。併し目的は終わりに一中国全体との條約関係に入ることを希望して止まないのであります。

○曾祢益君　総理が、差紙でお話しにならないで、ずばりと言えば、全面的な承認ではないとこういうことでございましょう。

〇国務大臣（吉田茂君）　そういうことです。

〇曾祢益君　結構です。

このように吉田首相は、中華民国政府（台湾）を全面的な中国の主人（＝中国を代表する正統政府）として承認したわけではない、とはっきり認めています。

岡崎外相がこれを否定したのは事実ですが、その発言は委員長が総理大臣に対する質疑をこれで打ち切り、委員会の散会を告げようとする直前に割って入ったものです。吉田首相としてはおもしろくなかったでしょうが、閣内不一致として追求もされず、野党から政府統一見解も求められたわけでもなく、また翌日の委員会審議は別の案件についてのもので、翌々日全ての審議は打ち切られ、各委員が意見を述べた後日華平和条約が可決されたので、事を荒立てて岡崎外相に責任を取らせる必要もなかったのでしょう（同条約は、七月五日の参議院本会議でも承認されました）。

ところで、私が疑問に思うのは、浅田教授はこのような一連の審議を検討した後、なぜ日華平和条約についての「政府の解釈」が委員会後半で変わったと判断しているのか、ということです。「政府の解釈」ではなく、外務大臣や外務官僚の解釈というのならわかります。吉田首相が日華平和条約の審議で出席したのは六月二六日の外務委員会の審議のみですが、それ以前の吉田首相の答弁や発言から考えても、日華平和条約に対する吉田首相の解釈は最後まで一貫しています。

例えば、ダレス特使の要望に応えた「吉田書簡」（一九五一年一月一六日発表）の一〇日後一九五二年一月二六日の参議院本会議でも、吉田首相は次のように答弁しています。

この台湾政府との間に或る條約を結ぶということと、平和條約にいわゆる中国政府、中国を代表して、そうして日本と平和條約に入り込むという、その政府とは意味が違っております。現在台湾政府が或る地域において統治の実権を握って統治をいたしておる。その事実に基いて、善隣の関係から、その関係をよくするためにこの條約を結ぶというのであります。

（『官報号外・第十三回国会参議院会議録』第七号、一九五二年一月二六日、五頁）

＊浅田教授は『法學論叢』第一五一巻第五号一六頁～一七頁で同じ吉田首相の答弁を取り上げ、台湾政府と結ぼうとしている条約を「単なる善隣条約であるとして」述べていると考えているようですが、吉田首相の言わんとするところは特に前段にあり、台湾政府をサ条約にいわれるような中国を代表する政府として認めて二国間の平和条約を結ぶのではない、ということなのです。このときの吉田首相に対する与党議員（緑風会、無所属）の「吉田書簡」に関する質問が「この総理大臣の決定は、国民政府を中国の統一政府とみなし条約を結ぶというのでなく、限定された地域を領土とする国民政府と平和条約を結ぶものであるのでありますか。（略――引用者）この言（自

由党幹事長の言――引用者〕よりすれば、台湾の国民政府は中国全土の正統政府とみなして條約の相手方とするのではなく、差当たり台湾だけの政権として相手にするものと解せられますが、果して然りでありますか。」という疑問でしたので、吉田首相は「吉田書簡のラインにそい」（先述の西村熊雄氏の言葉）まず前段のように答え、質問者の疑問を解こうとしたのです。もちろん、浅田教授のいわれる善隣条約という意識を吉田首相がもっていたのは事実でしょうが、この答弁の重要な意味はその点ではありません。

日華平和条約の承認を求める国会審議の過程で、外務大臣である岡崎勝雄氏や外務官僚の日華平和条約に対する解釈がどうして変わったのかということについては後で述べますが、ここで私が指摘したいのは、先に棒線や波線で示したように、浅田教授はなぜ総理大臣の答弁は「多分に政治的」（これはどういう意味なのか分かりかねますが、「法的」な意味はないということでしょうか？）などと言い、外務大臣や外務官僚の答弁は「政府の解釈」になるのでしょうか？条約の解釈を法的におこなう上で、これは非常に重要なことです。

日本国憲法では、「外交関係を処理すること」や「条約を締結すること」は内閣の職務ですが（日本国憲法第七三条）、内閣は多数決で様々な案件を処理するのではなく、国会に連帯して責任を負うため全会一致で物事を進めることになっています。その内閣の中で、内閣総理大臣の地位と職権はどうなっているのでしょうか？

内閣総理大臣は内閣の「首長」（日本国憲法第六六条①）という特別な地位にあり、国務大臣の任免権を持つ（憲法第六八条）ばかりでなく、「内閣を代表して議案を国会に提出し、一般国務及び外交関係について国会に報告し、並びに行政各部を指揮監督する」（憲法第七二条）などその地位にふさわしい強大な職権を与えられています。また、この憲法第七二条の規定は、内閣が国会に提出する議案は内閣総理大臣に内閣を一般的に代表する権限を与えていることを示しています。この第七二条の規定について、京都大学の杉村敏正教授は、明治憲法下の内閣総理大臣の制度と比較しながら、次のように解説しています。

一　内閣の首長としての内閣代表権

「行政権は、内閣に属する」（六五）が、「内閣は、法律の定めるところにより、その首長たる内閣総理大臣及びその他の国務大臣でこれを組織する」（六六Ⅰ）。すなわち、内閣総理大臣は、行政権の主体であり、国の行政組織において最高機関たる地位にある、内閣の首長である。（略——引用者）現行憲法は、内閣総理大臣を、「各大臣ノ首班」〔引用者注：明治時代に定められた内閣官制（明治二二年勅令一三五号）二の規定〕ではなく、「内閣の首長」（六六Ⅰ）とし、他の国務大臣より上位のものとする。このことは、憲法が国務大臣の任命権（六八Ⅰ）、国務大臣に対する任意の罷免権（六八Ⅱ）を内閣総理大臣に認め、内閣総理大臣が欠けた場合における内閣総辞職を定めたことに（七〇）、端的にあらわれている。

そして、このように、内閣総理大臣は、内閣の首長として、合議体としての内閣の統一を保持すべき地位にあるから、これに内閣を一般的に代表する権限を与えることは、当然である。本条が、「内閣総理大臣は、内閣を代表して……」と規定するのは、この意味である。

（『基本法コンメンタール新版　憲法』有倉遼吉編、日本評論社、別冊法学セミナーNo.30、一九七七年三月一〇日、二三二頁）

憲法上、条約の締結は内閣の重要な職務の一つで、国会の承認を必要としますが、この場合でも内閣総理大臣が内閣を代表して条約案を提出し、答弁していることは同じ意味です。

したがって浅田教授が、「吉田書簡」の発表後日華平和条約に関して一貫した解釈を述べる吉田首相の答弁を否定し、外務大臣や外務官僚の答弁をもって「政府の解釈」と断じることは誤っています。

ではなぜ、外務大臣や外務官僚たちは、日華平和条約の承認を求める国会審議において、曖昧な答弁をしたり、吉田首相の意に反するような答弁をするように変わっていったのでしょうか？　これは私の推定ですが、外務大臣となった岡崎勝男の強い意向が働いて、外務官僚たちが吉田首相とは異なる方向へ動くようになったのだと考えます。異なる方向とは、吉田の対米協調路線に対し、対米一辺倒へ動くようになったということです。吉田首相は国際社会におけるイギリスの外交や力を評価しており、常に米英の間でバランスをとろうとしていました。そのことはダレス特使との会談で決まった「吉田書簡」の公表について、「わが方からイギリス政府及び国民政府が書簡の内容を十分了承していることについて——この点会談を通じ総理は繰り返しアメリカ側に注意をうながした—— 確認を求め確認を与えられた後、初めて公表を了承した。」（前掲、西村熊雄『サ条約』、三一七〜三一八頁）ことからも分かります。岡崎勝雄は、一九五四年三月一日の米国によるビキニ水爆実験で第五福龍丸など多くの日本の漁船が被爆したにもかかわらず、同年四月九日、日米協会におけるあいさつで「われわれは米国に対し原爆実験を中止するよう要求するつもりはない。それはわれわれが、この実験が米国のみならず、われわれもその一員である自由諸国の安全保障ににとり必要なことを知っているからである。こうした立場からわれわれはこの実験の成功を確保するため他の自由諸国と協力するであろう」（朝日新聞、一九五四年四月一〇日）と述べて米国の歓心を買うような人物です。「吉田書簡」の「根本方針」〔筆者注：先述の『世界週報』で西村熊雄氏が述べていたもので、「大陸関係を条約にいれないこと」、つまり日華平和条約に際して中華民国国民政府を中国の正統政府とは認めず、中国の一地域を支配する政府として「限定承認」するということです〕に逆らい、外務省幹部に国民政府（台湾）を正統政府と見なすよう働きかけ、吉田首相の意図を越えて対米協調から対米一辺倒へと外務省の姿勢を切り替えようと図ったのではないでしょうか。

しかし吉田茂が首相を務める中で、外務官僚を自分好みの方向へ動かす力を、岡崎氏はどのようにして得たのでしょうか。その力は、はからずも吉田自身が用意してくれました。サ条約の発効と同時に施行された外務公務員法です。私がこの法律の重要性に気づいたのは、立命館大学助教の竹本信介氏の博士論文を読んだときです。竹本氏は次のように述べています。

一九五二年四月より施行されたこの外務公務員法は、外務官僚に対する外務大臣の監督権限を強め、人事院の外務省に対する法的統制力を弱める性格を持っていた。（略――引用者）国会審議では、外務省公務員法が外務大臣に官僚人事への強い権限を与えること、外務公務員法の成立が人事院の構想する職階制に基づいた一元的な公務員制度に例外を認めること、これらが問題とされた。同法案審議時の外務大臣は、総理大臣を兼任していた吉田茂である。同法案審議で質問に立った議員には、「全体から受ける感じというものは、国家公務員という公の職務につくものの規定ではなくて、吉田家にでっち奉公する外務省の役人の身分を扱った感じが非常に強い」と批判するものもいた。本稿はこれら二つの状況証拠〔引用者注：竹本氏によると、もう一つは、人事院に代わって外務省が外交官試験の担当機関に指定され、合格者の選考がまかされることになった一〇年間、人事院が毎年発行する「年次報告書」で「外交官試験結果」が未記載となっていることを指しています」から、**外交官試験の試験期間が外務省に移された時期を境に、外務省の省員採用はこれまで以上に外務省の選好が反映されるものになったと推測する。**

（竹本信介「戦後日本外務省内の『政治力学』―外交官試験と外務省研修所の考察を手がかりに―」『立命館法學』、立命館大学法学会、第三二九号、二〇一〇年六月二五日、一九二頁）

　岡崎勝雄は、一九五一年一二月にダレス特使が来日し、吉田首相と「吉田書簡」の内容を調整・決定したところは、国務大臣より格下だったとはいえ内閣官房長官として「吉田書簡」の意味するところを熟知していたはずであり、同年一二月二六日からは外交問題担当の国務大臣となり、サ条約（五二年四月二八日発効）が発効してから外務大臣に就任することが内定していましたので、当然「吉田書簡」の根本方針は熟知していたはずです。さらに西村熊雄氏が、「吉田書簡」の公表時期にふれて、「アメリカ上院は一月十五日から平和条約と安全保障条約の討議を開始することになった。そこで書簡は先方の希望に応じ、また、わが方の都合（閣議報告の）もあって、東京時間十六日正午、ワシントン時間同日午後十時双方で公表された」（前掲『サ条約』、三二七頁）と指摘していることも重要です。「吉田書簡」の内容・方針をめぐっては、これを発表した後国会の審議で国民政府は中国を代表する政府か否かが必ず問題にされるわけで、西村氏が指摘するように発表前に当然閣議で報告し、閣僚の意思統一をはかる必要があったはずです。その時期がいつだったか西村氏は書いていませんが、「吉田書簡」についてダレス特使との話がまとまった五一年一二月二〇日（一二月一六日から翌五二年一月二一日まで国会は休会中でしたが、閣議は何度も開かれています）以後、恐らく第三次吉田第二次改造内閣が発足した同年一二月二六日から翌五二年一月一六日までの間でしょう。「吉田書簡」は国民政府を限定承認し、限定講和するという先例のないものでしたから、少なくとも閣議了解をして内閣としての意思統一をはかったと考えるのが自然です。だとすれば、岡崎氏が日華平和条約の国会審議の初めから、吉田首相の考えに逆らうような条約の解釈を全面的に打ち出すことはむずかしかったことでしょう。こう考えると、次のように国会審議の前半で岡崎外相が吉田首相の解釈を一部否定しつつ、全体としてごまかすような答弁をしていたのはうなづけます。

※引用文中の省略記号（略）は、全て引用者によるものです。

〇岡崎国務大臣（略）中華民国政府の建前としては、（略）当然中国全域に対する政府というふうに主張しておるのは、これは自然のことであります。（略）ただわれわれの方では、実際の事態は、中華民国政府の支配しておる地域が全部に行っておらないという現実の事態も見なければなりませんので、今度のようなかっこうの条約になったわけでありまして、われわれは決して地方政府とか、あるいは何といいますか、よく変な言葉では、限定承認ですか、そんなことを言っておるのじゃないので、ただ現実の事態と中華民国政府の主張とが食い違っておる場合もありますので、あとう限り現実の事態に沿って、中華民国政府と条約を結んだと言うことであって、決して地方政権とか、限定承認とか、そういう意味のことを言っておるのじゃない。（略）

○山本（利）委員　一地方政権として交渉相手にしたのではないという今のお言葉でありますが、それでは国民政府を全中国の政権として相手としたのだということは言い得ますか。非常にあいまいではあるがということで、あいまいな御回答でありましたが、私は日本政府の立場を聞きたいのであります。一亡命政権ではないということはこの前ははっきりおっしゃった、きょうまた一地方政権ではない……。それでは台湾の国民政府というものを全中国の政府として相手としたということははっきり言えますでしょうか、その点ひとつ。

○岡崎国務大臣　でありますから、今の現実の事態がはっきりしておらないから、従って条約もはっきりしない点が出て来るのであって、これをここだけで割切ろうとする のは無理なのであります。（略）今までのようにこれが地方政権でなければ中央政府だ、限定承認でなければ全面承認だというふうに、割切ってお考えになり得ない場合が多々あるのであります。これは国際法というものは始終動くものであります。また国際慣例も始終動いて来るものでありますから、現実の事態に沿うよりしかたがない、これが吉田書簡の述べておる点であります。

（『第十三回国会衆議院外務委員会会議録』第二八号〔一九五二年五月三〇日〕、七〜八頁）

このように岡崎外相は、限定承認ではないということだけは何故かはっきり否定し、同じような言葉を繰り返して相手を煙にまいた後、国会議員が知らないのをいいことに「吉田書簡」について虚偽の答弁までしています。国会審議の後半になると、外務官僚も岡崎外相も「吉田書簡」に込められた根本方針とは全く異なる条約解釈を述べるなど、まるで自分たちのいっていることが日本政府の解釈であるかのように、印象操作を重ねたのでした。多く発言した方が、また最後に発言した方が、印象に残るものです。現在の日本の国会でもこれと同じことがおこなわれていますが、こういう言葉を真に受けると、誤った判断に陥るので、気をつけなければなりません。

少し寄り道をしましたが、ここで外務公務員法に戻ります。この法律を制定して自分好みの外務公務員を作ろうと考えたのは吉田茂でしたが、最初にこの法律を運用したの吉田首相ではなく、岡崎勝雄でした。先述したように、この法律はさサ条約の発効とともに施行され、その直後に外相になったのが岡崎氏だからです。外相の兼任をやめた吉田首相はこの法律によっていわゆる「吉田学校」を岡崎外相に作らせたかったのでしょうが、岡崎氏は吉田首相の思いを越えて、米国一辺倒の外務官僚をつくるために力を注いだようです。換言すればアメリカン・スクールと呼ばれる外務官僚を育て、チャイナ・スクールと呼ばれる外務官僚を外交の活躍の場から外していく、こういうことが岡崎外相によって始められたのではないでしょうか。興味深いことに、立命館大学助教の竹本信介氏は、先に引用した論文の中で、田中角栄首相に同行し日中共同声明にも深く関わった栗山尚一氏は、人事院に代わり外務省が外交官試験をおこなうことになった初期の一九五三年一〇月に合格（このときの外相は岡崎勝雄）し、翌年在外研修員として米国に派遣された後、七二年の日中国交正常化交渉時には条約局条約課長、さらにその後は条約局長・外務事務次官、退官翌年に在米国特命全権大使になったというアメリカン・スクールを代表する人物です。田中角栄首相は、栗山尚一氏のような中国語・中国文化を全く理解しない外務官僚を引き連れていったばかりに、中国側の誤解を受けて困難に直面することになりました。日中共同声明・日中国交正常化交渉、及び当時の外務官僚による外交記録の改ざんについては、『尖閣問題の核心——日中関係はどうなる』（矢吹晋、花伝社、二〇一三年一月二五日）に詳述されています。サ条約と日華平和条約の解釈と相互の関係については（もちろん日中共同声明についても）、外務官僚の発言や記録を鵜呑みにするのは危険だということを、改めて指摘しておきます。

ここで、浅田教授の論説の問題にもどりましょう。

浅田教授は、「条約全体にかかるように規定されている適用地域に関する交換公文が、日華平和条約の特定の規定には適用されないという解釈は可能であるか」という問題をとりあげ、国会審議の場で岡崎外相が日華平和条約の第一条（「戦争状態の終了」）について「この交換公文の適用範囲というものは、一条については、原則的には不必要な規定というか（略——引用者）必ずしもこの適用範囲というもので絞らなくってもいいこと考えまする」と述べ、下田条約局長が「適用範囲といたしましては、（略——引用者）中国政府については、この中で例えば第四条、第五条というような実際事実がすでに発生した問題を、そういう事実を認めるということには適用範囲ということは直接意味がないと思います」と述べたことを踏まえて、まず第四条と第五条に対して交換公文が適用されないという解釈は可能かどうかを検討し、その後この「二例の場合ほど自明でない部分がある」第一条について、同様の解釈が可能かどうかという検討をおこないました。

浅田教授の第四条と第五条に対する結論は、次のようになっています。

第四条も第五条も、その末尾が「承認される（It is recognized）」で終わっていることからもあきらかなように、それらが、それ自体として必ずしも創設的な効果をもつ規定ではなく、第四条は「戦争の結果として」一定の条約が無効となったという事実を、第五条は「[対日平和条約第十条の規定に基づき」日本が、中国における特殊権益を放棄し、北京議定書等を廃棄することに同意したという事実を、「承認」したものに過ぎないという点である。つまり、第四条と第五条は、すでに大陸との関係において発生した（確定した）法的事実を確認するというものである。したがって、そのような規定に対して、大陸を含まない形で適用地域を限定するということは、実際意味をなさないのであり、これらの規定に対しては、適用地域を限定する交換公文は適用されないということになろう。

以上のように、条約全体に適用されるかのように規定された交換公文の文言にも拘わらず、日華平和条約の規定の中には、大陸に関係しながら、交換公文による適用地域の限定の効果が及ばないものが存在することが明らかとなった。

（『法學論叢』第一五二巻二号、九～一〇頁）

浅田教授は、複雑に考えすぎたために、かえって過ちに陥っているように思われます。

第四条と第五条にしても、第一条にしても、交換公文の規定を適用して解釈できるか否かは、交換公文の地域を限定する文言が、これらの条文に入れることができるか否かということにかかっています。つまり、交換公文のその文言を入れることができれば、その条文は交換公文の規定を適用して解釈できるということであり、その文言を入れられなければ、その条文は交換公文の規定を適用して解釈することはできない、ということになります。地域を限定する文言を条文のどこに入れられるかという問題と同じなので、至って簡単です。ただ、第四条と第五条のように、元の条文が二つの文章から成り立っている場合は、変えてはならない文章はどちらかということに気をつけて、地域を限定する文言を入れなければなりません。

交換公文第一号の適用地域を限定する規定は「この条約の条項が、中華民国に関しては、中華民国政府の支配下に現にあり、又は今後入るすべての領域に適用がある」というところです。それでは、問題となっている第一条、第四条、第五条に、交換公文の地域を限定する文言を入れてみましょう。次のように、この三つの条文すべてに入れることができました。

＊〔　〕部分が、交換公文第一号の文言です。

第一条　日本国と中華民国との間の戦争状態は、〔中華民国に関しては、中華民国政府の支配下に現にあり、又は今後入るすべての領域に適用があるという条件で〕、**この条約が効力を**

生ずる日に終了する。

第四条　千九百四十一年十二月九日前に日本国と中国との間で締結されたすべての条約、協約及び協定は、戦争の結果として無効となったことが〔中華民国に関しては、中華民国政府の支配下に現にあり、又は今後入るすべての領域に適用があるという条件で〕承認される。

第五条　日本国は、サンフランシスコ条約第十条の規定に基き、千九百一年九月七日に北京で署名された最終議定書並びにこれを補足する全ての附属書、書簡及び文書の規定から生ずるすべての利得及び特権を含む中国におけるすべての特殊の権利及び利益を放棄し、且つ、前記の議定書、附属書、書簡及び文書を日本国に関して廃棄したことに同意したことが〔中華民国に関しては、中華民国政府の支配下に現にあり、又は今後入るすべての領域に適用があるという条件で〕承認される。

これで、交換公文第一号の適用地域を限定する規定が日華平和条約のすべての条文に適用できるということが明らかになり、浅田教授の立論はくずれました。

次に浅田教授は、日華平和条約第一条に定める戦争状態の終了も、大陸に関係して交換公文による適用地域の限定が及ばないものなのかにつき、国際法の観点から検討を進めますが、既に述べたように「適用地域の限定が及ぶ」ということは明らかですので、浅田教授の立論について一々述べることはやめます。浅田教授は、最終的に再び国会審議の後半に日本政府の日華平和条約の解釈が変化した（この点については、先に私は否定しました）と考え、次のように述べています。

最終的な同意の意思表示が批准であるとすれば、それに最も近い時点における解釈をもってその国の解釈と考えるのが、最も自然であるともいえるのではなかろうか。それが国内における憲法上の手続きに従った国会での審議にさいして示されたもので、そのような解釈を前提として国会が批准を承認したというのであれば、なおさらであろう。

また、日華平和条約の場合には、他方当事者である中華民国政府が、戦争状態の終了と賠償問題について、大陸をも含むかたちで条約を締結したいとの希望を、そして適用地域の限定をできるだけ排除したいという希望を、一貫して表明してきたことも、右のような解釈を支持することになる。というのも、交渉の段階では日本側が国府側と異なる基本的立場をとっていたとしても、国会審議の過程でそれが解消されたのであれば、そして条約解釈としてもそれが可能なのであれば、両当時者間にこの点についての意思の合致が継起的に成立したと捉えることもできるからである。（『法學論叢』第一五二巻二号、一八頁）

結局、浅田教授の結論は「日本の場合は、中華民国政府を『中国を代表する政権』（倭島外務省アジア局長の国会答弁）すなわち正統政府と認めて、これとの間に平和条約を締結したのである。したがって、日本にとっては、中国といえば中華民国であり（倭島局長の国会答弁）、大陸をも包含する領域を主張する中華民国、ということになる。」（『法學論叢』第一五二巻二号、一三頁）

ところで浅田教授のように、中華民国政府を中国を代表する政権、すなわち中国の正統政府とみなして日本は日華平和条約を結んだという考えには、サ条約の大きな壁が立ちはだかっています。それは、サ条約第二六条前段に書かれた二国間の平和条約に関する規定です。連合国宣言に署名もしくは加入しており、且つ日本国に対して戦争状態にあるソ連、中国〔筆者注：当時中国は事実上二つに分裂していたので、ここでは中華民国政府（台湾）か中華人民共和国政府（大陸）か、日本が中国を代表する正統政府と認めた方を指します〕などのような国と日本が二国間条約を締結する場合、サ条約発効後三年間は、サ条約が定めるところと同一のまたは実質的に同一の条件で締結することが、日本国の義務になっているのです。つまり、日華平和条約がサ条約にいう中国との二国間条約であるためには、少なくともこの条約が台湾の中華民国政府が中国を代表する正統政府であることを日本が認めなければ、サ条約の義務に背くことになってしまう（条約上違法なものになる）ことを意味します。

日華平和条約の承認を求めていた国会で日華平和条約に対する「国会の最終的な同意の意思表示」がなされたのは、参議院本会議でこの条約が承認された一九五二年七月五日（衆議院本会議での承認は、すでに同年六月七日に済んでいました）であり、また、サ条約が発効したのは同年四月八日ですから、浅田教授が主張するように、〈中華民国政府を「中国を代表する政権」と認めた外務省倭島英二アジア局長の答弁の日（同年六月一八日衆議院外務委員会で）から日本政府の方針が変わり、中華民国政府を「すなわち正統政府と認めて、これとの間に平和条約を締結したのである。したがって、日本にとっては、中国といえば中華民国であり、（略——引用者）大陸をも包含する領域を主張する中華民国ということになる。」（前掲誌一五二巻二号、一三頁）〉というためには、中華民国側は自国政府が中国を代表する政府であることを主張しそのような立場で日本と二国間の平和条約を締結したいと要望していたのですから、日本政府としてはサ条約に定められた義務にしたがって、中華民国政府は中国を代表する正統政府であるということを、国会が最終的な同意の意思を示して日華平和条約を承認する五二年七月五日までに、閣議決定の上はっきり国会で表明して中華民国政府に知らせなければなりません。あるいは、参議院で中華民国政府が中国を代表する正統政府であることをはっきり示すように日華平和条約を修正可決し、回付されてくるこの修正可決案を衆議院が同意するという方法もあります。内閣の意思さえ統一できているなら、この程度の修正案の作成は造作もないことです。もちろん相手の中華民国側も喜んで条約の修正に応じることでしょう。こうすれば、中国との二国間条約として、サ条約上の問題はなくなります。

政府が日華平和条約の承認を求めていた当時の国会における政党・会派別の勢力数は、衆議院では与党の自由党・緑風会だけで圧倒的多数を占め、参議院では与党だけではわずかに過半数を上回る程度でしたが、野党の改進党も賛成したので、条約を修正するのに全く障害はありませんでした。

では、なぜ岡崎外相や外務官僚たちは今述べたような方向に動かなかったのでしょうか。それはこの条約が、中華民国政府を中国の一地方政府として限定承認し、その上で限定講和したものだということを分かっており、吉田首相自身が一貫してその態度を保っていたので、閣議で提案できなかったからです。〔繰り返しますが、吉田首相が国会で答弁したように、あるいは『サ条約』の著者・西村熊雄氏が詳細に述べているように、中華民国政府が中国を代表する政府でないならば（つまり限定承認であるならば）、サ条約第二六条のいう二国間条約ではないのですから、何も問題は生じません〕

以上から、浅田教授の立論が成り立たないことは明らかでしょう。

ちなみに、ウィーン条約法条約第三一条（解釈に関する一般的な規則）は、次のようになっています。

1 条約は、文脈によりかつその趣旨及び目的に照らして与えられる用語の通常の意味に従い、誠実に解釈するものとする。

2 条約の解釈上、文脈というときは、条約文（前文及び付属書を含む。）のほかに、次のものを含める。

(a)条約の締結に関連してすべての当事国の間でされた条約の関係合意

日華平和条約は、日本政府が中華民国政府（台湾）を「限定承認」したものであって、中国を代表する正当政府として承認したものではないという解釈は、条約法条約のこのような規定に照らしても真っ当なものだといえます。

③Cの根拠［中国人個人請求権否定の不可］の第三は、最高裁判決は、日華平和条約の国会審議における吉田首相の「中共政権についての関係はない」との言明を全く無視し、日華平和条約は中華民国政府を中国の正統政府と認めて日本が締結したものであり、大陸を含めた中国との戦争状態はこれによって終了した、との岡崎勝雄元外相と外務官僚が作り出した虚構をそのまま肯定した上、さらに賠償に関する日中共同声明第五項について「サンフランシスコ平和

条約の枠組みと異なる処理が行われたものと解することはできない。」などと恣意的で誤った解釈を行っており、当然無効です。

ちなみに、前述の吉田首相の言明とは、野党であった改進党所属の参議院議員が日華平和条約との関連で中華人民共和国政府（北京）に対する今後の日本政府の方針を問われたことに対し、吉田首相が次のように答えていたことを指しています。

> もとより日華条約は、早く隣国との間に条約関係に入りたいという考えから入ったのであります。これが将来中共政権に対して云々ということでございますが、これは、日華条約は一に台湾政権との間の関係においていたしたのであって、中共政権についての関係はないのであります。今後どういうふうな関係に入るか、将来の発展に待つよりいたし方ないかと思います。
>
> （一九五二年六月二六日、参議院外務委員会）

一方中華人民共和国政府は、すでに一九五一年八月一五日に「対日平和条約の準備、起草及び署名に中華人民共和国の参加がなければ、その内容と結果のいかんにかかわらず、中央人民政府はこれをすべて不法であり、それゆえ無効であると考えるものである」との周恩来外相声明を発しています。

さらにまた、それから二〇年余り後の七二年の日中復交交渉では、矢吹晋横浜市立大学名誉教授が前掲の自著の中で、日本に対する以下のような中国側の反発を紹介しています。

九月二六日午前の第一回外相会議を受けて開かれた同日午後の第二回首相会談で、周恩来は猛反発しました。日本外務省の記録は、周恩来発言をこう記録しています。

「日華平和条約につき明確にしたい。これは蒋介石の問題である。蒋が賠償を放棄したから中国はこれを放棄する必要がないという外務省の考え方を聞いて驚いた。蒋は台湾に逃げて行った後で、しかもサンフランシスコ条約の後で、日本に賠償放棄を行った。『他人の褌で、自分の面子を立てる』（俗語）ことはできない。戦争の損害は大陸が受けたものである。我々は賠償の苦しみを知っている。この苦しみを日本人民になめさせたくない。我々は田中首相が訪中し、国交正常化問題を解決すると言ったので、日中人民の友好のために、賠償放棄を考えた。しかし、蒋介石が放棄したからもういいのだという考え方は我々には受け入れられない。これは我々に対する侮辱である。田中・大平両首脳の考え方を尊重するが、日本外務省の発言は両首脳の考えに背くものではないか。」

交渉の結果、「中華人民共和国政府は、中日両国人民の友好のために、日本に対する戦争賠償の請求を放棄する」（日中共同声明第五項）ということで最終的に合意しました。周恩来にとって、賠償問題は「法的に済んだ」うんぬんではなく、中国側が「自発的に放棄する」というものでした。

（『尖閣問題の核心―日中関係はどうなる』矢吹晋、花伝社、二〇一三年一月二五日、一一六～一一七頁。以下、『尖閣問題の核心』と略称）

蒋介石が日本政府と取り決めた日華平和条約によって既に賠償は済んでいる〔筆者注：特に連合国の賠償請求権及び個人請求権の放棄を定めたサ条約第一四条にもとづいて賠償問題を解決するという日華平和条約第一一条と付属議定書1を指しています〕ので、中国側と再び賠償問題を話し合う必要はない、つまり中国には賠償を要求する権利はないという日本の外務省高官の考えに、周恩来首相は激怒したのです。この周恩来首相の怒りに、中国の強固な原則的立場があらわれているといえるでしょう。ですから、このような中国の立場を翻して、中国の賠償問題の解決を、サ条約やその規定を取り入れた日華平和条約と関連づけて中国側が合意するなど、有り得ないことです。

中国側が賠償についてどう考えていたのか、同書編集部との対談で矢吹教授が語っているところを紹介しましょう。

賠償の問題で、中国は賠償を要らないといっていたんです。賠償というのは、日清戦争では台湾を取られたし、そのあといろんなことがあった。第一次大戦ではドイツから賠償を取り過ぎたためにナチスを生んだとか、そういう辛さを我々はよく知っているから、日本人にそういうことをせよとは思わない。だから、賠償は取らないということを、周恩来は、田中角栄との会談の前に、竹入義勝や古井喜美をつうじて言ってあるわけです。だから中国の考えがわかり、田中角栄は賠償が無いならできそうだと訪中したわけです。それはありがたい、ぜひそれでやりましょうと角栄は言っている。（前掲『尖閣問題の核心』、二一九～二二〇頁）

＊　竹入義勝氏は当時公明党委員長で、五二年七月二五日～八月三日訪中して周恩来首相から直接国交正常化に当たっての対日基本構想（いわゆる「竹入メモ」）を聞き出し、日本政府に初めて中国側の正確な考えを伝えました。この情報を得て、ようやく田中角栄首相が訪中を決断したといわれています。

＊＊古井喜実氏は当時自民党親中派の衆議院議員で、五二年九月九日～九月二四日貿易交渉の名目で訪中し、日本の共同声明素案について中国側と田中訪中前の事前折衝をおこない日中国交正常化に大きな貢献をしました。古井氏の働きは日本でほとんど注目されなかったといわれますが、周恩来首相からは高く評価されました。

中国側が、日本の主張であるサ条約や日華平和条約を根拠にした戦争状態の法的終了や賠償の法的既済を決して受け入れなかったことは、日中共同声明の交渉過程から明らかです。それを示す周恩来首相の言動が、先述の『他人の褌で、自分の面子を立てる』ことはできない。」という言葉であり、怒りです。周恩来首相がそこにこだわるのは第二回首脳会談（五二年九月二六日）における、この発言の直前にある周恩来首相の次の主張です。

双方の外交関係の問題に、日台条約（日華平和条約のこと——引用者）や桑港条約（サ条約のこと——引用者）を入れると、問題が解決できなくなる。これを認めると、蔣介石が正統で我々が非合法になるからだ。そこで、中国の（注2）「三原則」を十分理解することを基礎に、日本政府が直面する困難に配慮を加えることとしたい。

（『記録と考証　日中国交正常化・日中平和友好条約締結交渉』石井明・朱建栄・添谷芳秀・林暁光編、岩波書店、二〇〇三年八月七日、五七頁。以下、『記録と考証』と略称）

以上から明らかなように、中国政府は日中共同声明で、いかなる意味でも日本側の主張するサ条約や日華平和条約を根拠にした主張を受け入れることはありませんでした。それゆえ日中共同声明は、形式的にも実質的にも、また法的にもサ条約や日華平和条約に関する双方の合意というものを避け、それぞれにとって都合のよい、玉虫色の表現になっているのです。それは、特に日中共同声明の次の条項に現れています。

一　日本国と中華人民共和国との間のこれまでの不正常な状態は、この共同声明が発出される日に終了する。

五　中華人民共和国政府は、中日両国国民の友好のために、日本国に対する戦争賠償の請求を放棄することを宣言する。

もし、日本の主張に中国が合意していたならば、例えばそれぞれ次のようになっていたことでしょう。

一　日本国と中華人民共和国との間の戦争状態は、一九五二年八月五日をもって終了したことを確認する。＊この年月日は、日華平和条約が発効した日付です。

五　中華人民共和国政府は、中日両国国民の友好のために、日本国に対するすべての戦争賠償請求権が既に喪失していたことを承認する。

なお、国交正常化交渉の首脳会談で、日本側の記録に周恩来首相の発言の真意が田中首相に正確に伝わっていたのか疑わしいと思われるところが指摘されていますが、賠償問題ともからむ可能性があるので、ここで取り上げておきます。

現代史の研究者である朱建栄東洋学園大学教授は周恩来首相の発言について、次のように書いています。

田端証言が指摘したように、「大同」と「小異」との関係について、中国では「大同につき、小異を残す」となっているところを、日本では「小異を捨て、大同につく」と記されている。中国的な発想では「小異」といっても簡単にすてられるものではなく、互いに我慢して大所高所に立って妥協を求めよう、というものであるため、無意識に「小異を捨てる」発想で中国側の「小異」観を当てはめるべきではないだろう。（前掲『記録と交渉』、四一七頁）

＊「田端証言」とは、TBSの報道記者として日中国交正常化交渉当時のテレビ中継に携わった田端光永氏が、田中首相晩餐会のあいさつで周恩来首相が「我々双方が努力し、十分に話し合い、小異を残して大同を求めることによって、中日国交正常化はかならず実現できるものと確信しています」と日本人には聞き馴れない諺を用いて述べたことに対し、中国外交部の旧知の外交官に諺の解釈について尋ねたところ、「この諺には中国では周首相が使った『残す』以外の言い方はない。『日本人は小異を捨ててしまうのか』と、向こうが驚いている。恥ずかしながら、当時、私はこの諺の中国語を知らなかったのだ」と、回顧して述べていることを指しています。（前掲『記録と交渉』、二四三～二四四頁）

田中首相訪中に先立って、周恩来首相は七二年後半に賠償問題に関して三項目からなる説明要綱を作成し、その中で特に「日本が中国に賠償金を支払うとすればこの負担は最終的に広範な日本の国民にかけられることになる。彼らは長期にわたって中国への賠償金を支払うために、ズボンのベルトを引き締めなければならない。これは日本人民と世々代々友好的になっていくというわれわれの願望と相反することになる」という項目が強調され、中国各地で宣伝教育キャンペーンが繰り広げられ、日中国交正常化交渉が終わった後も、首都北京や日中戦争で特に被害の大きかった東北地方では、難航しながら民衆の説得が続けられました（朱建栄「中国はなぜ賠償を放棄したか―政策決定過程と国民への説得―」、『外交フォーラム』一九九二年一〇月号（Ｎｏ．49）、三八〜三九頁参照）。

日本は決して、賠償をめぐる中国政府の努力と被害者の痛恨の思いを見くびってはなりません。日中共同声明後も、日本政府は日中共同声明は政治的であっても法的なものではなく、戦争の賠償権についても日華平和条約で解決しているので、共同声明案にあった「権」の文字を日本側は認めなかったと主張し、最高裁判決でも日本政府の主張通り中華民国政府が日華平和条約後は中国の正統政府であって日本と中国との戦争は終了したこと、そして中国側の賠償権については中国政府の外交保護権及び裁判で中国人が救済を求める権利は失われたが企業側が「本件被害者らの被害の救済に向けた努力をすることが期待される」と判示しました。

この後西松建設は被害者と和解し、中国で起こされた強制労働裁判でも三菱マテリアルとの和解が成立しています。しかし、戦時中の強制労働問題や戦時性奴隷問題について解決済みだとする日本政府の態度は変わっていません。また、「戦後消滅した連行企業が多いことの考慮を要する。そこで働かされた労工は国が関与しなければ解決されない。その数は一万人を超えるといわれる。」（前掲『戦後七〇年・残される課題』、創史社、二〇一五年、九九頁）既に銭其琛副首相兼外相は全国人民代表大会の台湾省分科会で、「『中日共同声明で、中国政府は国家間の賠償請求は放棄したが、これに個人への賠償は含まれていない』と述べ、個人の賠償請求権は放棄していないという見解を示していたことが八日、明かになった」（毎日新聞、九五年三月九日付）と報じられています。

「従軍慰安婦」を含む日本軍性奴隷制や徴用工の問題は、中国や韓国・朝鮮の被害者とその遺族の問題であるばかりでなく、それらの人々の人権と尊厳そして国家の原則と名誉の問題となっているのです。

（注2）「三原則」…「復交三原則」といわれ、日中国交正常化交渉において中国政府が提起した原則的立場のことです。前掲『記録と考証』では、原注で次のように解説しています。

〔一九七一年七月二日、竹入義勝を団長とする公明党第一次訪中団と中国側の間で調印された共同声明の中の「五原則」のはじめの三項目を、中国側が簡略化した表現に直したもの。すなわち、①中華人民共和国政府は唯一の合法政府、②台湾は中華人民共和国の不可分の一部、③「日蒋条約」は不法であり、破棄されなければならない。〕（前掲『記録と考証』、四二～四三頁、原注⑫）

三、「サ条約の枠組み」を打ち砕いたスイスの請求権処理

前述の第二節Aで、日本はスイス・スペイン・デンマーク・スウェーデンの四カ国に対してサ条約第二六条の最恵国条項に該当する戦争請求権処理を行っていたので、日本の最高裁が主張する「サ条約の枠組み」論は既に破綻していると指摘しました。この節では、スイスの戦争請求権処理を中心に、詳しく述べたいと思います。

私がスイスの戦争請求権処理について初めて知ったのは、小菅信子《こすげのぶこ》氏の『戦後和解 日本は〈過去〉から解き放たれるのか』（中央公論新社、二〇〇五年七月二六日）を読んだ時でした。同書には、次のような記述があります。

実は、一九九八年新たに発見された資料によって、一九五五年に日本政府が戦争中抑留したスイス人に二〇〇〇ポンドを支払ったとき、英国政府には、サンフランシスコ講和条約第二六条（日本国が、いずれかの国との間で、この条約で定めるところよりも大きな利益をその国に与える平和処理又は戦争請求権処理を行ったときは、これと同一の利益は、この条約の当事国にも及ぼされなければならない）によって、対日賠償交渉を再開する権利が生じていたことが判明した（House of Commons,*Hansard*,29April 1998)。（同書、一五九頁）

補償を要求する人々は英国政府に、日本政府に対して賠償請求すべきだと訴えましたが、英国政府は拒絶したと、同書では書かれています。私は、英国下院の会議録を調べるより、在日スイス大使館に聞く方が早いと思い、二〇一五年夏に上京した折り、在日スイス大使館を訪ねました。初めて訪問したにもかかわらず、親切にいろいろ調べていただきましたが結局分からず、スイス外務省の史料室に問い合わせるよう勧めていただきました。

この後、二〇一五年一〇月と二〇一九年七月の二度、スイス外務省に私の疑問をしたために手紙を出し、スイス側から丁寧なご返事と史料をいただくことができました。これらの資料も使いながら、今からスイスの請求権処理について説明していきます。

まず、小菅信子氏が述べている英国下院の議事録（一九五五年に日本政府が戦争中抑留したスイス人に二〇〇〇ポンドを支払った件）については、私が「中立国のスイス人が日本軍の捕虜になった」と早とちりして質問したために（「抑留したスイス人」と「捕虜になったスイス人」では、意味が違ってきます。後者の言い方では普通「スイス人の兵士で日本軍の捕虜になった者」という意味になってしまいます）先方には余計なご苦労をお掛けすることになりました。それでも、私の間違った質問に対していろいろ調べて下さり、米軍に入隊した五人のスイス人についての記録を見つけたとのことで、恐らく彼らは米国とスイスとの二重の市民権を持っていて米軍に入り、日本軍の野営地に監禁されたのではないか、そしてその後のことについてスイス側に記録がないところをみると、彼らの件についてはアメリカ当局が処理したのではないかと推測している、というご返事でした。しかし、彼らのような稀な件は別にして、スイスの民間人で多数の者が日本軍や日本の官憲に誤った容疑や告発（例えば、スパイ行為や、国家の安全を危うくした、商業上の不正をおこなった、検閲制度に違反した、反日宣伝をした、など）で逮捕抑留され、理由さえ時として知らされず、弁護を受ける権利も、身内の者やスイス公使館に知らせることも認められないまま、肉体的な虐待を受けたり、自白を強いられたり、証拠がなくて突然解放されるということもありましたが、しばしば無実であるにもかかわらず、有罪とされて犯罪者と同様の酷い抑留状態におかれた、とのことです。スイス連邦公文書館でこの時調べて下さっただけで、このような抑留者に関するものがおよそ五五ケースあり（実際にはもっと多いと推定している、とのことです）、そのうち一〇を下回るケースが直接日本領土と関係しており、残りが日本軍の占領地に関係したものだということです。

占領地に関係した具体的なケースを『連邦参事会（筆者注：スイス連邦の内閣のこと）一九四五年四月二七日付会議議事録』〔ｄｏｄｉｓ．ｃｈ（スイス外交文書ウェブサイト）Ｎｏ．４８０３７〕から抜粋しておきます。

※引用文中の省略記号（略）は、すべて引用者によるものです。

一九四二年六月、米・英領事館の閉鎖業務のため代表使節として公使館から台湾に派遣されたある同胞は、日本に戻る戦中で極めて不可解な状況のもと死亡した。公使館（筆者注：在日スイス公使館のこと。当時の在日スイス公使はC・ゴルジェ氏）はあらゆる手を尽くしてこの悲劇的な事件の解明に努めたが、その試みは失敗に終わっている。日本当局はこれを自殺と結論付けているものの、その証拠は示されていない。ゴルジェ氏および故人の友人らはこの説に真っ向から異を唱え、日本の一部機関にとって目障りな証人を消そうとしたのではという可能性を否定していない。（略）

公使館は去る一〇月、ジャワ島とスマトラ島でスイス人一八名が逮捕されたとの通知を受けた。この中にはジャワ島スイス人居住区の報道官が含まれていた。この人物は一九四二年の領事の東京着任以来、非公式にバタヴィアのスイス領事館関連公務に従事しており、その信望に疑いを差し挟む余地はない。これに加え、スラバヤのスイス領事館職員やバンドンの領事館通信員も逮捕されている。その後、外務省が在ベルン日本公使館に対し強く抗議した結果、これら逮捕者のうち一五名が釈放された。

ボルネオ島に居住するスイス人（二五名、うち一四名はバーゼルの福音派使節団）についても関連情報を何度も強く要求しているが、公使館への情報が断たれて間もなく二年が経過する。

ギルバート諸島に滞在していたスイス人カトリック宣教師は、先住民の証言によると、一九四二年一〇月六日、フランス人宣教師とともにミレー島（マーシャル諸島）で日本兵に銃殺されたという。彼らの乗った小船は、強い海流に流されて数日前かの地に漂着したばかりだった。（略）この宗教家二名の遺体はその後砂浜で発見され、先住民により土葬されている。このスイス人が辿った悲劇的な最後は、先般、外務省に届いた在シドニースイス領事館からの書簡で明らかになったものである。

つい先日フィリピンから届いた報告書によると、マニラにおける最近の軍事作戦中に死亡したスイス人一八名のうち一二名は、許し難い状況下で日本兵に殺害されている。例えば若い夫婦と生後数カ月の子は自宅アパートで銃殺され、住居もろとも焼かれたという（同様のやり方で殺された者がもう一名いる）。また恐らく父子とみられる二名は日本兵に捕らえられ、手りゅう弾で殺された。さらに父母と三歳の子の三人家族、そして九歳の子とその母を含むスイス人六名は、マニラのドイツ人サークルの防空壕内でその他一〇〇名の遺体とともに発見された。彼らはその状況から判断して日本兵に殺されたものと考えられる。（略）また、一九四四年一〇月二五日に日本軍憲兵により逮捕された別の二名（うち一名は米国人と結婚しスイス国籍を保持する若い女性）については、関連情報を現地領事館から東京の公使館に通知するにあたっての許可が得られず、それ以降の消息は不明となっている。

以上の事実に鑑み、外務省は以下を提案した。

1　スイス国民の人身・人権および財産に対するかような由々しき侵害について、日本政府への抗議を一層つよめる。

2　謝罪を求めるとともに、可能であれば損害賠償請求を行う。

3（略）

意見交換後、連邦参事会は、以下の通り決定した。

1、2および3に記載の提案を採択するが、日本政府から満足のいく回答が得られなかった場合に講じる方策については当面保留とし、場合によってはスイス側の対応としてドイツからスイスに避難している日本人外交官の追放なども検討する。

一九四五年六月一二日、連邦参事会は、日本兵により殺害されたスイス人への損害賠償として日本国に対し総額一〇〇万スイス・フランの請求を決定。

前述等の戦争賠償金については、第二次世界大戦中の極東におけるスイス人犠牲者に対する損害賠償を実行するため、スイス連邦と日本国との間で、一九五五年一月二一日に和解協定が調印されました。この協定の第二条には、一九四九年に既に二四二万六六九三スイス・フラン（筆者注：当時の日本円で約二億二七二万円）が支払われていたと書かれています。このときの支払いは、スイスの首都ベルンにあった旧日本公使館に属する資金があてられ、一二〇件のケースの間で分配された、とのことです。しかし続く数年の間に、およそ五五〇件の新たな損害を受けたケースが申告され、両国での広範な調査と長い交渉の後、第一条にあるように日本が一二二五万スイス・フラン（筆者注：当時の日本円で一〇億二九二四万五〇〇〇円）を一括して支払いましたが、「この支払いは全てのスイスの諸請求をきっぱり満足させることを意図したものでした」（第三条2）と、スイス外務省から私宛ての返信に書かれています。

＊一九五五年一月二一日にベルンで調印された和解協定の名称は「日本国に対するスイスのある種の請求権の解決に関する日本国とスイス連邦との間の取極」といい、日本外務省のホームページで見ることができます。日本では「行政協定」とよばれる国家間の合意文書で、国会の承認を得ずに内閣だけで取り決めることができます。この取極の効力発生は、同年三月二六日です。ちなみに、日本政府がこの取極を公開したのは戦後五〇年以上経過した一九九七年二月二四日で、今でも関連文書のほとんどが「部分公開」となっています。

スイス政府は、自国政府や自国民・自国法人の賠償請求を実現するために、日本の敗戦直後から断固たる行動を取りました。『対日平和条約』（毎日新聞社編、毎日新聞社、一九五二年五月二五日）によると、次のように書かれています。

スイス　スイス・日本間支払決済のための臨時措置を設定する連邦議会令（一九四五・八・一四、一九四五・一一・三〇）によって、スイスからの（い）日本、（ろ）在外日本人、（は）外国に本店を有する法人で日本と利害関係を有するものに対する支払いはスイス国立銀行に払い込むことを要する。また、スイスにある日本資産申告の義務を定める連邦議会令（一九四五・一〇・二、一九四五・一一・三〇）によって、日本財産は申告を要した。（同書、二三五〜二三六頁、原注6）

こうして、旧在スイス日本公使館の資金・施設だけでなく、正金横浜銀行等のスイスにある民間の日本資産・資金も、言わば賠償金取り立てのために差し押さえられたのでした。

戦後日本はGHQの占領下にあって外交権を喪失していましたから、独自にスイスと交渉して賠償問題を解決することは不可能でしたが、スイス政府の強硬な抗議と賠償要求に遇って、当時の日本政府も、賠償問題の一部でしたが、賠償金を支払う旨約束せざるをえなかったようです。幣原喜重郎内閣の外務大臣だった吉田茂が、スイス側より申し越しのあったスイス人四名（トライヒラー、ワインガルトナー、及びエルネス・ロイエンバーガーとマルクス・ロイエンバーガー兄弟）に対する逮捕・拷問事件について、取り調べにより不法行為が明白なものについては関係者を処罰し、また申し出の通りの金額、即ちトライヒラー氏に一〇万フラン、ワインガルトナー氏に五万フラン、エルネス・ロイエンバーガー氏に八万フラン、マルクス・ロイエンバーガー氏に五万フランを、「右ニ該當スル圓貨若クハ聯合國側ノ承諾ヲ得ルコトヲ條件トシ瑞西貨（スイス貨幣——引用者）ニテ夫々支拂フノ用意アルコトヲ茲ニ閣下ニ對シ通報スル」という返簡（一九四五年一一月二日付）を、スイス特命全権公使カミーユ・ゴルジェ氏宛てにおこなっています。

　スイス政府が自国民や自国法人の被害に対して、このように強い行動をとることができたのはどうしてでしょうか。スイスは永世中立国であり、日本と戦争をしたわけでもありません。自国民の保護や補償のために、連合国に気遣う必要がなかったことはもちろんでしょう。中立国のスイスにとって、戦時被害者の問題を解決するための最大の武器は、国際法だったはずです。それでは、スイス政府・国民にとって、賠償問題解決のために根拠になったのは何という名称の国際法だったのでしょうか？　それを明確に述べた記録や文献を見つけることができず、前回の手紙から随分間が空きましたが、私は二回目の手紙を二〇一九年四月下旬にスイス外務省に出しました。私の無理なお願いに対して、スイス外務当局は丁寧な返信といくつかの文書を、同年七月上旬に送ってくださいました。先に紹介した吉田茂の返簡は、私の別な質問（「日本政府は、スイス政府とスイスの被害者に、正式に謝罪しましたか？」）に対する返事に添付して送って下さったファイルの一つです。

スイス外務省によると、スイス側の諸請求のための法的根拠となった国際法は、特に二つあり、一つは「陸戦の法規慣例に関する条約」（一九〇七年一〇月一八日ハーグで署名、一九一〇年一月二六日発効。日本については、一九一二年一月一二日効力発生。以下、「ハーグ陸戦条約」と略称）、もう一つは「居住通商条約」（一九一一年六月二一日ベルンで署名、同年一二月二十日批准書交換発効。英語では、the bilateral Treaty of Establishment）といわれる条約で、どちらも明治時代の終わりごろに結ばれ、現在も通用しています。

まず、ハーグ陸戦条約の第一条及び第三条は次のようになっています。

※旧字体は常用漢字に、片仮名は平仮名に換え、句読点と読みの濁点を補っています。また出典は、国立国会図書館デジタルコレクションの「官報、一九一二年一月一三日」です。

第一条　締約国は其の陸軍軍隊に対し、本条約に対し本条約に付属する陸戦の法規慣例に関する規則に適合する訓令を発すべし。

第三条　前記規則の条項に違反したる交戦当事者は、損害あるときは之が賠償の責を負うべきものとす。交戦当事者は其の軍隊を組成する人員の一切の行為に付責任を負ふ。

そして、この条約に付属する「陸戦ノ法規慣例ニ関スル規則」には、例えば「占領地の人民を強制して他方の交戦者の軍または其の防御手段に付情報を供与せしむることを得ず」（第四四条）、「家の名誉及権利、個人の生命、私有財産並宗教の信仰及其の遵行は之を尊重すべし」（第四六条）、「略奪は之を厳禁す」（第四七条）、「現品徴発、及課役は占領軍の需要の為にするに非ざれば、市区町村又は住民に対して要求することを得ず。（略――引用者）現品の供給に対しては成るべく即金にて支払ひ、然らざれば領収証を以て之を証明すべく且成るべく速に之に対する金額の支払を履行すべきものとす」（第五二条）など、市民を保護するさまざまな規定があります。

次に、「居住通商条約」についてスイス外務省が特に重視したのは、その第一条と第一五条です。『大正輯録条約彙纂』（外務省編、有斐閣、一九二〇年一月一九日）から、その条文を抜粋します。

※上記と同様、旧字体は常用漢字に、片仮名は平仮名に換え、句読点と読みの濁点を補っています。また、省略記号（略）はすべて引用者によるものです。

第一条　両締約国の一方の国民は他の一方の版図内に到り、旅行し又は居住することに付完

全なる自由を有すべく、而して其の国法に遵由するに於ては

一　旅行及住居に関する一切の事項に付、総て内国民と同一の基礎に置かるべく

二　商業及製造業を営み、又自ら行ふと代理人に由るとを問わず、且単独にて行ふと外国人或は内国民との組合を以てするとに論なく、適法なる商業の目的物たる各種商品を取扱ふことに付、内国民と同等の権利を享有すべく

三　産業、生業、職業並修学及学術上の研究を行ふことに関する一切の事項に付最恵国の国民と同一の基礎に置かるべく

四　内国民と同一の方法を以て必要なる家屋、製造所、倉庫、店舗（略）を所有又は賃借して之を使用し又住居、商業、産業其の他適法なる目的の為土地を賃借することを得べく

五　国法に依り別国の国民が取得占有することを得又は得ることあるべき各種の動産又は不動産を相互の条件に依り且当該国法の定むる条件及制限に従い取得占有の完全なる自由を享有し（略）又其の財産の売得金及総て其の動産を国法に従いて輸出するの自由を享有し外国人たるの故を以て之が為同様の場合に内国民の負担する所と異なるか或は之より多額なる税金を課せらるることなかるべく

六　身体及財産に対して常に完全なる保護及保障を享受し其の請求及権利ヲ主張擁護せんが為自由且容易に各裁判所に申出づることを得且内国民と均しく右裁判所に於て自己を代理せしめんが為代言人及弁護士を選択使用するの完全なる自由を享有し其の他司法に関する一切の事項に付一般に内国民と同一の権利及特権を有すべく

七　（略――引用者注：課金・租税・手数料又は貢納徴収に関する内国及最恵国待遇）

八　（略――引用者注：保税庫入の便益・奨励金及戻税に関する内国待遇）

第一五条　本条約の規定は各締約国の領有し又は管治する一切の地域に之を適用すべし

また第一三条には、それぞれの国の会社及び組合は他方の国で原告または被告として裁判所に出頭できる、と定めています。

以上の二つの条約によって、日本の占領地を含め日本政府や日本軍の支配下にあった一切の地域でスイス人やスイスの法人が日本軍や日本の官憲の不法行為によってもたらされた被害に対し、日本政府には国家責任が生じたことになりますし、スイス政府には外交保護権を使って自国民（自国法人も含む）の被害の賠償請求ができることになります。また、居住通商条約によりスイス人（スイスの法人も含む）とその遺族が日本の裁判所に個人補償や賠償を求めて訴えることもできます。

最終的には、スイス政府が外交保護権を使ってこの問題の解決をはかりました。その結果結ばれたのが、スイスと日本との和解協定です（前述したようにこの協定の正式名称は長いので、以下「スイス請求権取極」と略称します）。このスイス請求権取極の第一条〜第三条の重要なところを、次に抜粋します。

第一条

1　日本国政府は、日本国の機関が第二次世界大戦の間にスイスの自然人又は法人若しくは商社に与えた財産上の損害であって、その責任が国際法上日本国政府に属するものの賠償請求を満足させるため、総額千二百二十五万スイス・フランの金額を、この取極の効力発生の日の後一箇月以内にスイス連邦政府に支払うものとする。

第二条

日本国政府は、スイス連邦政府が、千九百四十九年に二百四十二万六千六百九十三スイス・フランの金額をスイスにある日本の資産の中から控除したこと及び第二次世界大戦の間に日本国の機関によってスイスの自然人の身体に加えられた損害であってスイス連邦政府が国際法に基いて日本国政府に責任があることを主張しているものの賠償のためにその金額を分配したことについて、執った措置に同意する。

第三条

1　スイス連邦政府は、第一条に掲げる金額の同条に定める損害を受けた者に対する分配に当るものとする。日本国又はスイス連邦は、利害関係者との関係においては、その分配について法律上の責任を負わない。

2　スイス連邦政府は、第一条に掲げる金額の支払いが行われたときは、同条及び第二条に掲げる損害の賠償に関する同政府のすべての要求を放棄するものとし、また、スイス国民は、その事項に関する要求をいかなる方法によっても日本国政府に提起することができないものとする。

次の節で述べるように、新たに「人道に対する罪」のようなことがスイス人に対して行われていたことが判明したような場合を除いて、このスイス請求権取極により第二次世界大戦中の賠償問題は解決をみたのでした。

スイスの居住通商条約と同様の規定を持つスウェーデン（「通商航海条約」）、デンマーク（「通商航海条約」）、スペイン（「修好交通条約」）の三カ国は、やはり第二次世界大戦ではスイスと同様中立を保った国であり、第二次世界大戦中も日本と結んだ条約は今まで途切れることなく効力を持ち続けています。このように共通した国際法上の根拠があったために、日本政府はこれらの国々による賠償請求を拒むことができなかったのです。

そしてこの四カ国の中で、法人若しくは商社に対する損害への賠償金だけでなく、個人の身体に対する損害への賠償（補償）金を日本政府が支払ったこと、及びその賠償金を個人や法人・商社に分配することに日本政府が同意したことを、明確な文言で、そして最も早く取り極めたのがスイス請求権取極でした。こうして、賠償請求権を互いに放棄するという日本政府に都合のよいサ条約の体制は、スイス請求権取極が発効した一九五五年三月二六日をもって、実際には終わっていたといえるのです。もちろん、日本の最高裁の主張する「サ条約の枠組み」も。この取極が、官報に載らなかっただけでなく四十年余り国民に公開されず、前述のように今も関連する文書のほとんどが部分公開になっているのは、恐らく、サ条約を批准した国々からスイスと同様の様々な賠償請求がなされるのを避けたかったからではないでしょうか。しかし、そのような日本の姿勢は、連合国との約束であるサ条約二六条に背く行為であり、さらには日本政府や日本軍、日本企業によって被害を受け、戦後も苦難の人生を送らざるを得なかった犠牲者のことを考えれば、「われらは、全世界の国民が、ひとしく恐怖と欠乏から免れ、平和のうちに生存する権利を有することを確認する」という日本国憲法前文の趣旨にも背くことになるのではないでしょうか。

ちなみに、サ条約二六条がこの条約の当事国に与える最恵国待遇について、米国の法律学者でヴァンダービルト大学のハロルド・G・マイヤー教授は次のように述べています。

国際法の標準的慣行の下で合衆国はかかる最恵国条項の適用を受けるためにいかなる公式の行動をとることも必要とされない。さらにかかる最恵国条項が第三国に何時認められたかも、合衆国がその利益を請求する権利には影響しない。合衆国は最恵国待遇権を主張するために日本と追加的な交渉をはじめる必要もない。

（荒井信一「アメリカにおける強制労働集団訴訟――請求権放棄とサンフランシスコ平和条約」『季刊　戦争責任研究』第二九号、日本の戦争責任資料センター、二〇〇〇年九月一五日、三八頁）

同論文の著者荒井信一氏によれば「マイヤーは最恵国条項が無条件かつ自動的に適用されることを主張する。」（同誌、四三頁）、つまり最恵国待遇権というものは、米国であろうと他の国であろうと、サ条約の当事国であれば何時でも無条件で行使できるのであって、日本国はその要求に応じなければいけないということです。

例えば「従軍慰安婦」の問題についていえば、少なくともサ条約を批准したオランダ、フィリピン、ベトナム、カンボジアがサ条約の当事国として日本に対し権利を行使できることになります。

もっとも、サ条約の最恵国条項が適用できるのはサ条約の当事国だけなので、この問題を解決するには限界があります。問題の本質を考えて、日本が自発的にサ条約以外の国民についても補償し、誠意ある謝罪をすることが日本に対して国際社会から求められていますし、それに応じることこそ国際社会で本当の隣人を作り、「名誉ある地位」（日本国憲法前文）をしめる近道になることでしょう。

四、「従軍慰安婦」・「徴用工」問題と人道に対する罪

現在日本と韓国は、「従軍慰安婦」・「徴用工」問題をめぐる両国政府の対応を契機に、マスコミと民衆を巻き込んだ大きな対立の中にあります。この対立は、結局のところ法的には第一にかつての日本帝国による韓国併合をどう評価するか、また戦後結ばれた日韓基本条約及び日韓請求権協定をどう評価するかという点に帰着します。問題を複雑にしているのは、加害者側である日本の政府・マスコミ・多くの民衆の、「従軍慰安婦」・「徴用工」を象徴とする韓国の苦難の歴史や犠牲者の痛みに対する無理解です。例えば、自分の家族・親族や親しい友人など

が同じ目に遇ったら、決して許せないと思うでしょう。この問題は、相手に対する気遣い・配慮こそが、まず必要です。

法的な第一の点については、韓国併合について第三章で述べ、日韓基本条約と日韓請求権協定についてはこの章の第四節以下で述べます。この節では第二の点について主として人道に対する罪という観点から述べていきます。

人道に対する罪とは、第二次世界大戦の主要な戦争犯罪者を裁いたニュルンベルク国際軍事裁判及び極東国際軍事裁判の両国際軍事裁判憲章（国際軍事裁判所条例とよばれることもある）で初めて規定され、ニュルンベルク国際軍事裁判に続いておこなわれたニュルンベルク継続裁判の判決によって確立した大規模かつ組織的な犯罪です。人道に対する罪とは、具体的にはどのような犯罪か、この章の第一節で紹介した田村光彰氏の著作（『ナチス・ドイツの強制労働と戦後処理』社会評論社、二〇〇六年六月三〇日）から紹介します。

※引用文中の省略記号（略）は、すべて引用者によるものです。

国際軍事裁判憲章第六上c項は、「人道に対する罪」を以下のように規定している。

「人道に対する罪とは、すなわち、戦前または戦時中にすべての民間人に対して行われた殺害、絶滅、奴隷化、強制連行、あるいはその他の非人道的行為であり、また本裁判所の管轄に属する犯罪の遂行として、あるいはこの犯罪に関連して行われた政治、人種的または宗教的理由に基づく迫害行為である。しかもなされた行為が犯行地の国内法に抵触すると否とに関わらない」。

ところで「狭義（通例）の戦争犯罪」（同b項）をみてみよう。

「戦争犯罪とは、すなわち、戦争の法規または慣例の違反である。この違反には以下の行為が含まれる。占領地に所属する、または占領地内の民間人の殺害、虐待、または奴隷労働のため、あるいはその他の目的のための強制連行であり、戦時捕虜あるいは海上における人の殺害や虐待であり、人質の殺害、公的なあるいは私的な財産の略奪、都市町村の故意の破壊であり、または軍事的必要性では正当化されないあらゆる種類の荒廃である。しかし、これらだけに限定されない」。

（略）この両者は、「行為の実体としてそれほど異なるものではない」。違いは、第一に、狭義の戦争犯罪では、「都市町村の恣意的破壊」や「戦争捕虜への虐待」などの表現に見られるように、国際条約であるハーグ諸条約（一九〇七年）やジュネーブ諸条約（一九二九年）が問われている。ただし、その裁判による処罰は、戦闘が続行している間だけであり、戦後は禁じられていた。（略）

第二に、犯罪の行われた場所と対象が狭義の戦争犯罪では、敵国に属するか、あるいはその敵国内の民間人（一般住民）であるのに対して、「人道に対する罪」では、対象はすべての民間人、すなわち敵国であろうと自国であろうと、すべての一般住民であり、戦時中のみならず、戦前の行為も含めて処罰対象になる。（略）戦争以前の、すなわち、戦争とは直接関係のない、平時の弾圧、抑圧も「人道に対する罪」の射程範囲である。この点に、狭義の戦争犯罪が対象とする行為の範囲の〈狭さ〉の欠陥を補う意義があった。しかも、犯行は、行われた地の国内法上、たとえ合法ではあっても、国際法上の犯罪となることをも定めた。元来、この「人道に対する罪」に該当する行為の多くは、第二次大戦以前にも「『私人または下級の公務員が実行した場合には』各国の国内法にもとづいて処罰されうるという国際慣行が認められていた」。新しい点は、指導者個人をも国際法上、その責任を免れさせないとした点である。（同書、一〇八〜一一〇頁）

＊「ジュネーブ諸条約（一九二九年）」には、陸戦における傷病者の救護のための条約（軍隊の衛生機関及び赤十字社による救護についても規定。後に改正され、四九年のジュネーブ第一条約となる）と、陸戦で捕虜となり戦闘外におかれた者に人道的待遇を与えるよう定めた「俘虜ノ待遇ニ関スル条約」（後に改正され、四九年のジュネーブ第三条約となる）とがあります。

ニュルンベルク継続裁判では、巨大企業の幹部、医師、高級官僚、国防軍最高司令部の将軍たちなどが「人道に対する罪」で裁かれましたが、犯罪の重大さに比して刑罰は余りにも軽いものでした。

例えば田村光彰氏によれば、アウシュヴィッツ（ポーランド南部の都市で、現地名はオシヴィエンティム）の強制収容所のユダヤ人やロシア人等の奴隷労働を利用して大儲けをするとともに、さらに効率的に儲けるため現地自社工場内に私営強制収容所をつくり、使い物にならなくなった人間を殺す毒ガスも供給していた世界最大の総合化学企業＝ＩＧ‐ファルベン社は、「人道に対する罪」と狭義の戦争犯罪で有罪の判決を受けましたが、ユダヤ人を中心に少なくとも一五〇〇万人の人間をナチスと協力して殺害したにもかかわらず、経営陣の中で最高の有期刑は八年で、それも判決後三年も経過しないうちに、在独アメリカ高等弁務官によって全員に恩赦が与えられました。

＊ＩＧ‐ファルベンとアウシュヴィッツとの関係、及びＩＧ‐ファルベン裁判については、それぞれ田村光彰氏の前掲書一一九〜一二三頁、及び一二六〜一三一頁に詳しく書かれています。

このように、ニュルンベルク継続裁判も冷戦の本格化とともに不十分な結果に終わりましたが、両国際軍事裁判憲章で「人道に対する罪」が定式化され、この継続裁判の判決により「人道に対する罪」が第二次世界大戦中の強制労働に実際に適用されたことは、戦後の国際法に大きな発展をもたらし、「従軍慰安婦」や徴用工など重大な人権侵害の被害者救済のための大きな拠り所となりました。

それではまず、(1)「従軍慰安婦」や徴用工問題に対する法的責任を、日本政府は否定しているが、その根拠は何か？　それに対して、(2)国際人道・人権法の専門家はどう反駁しているか、九七年の国連人権委員会の差別防止・少数者保護小委員会で採択されたゲイ・J・マクドゥーガル特別報告者（アラバマ州出身のアフリカ系米国女性で国際公法の専門家。ワシントンの民間人権団体「国際人権法グループ」の所長となり、人種差別、性差別など多様な人権問題で民間の法律専門家としても活動している）の「武力紛争下の組織的強かん、性奴隷制および奴隷制類似慣行に関する最終報告書」(『戦時・性暴力をどう裁くか　国連マクドゥーガル報告全訳』VAWW-NETジャパン編訳、凱風社、二〇〇一年三月一五日。以下、『戦時性暴力をどう裁くか』と略称）から、長くなりますがマクドゥーガル特別報告者の最終報告を紹介します。

※引用文中の省略記号（略）は、すべて引用者によるものです

(1)「従軍慰安婦」や徴用工問題に対する法的責任を、日本政府が否定する根拠

(a)国際刑法の最近の研究成果は、過去の行為に遡及できない。

(b)奴隷制犯罪の規定は、「慰安所」によってできた仕組みにそのまま適用できるものではないし、また奴隷制の禁止は、第二次大戦の時点で適用可能な国際法の下での慣習的規範としてはいずれにしても確立してはいなかった。

(c)武力紛争下の強かん行為は、一九〇七年のハーグ第四条約付属書〔以下ハーグ陸戦規則〕によっても、あるいは第二次大戦時に有効であった国際法の適用可能な慣習的規範によっても、禁止されていなかった。

(d)いずれにせよ、戦争法規は敵国民に対して日本軍が行った行為にのみ適用されるものであり、したがって、日本国民や第二次大戦当時日本に併合されていた朝鮮半島の住民には適用されない。

◆6

法的損害賠償請求に関して日本政府は、「慰安婦」個々人には損害賠償の法的権利がないと主張する。あったとしても日本政府は、これらの女性の損害賠償権はすべて、日本とアジア各国との間で戦後締結された平和条約や国際協定によって、完全に解決ずみであると主張する。最後に日本政府は、第二次大戦中の強かん所に関する訴訟は民事であれ刑事であれ、すべて時効が適用されるため、現在では提訴期限が過ぎていて審理不可能であるとする。

（同書『戦時性暴力をどう裁くか』、八六～八七頁）

(2)国際人道・人権法の専門家による、日本政府の主張に対する反駁

◆1

一九三二年から第二次大戦終結までに、日本政府と日本帝国軍隊は、二〇万人を越える女性たちを強制的に、アジア全域にわたる強かん所で性奴隷にした。これらの強かん所はふつう、「慰安所」と呼ばれた。許し難い婉曲表現である。これらの「慰安婦」たちの多くは朝鮮半島出身者であったが、中国、インドネシア、フィリピンなど、日本占領下の他のアジア諸国から連行された者も多かった。（略）

◆12

「慰安所」が創設されるよりはるか以前から、奴隷制と奴隷売買が禁止されていたことに疑いの余地はない。第二次大戦後のニュルンベルク裁判は、「国際法に明記されていなくとも、たとえば……民間人を絶滅させたり、奴隷化したり、国外追放することは国際法違反であるという暗黙の了解がそれ以前からあったこと……を明文化してはっきりと示した」にすぎない。実際、特に奴隷制の禁止は明らかにユス・コーゲンス（強行規範）だと位置づけられている。し

たがって、第二次大戦中の日本軍のアジア全域にわたる女性の奴隷化は、当時でさえも、奴隷制を禁止する国際慣習法の明確な違反だったのである。

◆14

一九三二年以前に、奴隷売買・奴隷制、あるいは奴隷制関連の慣行を禁止する国際協定が少なくとも二〇締結されていた。（略）国際連盟で討議された一九二六年の奴隷条約は、奴隷制を「ある人に対して、所有権に伴う機能の一部または全部が行使される場合の、その人の地位または状況」と定義した。したがってこの条約は明らかに、遅くとも第二次大戦期には国際慣習法になっていた。

◆15

（略）一九〇七年のハーグ陸戦条約では、民間人と交戦者を奴隷化と強制労働から守るという重要な保護規定を組み入れた。そのうえ、（略）ニュルンベルク裁判でナチス戦犯に対して下された判決で、ハーグ陸戦条約は明らかに第二次大戦までに国際慣習法として確立していたと確認された。

◆16

（略）ニュルンベルク裁判憲章では、「占領地で、民間人を虐待すること、また奴隷労働その他の目的で移送すること」が戦争犯罪に含められた。東京裁判憲章第五条（c）にも同様の文言が含まれていた。（略）日本人戦犯とドイツ人戦犯の訴追は、既存の規範に基づいて成文化された国際法に基づいていたのであり、その規範には第二次大戦以前の段階で奴隷制を明白に禁止したものが含まれるという点である。

◆17

奴隷制と同様、強かんと強制売春は戦争法規で禁止されていた。戦争法規に関する初期の権威ある法典で複数のものが戦時中の強かんや女性に対する虐待を禁じているが、その中でも最も傑出しているのは一八六三年のリーバー法である。（略）ハーグ陸戦規則はさらに、「家族の名誉と権利は……尊重されなくてはならない」とした。既存の国際慣習法を成文化し、ハーグ陸戦条約にあった「家族の名誉」という用語を取り入れたとされるジュネーブ第四条約第二七条は、まさに、「女性は、女性の名誉に対する侵害、特に強かん、強制売春その他のあらゆる形態のわいせつな攻撃から、特別に保護されるべきである」と明記している。強かんの性格づけが暴力犯罪としてではなく、女性の名誉に対する犯罪とされている点は残念であり、不正確だが、少なくとも「慰安所」が初めて設置された時期には、強かんと強制売春が国際慣習法で禁止されていたことは、十分に立証されている。

（◆1は同書八四頁、◆12〜17は同書九一〜九四頁）

＊同書一二八頁の原注ではリーバー法について次のように説明されている。「アメリカ南北戦争時にリンカーンの要請でフランシス・リーバーが作成した陸戦訓令（一八六三年）。後の諸国の軍の訓令や国際会議における戦争法の成文化作業に大きな影響を与えた。」

◆19

ニュルンベルク裁判憲章第六条（c）と、第二次大戦後にドイツ国内で戦犯訴追のために追加制定された管理委員会規則第一〇号には、人道に対する罪として「民間人に対して行われた奴隷化、強制移送その他の非人道的行為」があげられている。同様に、東京裁判憲章でも人道に対する罪として、奴隷化、奴隷労働のための強制移送などの非人道的行為があげられた。

◆20

奴隷化に加えて、広範囲または組織的に行われた強かん行為もまた、人道に対する罪の伝統的枠組みのなかで「非人道的行為」の一般禁止に含まれている。これはニュルンベルク裁判憲章と東京裁判憲章にも規定されている。人道に対する罪を規定した最新の法規定によると、国内武力紛争であれ国際武力紛争であれ、紛争の過程で行われた民間人への強かんは、「その他

の非人道的行為」という規定のなかに含めるのではなく、明確に人道に対する罪の一つにあげられるようになった。（略）

◆22

（略）「慰安婦」はみな、自己決定権をほとんど奪われた体験があり、したがって日本軍は彼女たちを所有物のように取り扱ったわけで、これらの犯罪行為に対しては実行者とその上官の双方に奴隷化の刑事責任があることは明らかである。繰り返すと、「慰安婦」の場合、日本政府の調査でも明らかになったように、女性たちは人格的自由を奪われ、軍隊や軍需物資とともに戦地との間を移動させられ、性的自己決定権を否定され、将兵を性感染症から守るために性と生殖に関わる健康《リプロダクティブ・ヘルス》を所有物のように取り扱う、おぞましい規則に従わされたのであった。

◆24

これらの犯罪が大規模に犯されたことと、これら強かん所の設置・監督・運営に日本軍が明らかに関与していたことから、「慰安所」に関与したり責任ある立場にあった日本軍将校に対しては、同様に、人道に対する罪の責任を問うことができる。その結果日本政府自身もまた、日本軍の行動によって苦しんだ女性や少女たちの受けた損害に対し、損害賠償を行う義務を負い続けている。

◆30

（略）加害行為が行われた当時の朝鮮半島の領土的地位のいかんにかかわらずこれらの行為は、戦時にも平時にも適用されうる国際慣習法上の犯罪であり、また人道に対する罪であって、国際慣習法の重大な違反として明らかに禁止されていた。その結果これらの規範は、占領地の民間人であったか否かにかかわらず、朝鮮人女性にも等しく適用されるのである。

（◆19〜30は同書九四〜一〇〇頁）

◆36

（略）条約法に関するウイーン条約は、第五三条でユス・コーゲンスを「いかなる逸脱も許されない規範で、かつまた同一内容の一般国際法の規範の変更でしか修正できない規範であって、国際社会が全体として受け入れ、かつ認めた」規範と定義している。これに加えて、ユス・コーゲンス規範は国際社会全体の普遍的利益に対する不法行為と認められている。このため、たとえ加害者または被害者にその国の国籍がなくても、また、犯罪の実行がその国の領土でなされたものでなくとも、普遍的裁判管轄権に基づけば、すべての国家がユス・コーゲンス違反を適正に訴追できる。

◆37

こうしたユス・コーゲンス規範の違反に相当する国際犯罪には、奴隷制、人道に対する罪、ジェノサイド、一定の戦争犯罪、拷問が含まれる。これらの犯罪は、国際慣習法に基づいて普遍的裁判管轄権の対象とされ、大半の場合、訴追に対する時効はない。（略）

（◆36〜37は同書四三頁）

◆53

日本政府は損害賠償の支払い義務を否定する一方、損害賠償請求権はいずれにしても、戦争終結直後に日本が諸外国と締結した平和条約の結果、解決または放棄されているとも反論している。大韓民国の国民については、一九六五年の日韓協定第二条を根拠とする。（略）

◆54

他の諸国の国民についても同様に、日本政府は、（略）サンフランシスコで連合国との間で署名した講和条約によって、すべての請求権が解決されていると論じる。（略）

◆55

日本政府はこれらの条約を利用して責任を免れようとするが、それは以下の二点で成立しない。

(a) 条約が作成された時点では、強かん収容所(「慰安所」のこと——引用者)の設置への日本の直接関与は隠されていた。これは、日本が責任を免れるためにこれらの条約を援用しようとしても、正義衡平法の原則から許されないという、決定的な事実である。

(b) 条約を素直に解釈すれば、人権法や人道法に反する日本軍の行為で被害をこうむった個人にその損害賠償請求の道を閉ざすものではないことがわかる。

◆57

(略) 戦後処理協定その他の諸条約は「慰安婦」に関連したあらゆる請求権を解決するものであったと日本政府が主張することは、不当である。条約調印国は、当時日本軍と直接関連すると見られていなかった行為に対する請求権まで含まれていると予見できたはずはない。

◆58

一九六五年の「財産及び請求権に関する問題の解決並びに経済協力に関する日本国と大韓民国との間の協定」の内容を見れば、この条約が当事国間の「財産」請求問題の解決を目指した経済条約であり、人権問題に取り組んだものでないことは明白である。(略)

◆59

しかも、韓国側代表が日本に示した請求の概要を見れば明かなとおり、「この交渉には、戦犯罪や人道に対する罪、奴隷条約の違反、さらに国際法の慣習的規範の違反に起因する個人の権利侵害に関する部分はまったくない」。（略）したがって、日韓協定第二条で使用される「請求権」という用語は、このような事実が背景にあるという文脈で解釈しなくてはならない。日韓協定に基づいて日本が提供した資金は、明かに経済復興を目的としたものであり、日本による残虐行為の個々の被害者に対する損害賠償のためのものではない。一九六五年の協定はすべてを包含するような文言を使用してはいるが、このように、二国間の経済請求権と財産請求権のみを消滅させたものであり、個人の請求権は消滅していない。したがって日本は、自己の行為に現在でも責任を負わねばならない。

（◆53〜59は同書一一二〜一一五頁）

◆68

本報告書の結論として、日本政府は、人権法と人道法に対する重大な違反に責任があり、その違反は全体として人道に対する罪に相当する。（略）

◆69

（略）日本政府は、第二次大戦中に「慰安所」で残虐行為を受けた二〇万人以上の女性や少女たちへの強かんと奴隷化について謝罪し、償うために、一定程度の措置はとってきた。しかし、日本政府が法的責任とそのような責任から生じるさまざまな結果を全面的にそして無条件に受け入れないかぎり、どんな対応もまったく不十分である。今や日本政府には、救済のために不可欠な決定的措置をとる責任がある。

（◆68〜69は同書一二八〜一二九頁）

＊マクドゥーガル報告書では「慰安婦」とされた女性たちの数を二〇万人としていますが、この問題に長年かかわってこられた吉見義明氏は「どんなに少なく見積もっても五万以上になる」（吉見義明『日本軍「慰安婦」制度とは何か』、岩波ブックレット七八四、二〇一五年五月二五日、五五頁）と述べています。どちらが事実に近い表現なのか私には分かりませんが、戦争犯罪人を出さないために、敗戦直後陸海軍省を含めた中央省庁および全国の役所でさまざまな文書が焼却されたことは、先に奥野誠亮氏に関連して触れました（このこととは別に、朝鮮総督府地下室にあった資料も焼却されています）。政府ぐるみで証拠隠滅まではかったのですから、日本政府はさらに罪を重ねたことになります。

人道に対する罪について、日本で最も早く理論的に解明し、これを積極的に支持した国際法学者は、東京大学法学部教授の横田喜三郎ではないでしょうか。横田教授は極東国際軍事裁判が開かれているさなかに『戦争犯罪論』（有斐閣、初版四七年七月二〇日・増補版四九年二月二八日発行）を発表しました。横田教授は「平和に対する罪」（筆者注：侵略戦争を計画、準備、開始、実行した罪、またはこれらの行為を達成するための計画や謀議に参加した罪のこと）や

「人道に対する罪」について、国家の機関の地位にあった者が責任を負うのは当然と述べていますが、これに対する罪刑法定主義（筆者注：あらかじめ法律で犯罪だと定められていなければ、ある行為が犯罪として罰せられることはない、という原則）からの反論についても、この罪を認めることに実質的に十分な理由があると解説しています。残念なのは、日本では極東国際軍事裁判の批判ばかりが取り上げられ、人道に対する罪について、学校教育で習うこともなく、一般の人もほとんど知らないのではないでしょうか。かく言う私も、人道に対する罪について知ったのは近年のことです。

ドイツとフランスでは、高校生用の共通教科書が作られ、ドイツ自身が犯した残虐行為はもちろん、フランス・ビシー政権下でドイツに協力してユダヤ人を強制収容所に送ったり、殺害したりした事実なども取り上げ、これらの行為を計画・実行したフランス人が人道に対する罪で一九八〇年代〜一九九〇年代にフランスで裁かれたこと、そしてようやく一九九五年になって、シラク大統領がこのような犯罪に対するフランス国の罪と責任を認めたことなど、独仏両国にとっての負の歴史を、青年たちは学んでいるのです。

＊右記の共通教科書は『ドイツ・フランス共通歴史教科書〔現代史〕――一九四五年以後のヨーロッパと世界』（ペーター・ガイス、ギョーム・ル・カントレック監修、明石書店、二〇〇八年一二月一五日）で

す。

教育に限らず、日本社会における「人道に対する罪」についての軽視・無理解もまた、「従軍慰安婦」や「徴用工」をめぐる日本と韓国の対立をより深刻にしているのではないでしょうか。

現在の日本で、この問題を国際人権法の観点から分析し、日本政府の対応や司法の姿勢を批判し続けている専門家として、私は阿部浩己教授（神奈川大学法科大学院教授、国際人権学会理事長）の名をあげたいと思います。以下、阿部教授の見解をいくつか紹介します。

※引用文中の省略記号（略）は、すべて引用者によるものです。

第2次大戦期、日本は多数の朝鮮人に強制連行・労働を強いた。強制連行のなかには、文字どおり拉致といってもおかしくないケースが含まれていたが、当時は戦時であり、また朝鮮が日本の一部だったことから、北朝鮮による平時の越境拉致事件と同列に扱ってはならないという主張が見られる。（略）

しかし、戦時であったとしても、また、仮に日本の領域内で行われたことであったとしても、強制連行・労働は、日本が守るべき国際義務に違反していたことには変わりない。真っ先に問われるのは、ＩＬＯ（国際労働機関）強制労働条約違反である。条約上、処罰の脅威の下に労務を強要する場合には厳しい条件が課せられ、そうした強制労働は鉱山における地下労働や女性・子どもに対しては禁止されていた。日本が手がけた朝鮮人の強制連行・労働はこうした条約上の義務に幾重にも違反するものであり、したがって被害者に償いをすべき法的責任を発生させているはずのものである。

さらにそれは、「戦前又は戦時中為されたる……奴隷的虐使、追放その他の非人道的行為」（極東国際軍事裁判所条例5条）として、人道に対する罪に該当するものでもある。こうした国際違法行為に時効はない。日韓請求権協定や平壌宣言に見られる国家間の経済協力方式による金銭の支払いによっては代替されえないものであることも確認しておく必要がある。人道に対する罪に相当するような重大な国際義務の違反は、国家間の談合的協定によって解決することはありえないのである。

（『国際人権の地平』阿部浩己、現代人文社、二〇〇三年二月一〇日。二七一頁）

「慰安婦」訴訟では、請求自体はサンフランシスコ平和条約をはじめとする手続き的理由をもって退けられながらも、原告の主張した事実をほぼそのまま認定する裁判例が相次いだ。最高裁は行政府とともに訴えの封じ込めをはかり、その試みは外形的には奏功したといえるのかもしれないが、仔細に見ると、日本の裁判所（下級審）は、適用されるべき実態法規を明確にするとともに、性奴隷制に係わるきわめて大がかりな事実認定を行ってもいる。（略）特に強姦行為によって蹂躙された被害者原告らの性的自己決定権も、原告らの主張の「家ノ名誉」にあえて含めて解釈する必要もないほどに、その保護の対象とされるべきものであって、本件加害行為は、国際法的に是認される余地はおよそなかった（東京地判・二〇〇三・四・二四）。控訴人ら従軍慰安婦の設置、運営については、当時の日本を拘束した強制労働条約、醜業条約に対する違反がある場合もあったと認められる。その国際法上の責任を解除するために、日本国は慰安所経営者、それに加担していたと見られる旧日本軍関係者に対する処罰や是正措置、被害者救済措置等の処分をする義務が生ずる。（東京高判・二〇〇四・三・二六）

（略）

下級審によるこうした国際法違反の評価じたいは上級審によって覆されることはなかった。（略）現に最高裁ですら、被害者は裁判上訴求する権能を失ったと言明するにとどまり、日本の責任が解除されていると断じているのではない。上に再述した諸判示が指摘するように、日本は国際違反行為を実行し、その状態が引き続いているというのが日本の裁判所の共通の認識といってよい。

国際違反行為は国家責任を発生させる。責任は解除されなくてはならない。（略）

国連国際法委員会の手による国家責任条文案が示すように、現状回復が困難な場合には違法行為により生じた損害に対する金銭賠償が支払われなければならない。金銭賠償は、経済的に算定可能な場合を含み、かつ、利子、および適切ならば得べかりし利益を含むものとされる。また、満足とは、とくに、国際法違反行為国によって引き起こされた非有形的損害・精神的損害に対する謝罪であり、陳謝や名誉的損害賠償などの形態をとる。こうした諸措置をとることによって国際義務違反が治癒され、国家責任が解除されることになる。そしてこうした措置こそ、国際機関によって繰り返し勧告されてきたものにほかならない。

（『国際法の人権化』阿部浩己、信山社、二〇一四年七月三一日。二三二～二三四頁）

阿部教授は前掲『国際法の人権化』の中で、「慰安婦」問題について女性差別撤廃委員会をはじめ社会権規約委員会、拷問禁止委員会、自由権規約委員会など人権諸条約機関が日本に是正勧告をしてきていると述べ、例として二〇〇八年の自由権規約委員会の第五回定期報告審査後に公にした次の総括所見を紹介しています。

委員会は、締約国が未だに、第二次世界大戦中における「慰安婦」制度に対してその責任を認めていないこと、被害者に提供されている補償金が公的資金よりむしろ個人的な寄付によって提供されていること及びそれが不十分であること、（略）及び一部の政治家及び報道機関が被害者の中傷あるいは出来事の否定を続けていることに懸念をもって留意する。

締約国は、被害者の大半が受け入れ可能で彼らの尊厳を回復させるような方法で「慰安婦」制度に対する法的な責任を認め、率直に謝罪し、生存している加害者を訴追し、全ての生存者の権利として適切な補償を行うために迅速で効果的な立法府及び行政府による措置をとり、本問題について生徒及び一般の公衆を教育し、及び被害者を中傷しあるいは出来事を否定するあらゆる企てに反論し及び制裁措置をとるべきである。（同書、二一九〜二二〇頁）

＊『慰安婦問題の解決のためにアジア女性基金の経験から』（和田春樹、平凡社、二〇一五年五月一五日）によれば、民間の募金による「女性のためのアジア平和国民基金」から、首相の「おわびの手紙」とともに九六年より元「慰安婦」一人当たり二〇〇万円を下回らない「償い金」が支給されました。しかし、韓国では約七割の被害者が受け取らず、中国・朝鮮・インドネシアその他全く支給できなかったところもあり、「償い金」事業は二〇〇二年九月三〇日に終了しました。

ところが二〇一五年末、突然「慰安婦」問題をめぐる「日韓合意」が発表され、新聞でもテレビでも大きく報道されました。しかしそれは、韓国の元「慰安婦」や人権諸条約機関が求めてきたものとは、大きく異なっていました。「慰安婦」問題は日韓請求権協定で「完全かつ最終的に解決された」ので「法的責任はない」という日本政府の立場は変わらないまま、「元『慰安婦』支援のため、韓国政府が設立する財団に日本政府から一〇億円を拠出し、両国政府が協力して全ての元『慰安婦』の方々の心の傷を癒す措置を講じる」、「安倍首相は韓国の朴槿恵《パククネ》大統領に対して元『慰安婦』の方々に電話でおわびと反省の気持ちを表明する」、また「ソウルの日本大使館前にある「慰安婦」を象徴する少女像（筆者注：制作者による作品名は〈平和の少女像〉です）については韓国政府が民間団体と協議して適切に解決できるよう努力する」、そして、「日本政府が表明した措置の実施を前提に、この問題が最終的かつ不可逆的に解決されることを確認する」というものです。私はこの「最終的かつ不可逆的に解決される」という傲慢な言葉に、一体〈加害者である日本国が被害者である韓国〉（同様の表現を、宮沢喜一首相は韓国の国会で慰安婦問題について使って謝罪しています。前掲、和田春樹『慰安婦問題の解決のために』、八一頁）との「合意」でどうして使えるのだろうとあきれると同時に、被害者抜きに安易な解決をはかる両政府の姿勢が残念でなりませんでした。

　結局、韓国でこの「合意」に対する被害者と市民の猛反発が起こり、また元「慰安婦」や元徴用工の人々の思いを中心にこの問題の解決に当たろうとする文在寅《ムンジェイン》政権と、これに反発する日本政府との溝が深まる中、一八年一〇月末には韓国大法院が元徴用工の訴えを認め、新日鉄住金に賠償を命じるなど、日本政府が「全て終わった」として封じ込めてきた問題が再燃し、日韓「慰安婦合意」も事実上消えてしまいました。

日本政府もマスコミも、相変わらず「国と国との約束を守れ」といい続けていますが国際社会の普遍的な約束である国際人道・人権法の発展と、それに基づきながら日本に是正勧告を繰り返す国連人権諸機関の動きに目を閉ざしたままでいいわけがありません。国際社会において、「慰安婦」や「徴用工」の問題で孤立していくのは日本ではないでしょうか。

例えば日韓「慰安婦合意」の後も、二〇一六年三月に国連女性差別撤廃委員会、一八年九月に国連人種差別撤廃委員会、一八年一一月には国連強制失踪委員会が、それぞれに「慰安婦合意」を含めて日本政府に対して厳しい所見を付し、是正勧告をおこなっています。これらの人権諸委員会の日本政府に対する是正勧告を含む「最終所見」は、アクティブ・ミュージアム「女たちの戦争と平和資料館」や国際人権NGO・反差別国際運動（IMADR）のホーム・ページで紹介されています。日本政府がいうような「(慰安婦合意は）国際社会で高く評価されている」などの見方は、国際社会の認識でないのは明かです。

ここで、日本政府が最大の依り所とする日韓請求権協定の条文解釈の方法について、近年国際法上重要な進展があったことについて紹介します。

先述の阿部浩己教授は、自著『国際人権を生きる』（信山社、二〇一四年七月三一日）の中の論説「(8)日韓請求権協定・解釈の理路」において、国際司法裁判所の（注1）ナミビア事件に対する勧告的意見を取り上げ、次のように述べています。

※引用文中の省略記号（略）は、すべて引用者によるものです。

日韓請求権協定は、条約である以上、当然ながら国際法の規則にしたがってこれを解釈しなくてはならない。一九六九年の条約法に関するウィーン条約第三一、三二条にその規則が明文で示されている（この部分は、一九六九年に先だって古くから通用していた慣習法規則を成文化したものなので、日韓請求権協定の解釈に際しても適用がある）。

（略）韓国憲法裁判所判決が伝えるように、二〇〇五年八月二六日に韓国外交通商部が日韓会談関連外交文書を全面公開した際に、「民官共同委員会」は、「〔日韓請求権協定〕はサンフランシスコ条約第四条を根拠とし、韓・日両国間の財政的・民事的債権・債務関係を解決するためのものであって、日本軍慰安婦問題のような日本政府等、国家権力が関与した「反人道的不法行為」に対しては、この事件の協定によって解決したとは見られない」という立場を表明しているが、こうした外交文書の全面公開は、日韓請求権協定を適正に解釈するために欠かせぬ前提条件にほかならない（憲法裁決定については、李洋秀・岡田卓巳訳を引用）。

条約を解釈する際には、「当事国の間の関係において適用される国際法の関連規則」も文脈と並んで考慮されることになっている（条約法条約第三一条三項(c)）。「関連規則との関係でとりわけ重要なのは、条約は解釈の時点で有効な国際法体系に基づいて解釈されなければならないという原則である。「国際文書は、解釈の時点で有効な法体系全体の枠内で解釈され適用されなければならない」（一九七一年（注2）ナミビア事件勧告的意見）。日韓請求権権協定は一九六五年に締結されたものではあるものの、この協定の解釈はいま行われるものなので、いまの時点で日韓両国にとって有効な国際法規則に照らして解釈されなければならないわけである。

言い換えれば、日韓請求権協定の解釈は、現在の国際社会の規範的潮流を踏まえたものでもなくてはならない。とりわけ、日韓両国が拘束されている国連憲章、国際人権諸条約、さらに国際人道法諸条約との両立性が十分に考慮される必要がある。実際のところ、日本軍性奴隷制問題は一九九〇年代半ば以降、多くの国際人権機関、ＮＧＯ、各国議会等で懸念の対象になり、解決のために必要な手立てをとるよう勧告が発せられてきている。この問題は（略）女性に対する暴力の撤廃、人種・植民地主義の撲滅という、長く強引に封じ込められてきた声・価値を適切に汲み入れようとする現下の規範的潮流に十分な考慮を払って処せられるべきものである。少なくとも、「当事国の間の関係で適用される国際法の関連規則」として、人権諸条約等の配慮は条約解釈の作法として欠かしてはならない。

その意味で改めて想起しておくべきは、国際人権法の中核的条約というべき「市民的及び政治的権利に関する国際規約」（自由権規約）の履行を監視する自由権規約委員会が、二〇〇八年に日本の第五回定期報告審査の際に発した次の勧告である。

日韓請求権協定により日本軍性奴隷制問題が（韓国人との関係では）解決済みであるという解釈をとる場合には、自由権規約委員会のこうした認識と正面から衝突し、日本による規約違反の状態が増幅されてしまうことにもなりかねない。そうした事態を生じさせるような協定解釈は本来的に採用されてはならない。

（同書『国際人権を生きる』、三三一～三三四頁）

阿部教授のこの指摘は「慰安婦」問題に関するものですが、「慰安婦」と同様に重大な人権侵害であり、人道に対する罪に該当する「徴用工」の問題にもあてはまります。つまり「徴用工」問題においても、法的には、「日韓請求権協定の解釈は、現在の国際社会の規範的潮流を踏まえたものでもなくてはならない。とりわけ、日韓両国が拘束されている国連憲章、国際人権諸条約、さらに国際人道法諸条約との両立性が十分に考慮される必要がある」ということです。そして、そのような「国際社会の規範的潮流」を踏まえて繰り返し出されてきたものが、国連人権諸条約機関の日本に対する是正勧告なのです。日本政府及び社会で指導的立場にある人やマスコミは、この「国際社会の規範的潮流」の背景には、長い間声を上げられなかった多くの被害者（亡くなった犠牲者を含む）と遺族の要望と闘いがあること、またこのような人々を支援してきた学者、弁護士、NGOその他多くの人々の共感と支援があることを理解する必要があります。少なくとも、日韓請求権協定の文言（第二条「完全かつ最終的に解決された」）や「慰安婦合意」の文言（「最終的かつ不可逆的に解決する」）を繰り返して、相手にのみ問題の責任を転嫁するような姿勢はもう止めるべきでしょう。

この節の終わりに、「慰安婦合意」後最初に出された国連女性差別撤廃委員会の最終所見（二〇一六年三月七日発表）の中から、日本政府に関する是正勧告の部分を、先にふれたアクティブ・ミュージアム「女たちの戦争と平和資料館」のホームページから抜粋しておきます。

(a) 指導的立場にある者や公職者が責任について中傷的な発言を止めることを確保すること。こうした発言は被害者に再びトラウマを与える。

(b) 被害者の救済への権利を認知し、それに基づいて損害賠償、満足、公式謝罪とリハビリのサービスを含む十全で効果的な救済と被害回復措置を提供すること。

(c) 二〇一五年一二月に大韓民国と共同発表した二国間合意を実施するにあたって、締約国は、被害者／サバイバーの見解を十分に考慮し、彼女たちの真実と正義と被害回復に対する権利を保障すること。

(d) 教科書に「慰安婦」問題を十分に取り入れ、生徒・学生や一般の人々に歴史の事実が客観的に提供されることを確保すること。そして、

(e) 次回の定期報告において、被害者／サバイバーの真実・正義・被害回復の権利を保障するために行われた協議や他の施策の状況について情報を提供すること。

(https://wam-peace.org/ianfu- mondai/un)

＊「サバイバー」は、存命者のこと。「満足」とは、国家が国際法に違反する行為をおこなった場合、それによって損害をうけた国家や私人は違法行為国（加害国）に救済措置を求める権利があり、反対に違法行為国は賠償義務を負います。賠償には原状回復・金銭賠償・（精神的）満足という三つの形があり、満足には公式の陳謝・被害者の追悼や敬意の表明・再発防止措置をとるなどがあります。

（注2）ナミビア事件勧告的意見…ナミビア（一九六八年に国連総会がこの呼称を宣言するまでは「南西アフリカと呼ばれた）は、一八八四年以来ドイツの植民地でしたが、一九一四年に南アフリカ連邦（現南アフリカ共和国。以下、南アと略称）軍が侵攻してドイツ軍は降伏、一九二〇年に南アによる国際連盟の委任統治領になりました。南アはドイツ植民地時代にナミビアでつくられた黒人居住区（リザーブ）をさらに拡大し、黒人の土地を奪いながら白人が考えた民族集団に黒人を細分化してそれぞれの「ホームランド」に移住させるか都

市周辺の居住区に押し込めて支配・搾取し、ドイツと同様のアパルトヘイト政策を進めていきました。

一方、第二次世界大戦後国際連盟が消滅して連盟からの委任状も失効したとして、南アは国際連合による信託統治への移行を拒否し、黒人の抵抗を弾圧しながら不法統治を続けてナミビアの併合を図りました。これに対して国連総会は、委任統治の監督機関として一九六六年に、国際連盟が与えた委任状が終了したこと、以後ナミビアは国連の直接責任下に入ることを決定し、国連安全保障理事会もこれを追認してナミビアに対する施政を止めるよう要請しました。しかし南アはこれらを無視し、南ア軍もナミビアに居座り続けました。

そこで安全保障理事会は一九七〇年に、委任状終了後の南アの行為はすべて不法で無効であると宣言し、国際司法裁判所に、南アがナミビアに居座り続けることが諸国にどんな法的効果もたらすかについて勧告的意見を求めました。『判例国際法〔第二版〕』（東信堂・二〇〇六年五月二〇日所収、桐山孝信・「66ナミビア事件」。二七四～二七八頁）によると、南アの主張を認めず、次の勧告的意見を出しています。

①南アがナミビアに引き続き存在することは違法であるので、南アは直ちにナミビアの施政を撤廃し、同地域の占拠を終了させる義務を負っている。（11対2）

②国連加盟国は、南アのナミビアにおける存在の違法性とナミビアに代わってまたはナミビアに関してなされた行為の無効性を承認し、またかかる存在と施政の合法性の承認を意味しまたかかる存在と施政に支持または援助を与えるいかなる行為、とくに南ア政府とのいかなる取引もやめる義務を負っている（11対4）

③国連加盟国でない国家は、ナミビアに関して国連がとった行動に、上記②の範囲内で、援助を与える義務を負っている（11対4）（para.133）

そして、このような結論を出す際に、国際連盟が与えた委任状及び委任制度をどのように現在解釈すべきなのか国際司法裁判所は次のように述べました。

> 委任統治制度の最も重要な二つの原則は、無併合の原則と委任統治下の人民の福祉と発展が「文明ノ神聖ナル使命」を構成するとの原則である。「文明ノ神聖ナル使命」とは、住民の利益のために行使されるという意味を含み、この目的のために国際連盟は監督の国際的権能を引き受けた。（略——引用者）（paras.42～45）
>
> 一九一九年の制度を考察するにあたっては、裁判所は国連憲章、植民地独立付与宣言（総会決議一五一四（XV）、引用者注：一九六〇年一二月一四日）など、この半世紀に生じた変化を考慮しなければならず、その解釈はその後の発展によって影響されずにはおれない。さらに国際文書は、その解釈の時に広く行き渡っている法制度全体の枠内で解釈され、適用されなければならない。本件が関係する分野において、過去五〇年間に重要な発展がもたらされた。これらの発展は、「神聖ナル使命」の最終目的が、関係人民の自決と独立であったことについてほとんど疑いを残していない。他の分野と同じくこの分野において、一群の国際法規が非常に豊富になっており、裁判所がその任務を忠実に果たそうとするならば、これを無視することはできない（paras.53～54）

この国際司法裁判所の判断に、先の引用文（『国際人権を生きる』二三二～二三四頁）で阿部浩己教授が指摘した、「女性に対する暴力の撤廃、人種・植民地主義の撲滅という、長く強引に封じ込められてきた声・価値を適切に汲み入れようとする現下の規範的潮流」の重要な例を見ることができます。

五、「従軍慰安婦」・「徴用工」に対する日本の国家（国際）責任は何時成立したか？

国際法では、国家による国際違法行為は国家（国際）責任を生じ、違法行為国は被害者に対して賠償義務を負うことになります（前述、阿部浩己教授の指摘〔『国際法の人権化』より引用〕を参照）。この賠償義務を果たさない限り、違法行為国の国家（国際）責任は解除されることはないのです。

また、『国際法〔全訂版〕』（島田征夫著、弘文堂、二〇〇八年四月一五日）によれば、「国家責任が成立するためには、国家機関が国際違法行為を行うだけでなく、そのさい国家に故意・過失がなければならない」（過失責任主義）とされ、「この見解は一九世紀を通じて通説となった」と述べられています。そして二〇世紀に入り、国家の違法行為については故意・過失の有無に関係なく国家責任を生じる（客観責任主義）、という考え方が見られるようになったということです（同書、一三八頁）。ちなみに、国際司法裁判所の判例で頻繁に取り上げられる「国家責任に関する条文草案」（国連総会の下部機関「国連国際法委員会」で、二〇〇一年に採択）は、後者の考え方にたっています。

過失責任主義をとるか、客観責任主義をとるかについてはさておき、「慰安婦」・「徴用工」

に対する賠償問題を考える上で、日本の国家（国際）責任がいつ生じ、いつ解除されたのかという問題を避けることはできません。

そこで、国連人権所機関の中で初めて、「従軍慰安婦」問題に対し日本政府が「強制労働条約」（筆者注：正式名称は「強制労働に関する条約」です。日本は一九三二年一一月二一日に批准しています）に明確に違反していると認定した、国際労働機関（英語の略称はＩＬＯです）の専門家委員会報告書について考えたいと思います。

この報告書に関する詳細な研究をおこなったのは服部あさ子氏で、その論文は『国際公共政策研究』（第三巻二号、大阪大学大学院国際公共政策研究科、一九九九年三月、二九一～三〇九頁。服部あさ子「ＩＬＯ強制労働条約と『従軍慰安婦』問題―ＩＬＯ条約適用専門家委員会による条約違反認定の法的妥当性―」）において発表されました。強制労働条約はあらゆる強制労働を規律する国際条約ですから、この報告書及び服部氏の当該論文（以下、「服部論文」と略称します）で主張されていることは、被害者が女性か男性かにかかわらず、「徴用工」問題にも当てはまります。そういう意味で、この報告書と服部氏の研究は非常に重要です。

それでは、服部論文の概略を見ていきましょう。

※引用文中の省略記号（略）は、すべて引用者によるものです。

ＩＬＯの専門家委員会（正式名称は「条約及び勧告の適用に関する専門家委員会」）が日本政府に対する条約義務違反の認定〔つまり、日本が国際法でいう「国家（国際）違法行為」をおこなったと認定したということです〕に至る発端は、一九九五年に大阪府特別英語教員組合がＩＬＯ事務局に、日本による強制労働条約違反を指摘する意見を寄せたことに始まります。そして「96年度の審査で、専門家委員会は、①強制労働条約は第二次世界大戦前及び大戦中を通して日本に対して効力を有しており、②「慰安婦」制度は同条約の違反に該当する性的奴隷制として性格付けられるべきである、と認定した。97年度の審査では、問題となる条項の詳細な解釈を示した上で、条約違反を再確認している。」（前掲誌、二九三頁）

九七年度の審査で、委員会は「まず、『慰安婦』制度が強制労働条約で禁止される行為に該当することを確認し」（同誌二九三頁）、次に条約に定めのある緊急事態における適用除外規定二条二項(d)（引用者注：戦争の場合又は火災・洪水・飢饉・地震・猛烈な流行病、もしくは家畜流行病などの災厄、及び住民の全部又は一部の生存又は幸福を危機に陥らせる一切の事情において強要される労務）について、「列挙されている緊急事態の性格から、『突然の予期しえぬ事態であって、即応の対応を要するもの』を意味する」とし、また「適用除外条項の制限的な性格を考慮して、権限ある機関が強制労働を動員しうるのは、純粋な緊急事態の場合に限定され、さらに（略）強制労働の範囲及び目的は、事態の緊急性が真に必要とするものに限定される、という。以上の解釈に照らして、委員会は、『慰安婦』制度は本条項で認められる適用除外の対象とはならないと判断した。」（以上、適用除外規定と関連する二つの「」内は、前掲誌二九四頁）

そこで服部氏は、日本が強制労働条約に違反したとみなす専門家委員会の解釈が妥当かどうか検証するため、「①強制労働条約の本来の目的・性格から、『慰安婦』問題に対して同条約を適用することが妥当かどうか（略）②『慰安婦』制度が、強制労働条約の適用対象となる労働に該当するかどうか、また、『慰安婦』に対して加えられた強制が、条約上問題となる強制に該当するかどうか（略）③最後に、戦時において同条約が日本に対して拘束力を有していたかどうか、また『慰安婦』制度が緊急事態における適用除外の対象となるかどうか」（同誌・同頁）、専門家委員会の解釈を中心に、法的分析をおこないました。服部氏の研究の優れている点は、条約の採択に至るまでの強制労働委員会における討議や、ＩＬＯ加盟国に義務づけられていた年次報告書の第二次大戦中の提出状況などの国家実行等も踏まえて、「慰安婦」制度がおこなわれた時代における強制労働条約の条文解釈及び「慰安婦」問題への条約適用の可否を論じていることです。このような法的分析を通じて、服部氏は結論として次のように述べています。

（一九九八年四月の山口地裁下関支部判決によると）「軍慰安所」の主たる目的は、占領地における兵士の強姦防止、兵士の性病感染防止、及び防諜にあったという。このような「慰安婦」制度を必要とした事態、すなわち強姦の多発・性病の蔓延・情報の漏洩などは、戦争に伴う不可避な事態というよりは、日本軍が構成員の行動を十分かつ適切に管理できなかったために、自ら引き起こした事態であるといえる。このような事態への対応は、戦争遂行のために必要不可欠な措置であったとはいえまい。また、当時の社会状況下において、「慰安」行為に携わった場合、そのような行為への動員までが、緊急事態における適用除外を正当化する根拠に合致するとは考えられない。さらに、緊急事態への労働の動員であることで、詐欺などの不正な手段による動員までが正当化されるとも考えられない。

以上より、前節で検討した解釈〔引用者注：「慰安婦」問題に関連して強制労働条約の適用除外となる強制労働とは、第二条二項(d)「緊急ノ場合即チ戦争ノ場合（略）ニ於テ強要セラル労務」であるが、それは「突然の予期しえぬ事態であって、即時の対応を要するもの」を意味し、さらに「動員される強制労働の範囲及び目的は、事態の緊急性が真に必要とするものに限定される」（以上、専門家委員会の解釈）〕を適用した場合にも、「慰安婦」制度は、強制労働条約の適用除外の対象とはみなしえない。適用除外の対象とならない以上、（略）同制度は強制労働条約に違反する措置であるといえる。

　以上検討してきたように、今回示された専門家委員会の条約解釈は、条約採択時においてもとりえた解釈であり、強制労働条約に関して日本の義務違反が成立しているという判断も妥当なものであるということができる。

（前掲『国際公共政策研究』第三巻二号、三〇八〜三〇九頁）


　服部あさ子氏のこの研究論文によって、日本軍「慰安婦」制度が強制労働条約に関して日本の国家義務違反が成立するということが明かになりました。

　ここで、服部論文について、二点補足しておきます。

　第一に、強制労働のために徴集できるのは「推定年齢十八歳以上四十五歳以下の強壮なる成年男子のみ」（強制労働条約第一一条一項）と定められているので、この点からも日本軍性奴隷制は明らかに条約に違反しています。

　第二に、服部論文では「『慰安婦』の徴集・管理は法に基づいてなされたものではなく」と書かれており、原注に〔「『談話』当時の官房長官河野洋平氏に聞く」朝日新聞一九九七年三月三一日朝刊一六面参照〕とあります。朝日新聞のこの記事では、「政府が公表した文書資料の中に強制連行を示すものはありましたか」という記者の質問に、河野洋平氏が『政府が法律的な手続きをふみ、暴力的に女性を駆り出した』と書かれた文書があったかといえば、そういうことを示す文書はなかった。けれども、本人の意思に反して集められたことを強制性と定義すれば、強制性のケースが数多くあったことは明らかだった。」と答えたことを、服部氏は根拠にしているようです。しかし、服部氏の論文より後のことですが、少なくとも「軍慰安所」の設置・管理については「法に基づいてなされた」ことが、永井和《ながいかず》京都大学大学院教授が新たに発見した陸軍の内部規則によって明らかになりました。

この陸軍の内部規則とは、一九三七年九月二九日に陸軍大臣（杉山元）が定めた陸達四八号「野戦酒保規定改正」のことで、公布当時官報にも掲載され、『陸軍成規類聚 昭和版』（緑陰書房、二〇一〇年六月一〇日）や『法令全書』（昭和一二年第貳巻、内閣印刷局）にも載っています。内部規則を改正した目的について、永井教授の著書『日中戦争から世界戦争へ』（思文閣、二〇〇七年二月十日）から、少し紹介しましょう。

※引用文中の省略記号（略）は、すべて引用者によるものです。

〔この規則は〕その名の示すとおり、戦時の野戦軍に設けられる酒保（物品販売所）についての規定である。添付の改定理由書によると、日露戦争中の一九〇四年に制定された「野戦酒保規定」が日中戦争の開始とともに、古くなったので改正したとある。改正案の第一条は次のとおりであった。

第一条 野戦酒保ハ戦地又は事変地ニ於テ軍人軍属其ノ他特ニ従軍ヲ許サレタル者ニ必要ナル日用品飲食物等ヲ正確且廉価ニ販売スルヲ目的トス

野戦酒保ニ於テ前項ノ外必要ナル慰安施設ヲナスコトヲ得

ここに「慰安施設」とあるのに注目してほしい。改正規定では、酒保において物品を販売することができるだけでなく、軍人軍属のための「慰安施設」を付属させることが可能になったのである。改正以前の「野戦酒保規定」第一条は、以下のとおり。

第一条 野戦酒保ハ戦地ニ於テ軍人軍属ニ必要ノ需要ヲ正確且廉価ニ販売スルヲ目的トス

ここには「慰安施設」についての但書きはない。第一条改正の目的が、酒保に「慰安施設」を設けるのを可能にする点にあったことは、改正規定に添付されている「野戦酒保規定改正説明書」（経理局衣糧課作成で昭和一二年九月一五日の日付をもつ）で、次のように説明されていることから明らかである。

改正理由

野戦酒保利用ノ範囲ヲ明瞭ナラシメ且対陣間ニ於テ慰安施設ヲ為シ得ルコトモ認ムルヲ要スルニ依ル

このことから、一九三七年一二月すなわち中支那方面軍が皇軍慰安所の設置を命じた時点での、陸軍組織編成上の軍慰安所の法的位置付けは、この「改正野戦酒保規定」第一条に定めるところの「野戦酒保に付設された慰安施設」であったと、ほぼ断定してよいだろう。酒保そのものは、明治時代から軍隊内務書にも規定されているれっきとした軍の組織である。野戦酒保も同様で、陸軍大臣の定めた軍制令規によって規定されている軍の後方施設である。（略）当然それに付設された「慰安施設」も軍の後方施設の一種にほかならない。もちろん、改定された野戦酒保規定では「慰安施設」とあるだけで、軍慰安所のような性欲処理施設を直接には指していない。しかし、中国の占領地で軍慰安所が軍の手によって設置された時、当事者はそれを「慰安施設」と見なしていたことが、別の資料から確認できる。（略）上海派遣軍司令部の参謀達の日記がそれである。（同書、四三一～四三三頁）

こうして、永井教授は上海派遣軍が設置した「南京慰安所」が、「改正野戦酒保規定」第一条の「慰安施設」であることを明らかにし、さらに「改正野戦酒保規定」の他の条文の分析を通じて、「日中戦争期につくられた陸軍慰安所は、軍の後方施設である野戦酒保の付属慰安施設であったのであり、その経営を受託された慰安業者は軍の請負商人であり、可能であれば、軍属の身分を与えられ、制服の着用が許されたのであった。」（同書、四三五～四三六頁）と結論付けています。

また永井教授は、別のところで次のようにも述べています。

一九三七年の遅くとも一二月中旬には華中の日本陸軍を統括する中支那方面軍司令部レベルで陸軍慰安所の設置が決定され、その指揮下にある各軍（上海派遣軍と第十軍）に慰安所開設の指示がだされ（略）それを受けて各軍で慰安所の開設準備がすすめられるとともに、関係諸機関が協議して任務分担を定め、総領事館は慰安所の営業主（陸軍の委託により慰安所の経営を行なう業者）および慰安所で働く女性の身元確認と営業許可、渡航上の便宜取り計らい、（略）内地・植民地の関係諸機関との交渉にあたり、憲兵隊は営業主と従業女性の前線慰安所までの輸送手配と保護取り締まり、さらに特務機関が慰安所用施設の確保・提供と慰安所の衛生検査および従業女性の性病検査の手配をすることが定められたのであった。（同書、四〇六～四〇七頁）

つまり、陸軍大臣の「改正野戦酒保規定」を法的根拠として、軍部だけでなく関係諸機関（内務省や外務省、朝鮮総督府など）との連携の下に、「慰安婦」制度は実施されていったのです。このように考えれば、「慰安婦」制度におけるＩＬＯ強制労働条約に対する幾重もの義務違反（国際違法行為）による日本の国家（国際）責任の成立は、「改正野戦酒保規定」が定められた一九三七年九月であったといえます。

永井教授によれば、日本の内務省警保局は「婦人及児童の売買禁止に関する国際条約」（筆者注：満二一歳未満の女性に売春させることを禁じた条約。日本は年齢条項を留保して一九二五年に批准したが、帝国議会で公娼制度は一種の奴隷制で人道にもとるなどと非難されたことを受け、一九二七年に年齢留保を撤廃しました）の趣旨に悖ることがないよう募集活動の適性化と統制を実施するよう指令を出したそうですが、朝鮮人慰安婦の多くが少女だったことを考えれば、こういう点でも国家責任は免れないでしょう。

また日中戦争から太平洋戦争にかけておこなわれた日本軍による数々の残虐非道行為（村の焼き打ち、捕虜の拷問・試し切り・組織的殺害、生体解剖、捕らえた村民を標的にした初年兵による刺突訓練、ありふれた強姦・略奪等）や戦時国際法を悉く守る必要はなしとの陸軍中央の決定（一九三七年八月五日、陸支密第一九八号支那駐屯軍参謀長宛陸軍次官通牒）等を考えれば、そもそも当時の日本軍に組織として国際条約というものを守ろうという意識があったのか、極めて疑問です。かつて、国家責任が成立するには、国家機関が国際違法行為をおこなうだけでなく、その際に故意または過失がなければならない、という考えがあったそうですが、百歩譲ってそのような考えから見ても、日本軍のような国際法を軽んずる国家機関の場合、少なくとも重過失もしくは未必の故意があったと考えざるを得ません。

次に、「徴用工」・朝鮮人女子勤労挺身隊問題に関して、ＩＬＯ強制労働条約の義務違反に対する日本の国家（国際）責任はいつ成立したのか、見ていきましょう。

この問題は、国家総動員法（一九三八年四月一日公布）にもとづく閣議決定・労務動員計画や勅令によって実施されたところが、日本軍「慰安婦」制度と異なります（もちろん、強制労働条約に何重にも違反しているところは同じです）。

「徴用工」の場合、松村高夫慶応義塾大学名誉教授の著書（『日本帝国主義下の植民地労働史』、不二出版、二〇〇七年五月二五日）によれば、「朝鮮人に対しては、一九三九年の『大量集団募集』政策から四二年の『官斡旋』政策へと国家権力は一層強力に発現され、大量の朝鮮人が日本に強制連行された。さらに、四四年から日本帝国主義が崩壊の度を速め、『全般的労働義務制』（引用者注：国家と巨大企業が結びついて日本と植民地の全ての労働力を義務下におき、収奪するしくみ）も実質的基盤が失われていくなかで、朝鮮人への『徴用』の適用による連行、さらに、中国人の本格的連行（引用者注：四四年三月から。松村教授によれば、試験的連行はその前年より始められています）というように、植民地労働者の強制連行のために国家権力が最高度に発現され、やがて日本帝国主義の崩壊を迎えた」（同書、九二～九三頁）のです。このようにして、一九三九年～四五年の間に朝鮮より七二万四七八七名（同書、九〇頁）もの労働力が徴発され、苛酷な強制労働に服させられたのでした。

以上から、「徴用工」問題における強制労働条約の義務違反＝日本の国家（国際）責任の成立は、遅くとも一九三九年だといえるでしょう。

また朝鮮人女子勤労挺身隊については、一九四四年八月二三日公布の女子挺身勤労令で国民登録をした技能者に限定していましたが、朝鮮では同勤労令に「特に志願をした者は挺身隊員とすることを妨げない」と規定していることを根拠に、朝鮮総督府の協力の下「志願」という形を偽装して女子勤労挺身隊員が募集され（特に国民学校の教員や校長による志願の説得・強要が多かったといわれています。お金も稼げる上に、軽作業で勉強もでき、生け花を習える、上級学校への進学も容易になるなどの事実と異なる甘言により一二～一五歳の少女たちが多く「志願」しています）、長時間の強制労働に従事させられた後、敗戦前後に無報酬で朝鮮へ帰されています〔以上の記述は、日本弁護士連合会がＨＰで公開している「不二越女子勤労挺身隊ソウル中央地方法院判決」に拠っています〕。

もちろん、彼女たちの募集、労働は強制労働条約違反であり、遅くとも一九四四年には日本の国家（国際）責任は成立していたといえます。

当然日本には、これらの被害者・遺族に対する賠償義務を負っているわけで、国連人権諸機関から何度是正勧告を受けても、全て解決済みという態度をとり続けているのはなぜなのか、理解に苦しみます。また、そのような日本政府の態度が、もはや年齢的にも精神的にも限界をむかえた元「慰安婦」及び「徴用工」・女子挺身隊員の方々による韓国裁判所への提訴、判決を招いたのです。韓国政府に責任を転嫁するのではなく、日本政府こそ国際法上の責任を自覚し、被害者の立場に寄り添った問題の解決に取り組むべきです。

六、日韓請求権協定で「すべて解決済み」は、成り立つか？

日本政府は、「従軍慰安婦」や「徴用工」に関する請求権の問題は、日韓請求権協定（一九六五年一二月一八日発効。日韓請求権・経済協力協定ともいいます。正式名称は「財産及び請求権に関する問題の解決並びに経済協力に関する日本国と大韓民国との間の協定」です）により、すべて解決済みだと主張しています。

結論からいうと、この日本政府の解釈は誤りであり、この点についての日韓合意は成り立ちません。したがって、韓国政府は外交保護権を使って個人及びその遺族に対する慰謝料など被害に対する十分な補償を求めることができ、日本政府の国家（国際）責任〔「強制労働条約」の義務違反、あるいは「人道に対する罪」による国家違法行為等〕はそれを実行するまで解除されません。以下、その理由を述べます。

日韓請求権協定（以下、単に請求権協定と略称します）が、かつての重大な人権侵害問題を本当に解決したといえるのか、この点について考えるには請求権協定の交渉過程を調べなければなりません。

この条約のように、日韓双方に解釈に違いがある場合〔例えば、安倍首相が請求権協定の順守を求めたのに対して、李洛淵《イラクヨン》韓国首相は「韓日基本条約と請求権協定を尊重し、順守してきた。今後もそうするだろう」（毎日新聞・一九年一〇月二五日付）と述べました〕は、なおさらです。

二〇〇五年以降、日韓双方で大量の日韓会談関連文書が公開され、朝鮮史の専門家によって請求権協定の交渉過程が明らかにされてきました（日本では、まだ全面公開に至ってはいませんが）。太田修同志社大学教授はその一人で、その研究成果は『日韓交渉——請求権問題の研究』（太田修、クレイン、二〇一五年六月二日。以下、『日韓交渉』と略称します）として発表されました。また、一九年九月には新たな知見も加えて『歴史認識から見た戦後日韓関係「一九六五年体制」の歴史学・政治学的考察』(吉澤文寿編著、社会評論社、二〇一九年九月一五日。以下、『歴史認識から見た戦後日韓関係』と略称します)の中で、「日韓財産請求権『経済協力』方式の再考」という論文(以下、「『経済協力』方式の再考」と略称します)を発表されました。太田教授のこの二つの論文は、日韓請求権協定の従来の解釈に大きな変更をもたらすものです。太田教授のこれらの論文に依りながら、日韓請求権協定が何を解決し、何を解決しなかったかを、法的な視点から見ていきましょう。

まず、日韓請求権協定で、日本政府の主張の根拠になっているところは次の通りです。

※この協定の出典は、外務省のホームページです。また引用文中の省略記号(略)は、すべて引用者によるものです。

第一条

1 日本国は、大韓民国に対し、

(a) 現在において千八十億円(略)に換算される三億合衆国ドル(略)に等しい円の価値を有する日本国の生産物及び日本人の役務を、(略)無償で供与するものとする。

(略)

(b)現在において七百二十億円（略）に換算される二億合衆国ドル（略）に等しい円の額に達するまでの長期低利の貸し付けで、大韓民国政府が要請し、かつ、（略）締結される取り極めに従って決定される事業の実施に必要な日本国の生産物及び日本人の役務の大韓民国による調達に充てられるものをこの協定の効力発生の日から十年の期間にわたって行うものとする。（略）

前記の供与及び貸し付けは、大韓民国の経済の発展に役立つものでなければならない。

（略）

第二条

1両締約国は、及びその国民（法人を含む。）の財産、権利及び利益並びに両締約国及びその国民の間の請求権に関する問題が、千九百五十一年九月八日にサンフランシスコ市で署名された日本国との平和条約第四条(a)に規定されたものを含めて、完全かつ最終的に解決されたこととなることを確認する。（略）

3（略）この協定の署名の日に（略）一方の締約国及びその国民の他方の締約国及びその国民に対するすべての請求権であって同日以前に生じた事由に基づくものに関しては、いかなる主張もすることができないものとする。

次に、この協定と同時に署名された、合意議事録は以下のように記しています。

2協定第二条に関し、

（略）

(g)同条1にいう完全かつ最終的に解決されたこととなる両国及びその国民の財産、権利及び利益並びに両国及びその国民の間の請求権に関する問題には、日韓会談において韓国側から提出された「韓国の対日請求要綱」（いわゆる八項目）の範囲に属するすべての請求が含まれており、したがって、同対日請求要綱に関しては、いかなる主張もなし得ないこととなることが確認された。

「徴用工・女子挺身隊」や「慰安婦」問題をめぐる日韓両国の対立は、この請求権協定と合意議事録にある「請求権」の解釈をめぐる対立でもあるわけです。

韓国政府はこれをそのまま受け入れ、国内法を定めて、「徴用工」の被害者の遺族や徴兵されて死亡した者など、一部の限られた人々ではあるが補償をおこないました。しかし、日韓会談の交渉記録を全面開示した二〇〇五年以後（盧武鉉《ノムヒョン》政権以後）、「徴用工」被害者の補償問題は解決済みだが、「慰安婦」・サハリン在住韓国人・原爆被害者は日韓請求権協定の対象に含まれていないと、解釈を変更しました。そして、一二年の（注4）韓国大法院の判決以後、恐らく文在寅《ムンジェイン》政権になって韓国側の解釈が変わった可能性があります。

日本政府も二〇〇〇年以後は、個人請求権は残っているという解釈を変更して「すべて解決済み」というようになりました。

ところで、日本政府が請求権協定を結んだ当時、右の第一条と第二条に関してどのような法的解釈（締結当時の解釈が本来の解釈です。一般に解釈権は国家にありますが、後で自由に変えてもいいという訳ではありません）をしていたのでしょうか。太田教授の前掲『日韓交渉』から引用します。

外務省条約局条約課の谷田正躬は次のように説明している。「第一条に規定する五億ドルの資金供与は、韓国側のいうような韓国の対日請求に対する債務支払の性格をもつもの」ではなく、「あくまで経済協力として行われるもの」である。「このような供与と平行して、財産および請求権に対する問題については、完全かつ最終的に解決されたものとして、両国間になんらの問題も存在しなくなることを確認したのが第二条の趣旨」である。従って「経済協力の増進と請求権問題の解決」の間には「なんら法律的な相互関係は存在しない」のである。（前掲『日韓交渉』、二七九～二八〇頁）

非常にわかりにくい解釈ですね。恐らく日本人の多くは、「従軍慰安婦」や「徴用工」は戦争中に日本からひどい目にあった人たちで、それで日本は韓国と条約を結び、その被害者たちに謝罪し補償した、と思っているのではないでしょうか。

ところが、請求権協定第一条にいうお金（韓国は、日本の生産物と日本企業によるサービスを利用しなければいけません）は、韓国経済発展のための経済協力金（「独立祝い金」ともいいます）であり、第二条に書かれている韓国側主張の請求権（「八項目」あり、その一つの項目中に「徴用工」の未払い賃金や負傷・死亡などに対する補償も入っていました）に対する債務支払いのような法的支払い義務のあるお金ではない、と解釈しているのです。もちろん、「慰安婦」や「徴用工」に対する賠償金ではありません。賠償金とは、支払う側が違法行為によって被害を与えたことを認識して被害者に支払うお金だからです。多くの日本人は、日本は韓国にたくさんの賠償金を払ったと勘違いしているようですが、日本政府は「独立祝い金」もしくは「経済協力金」を支払ったといっており、賠償金は一円も払っていないのです。それにもかかわらず、韓国側が要求していた、あるいは今後要求する可能性のある賠償を含むすべての請求権についての問題はこれで解決済みとなり、韓国政府・国民はどんな請求もできなくなった、と日本政府は解釈しています。一円の賠償を支払うことなく、条文上は、加害国である日本及び日本企業が一切の法的責任を免れるという、非常に不可解で不条理な条約が請求権協定なのです。

太田教授は、日韓請求権問題に対する日本政府の方針は一貫して「植民地支配正当論」に基づくものだったと指摘しています。またそれ故、請求権協定は日本の植民地支配と戦争の責任を問うものとはならず、犠牲者の個人請求権は排除され、今なお韓国大法院判決をきっかけとした日韓関係の悪化につながった、と考えています（前掲『歴史認識から見た戦後日韓関係』、一〇四〜一〇五頁）。

太田教授の著書によって、六〇年代の日韓交渉の流れを大雑把にスケッチしますと、まず日本の外務省では、六〇年七月に日韓財産請求権問題を「経済協力」方式で処理する方案が初めて議論され、省内で共有されました。その時の内部文書「対韓経済技術協力に関する予算措置について」の中の「1．対韓経済協力の趣旨」に次のように書かれています。

> 日韓会談を早急に妥結するためには、韓国側に対して何らかの経済協力ないし援助を行なうことが不可避であり、またわが国にとっても過去の償いということではなしに、韓国の将来の経済および社会福祉に寄与するという趣旨でならば、かかる経済協力ないし援助を行なう意義ありと認められる。（前掲『歴史認識から見た戦後日韓関係』、一一六頁）

日韓請求権問題を、「過去の償い」つまり賠償や個人補償を意味しない経済協力というやり方で処理するという方案が、外務省の次官・局長の間で共有され、この後の第五次・第六次日韓交渉ともいいます）は外務省がリーダーシップをとって進め、六二年二月初めに日本政府の方針として確定しました。

朴正熙政権との第六次会談（六一年一〇月〜六四年四月）中の一般請求権小委員会（以下、請求権小委員会と略称）では、「請求権八項目」（繰り返しますが、第五項には植民地支配や戦争被害に関係する「被徴用韓人の未収金、補償金及びその他の請求金の弁済を請求すること」が入っていました）の金額を示して説明しましたが、日本側は金銭支払いの根拠となる「法律関係」と「事実関係」の立証を求め、対日請求権のほとんどを拒否しました。韓国に対する日本のこのやり方は、韓国側に「請求権八項目」を要求することが不可能であること、あるいは獲得できる要求額がわずかになることをわからせ、日本側の提案してきた、より獲得額が多くなる「経済協力」方式での政治決着へと導こうとするものでした。この日本のやり方について、太田教授は次のように述べています。

日本側がいう「法律関係」の「法律」とは、総動員体制下の大日本帝国下で制定された諸法令のことで、そうした「法律」も植民地支配下で制定されたものだと批判する立場から未払い賃金や「補償金」などを要求していた韓国側には容認しがたいものだった。「事実関係」の「事実」とは、当該期の資料にもとづく事実のことで、総動員体制下の動員にかかわる大部分の資料を日本側が所有していることを認知しつつも、「事実関係」の立証責任が韓国側にあるとする主張も韓国側には納得しがたいことだった。そもそも植民地支配を行なった日本側がその歴史と責任に蓋をしたまま、植民地下で作られた「法律関係」と植民地支配を行なった側が所有する「事実」の立証責任が植民地支配された韓国側に存するとする論理そのものが、韓国側には不条理このうえないものだったのである。

（前掲『歴史認識から見た戦後日韓関係』、一二二頁）

「請求権八項目」の中で被徴用韓人の補償金要求などが入った第五項に関する論争は、「植民地支配・戦争の被害者らの補償問題を考える上で最も重要」（前掲『日韓交渉』、一八八頁）でした。第五項に関する最初の討議は請求権小委員会の第七回会議（一九六一年一二月一五日）でおこなわれ、韓国側が韓人による被徴用者人数とともに初めて「戦争による被徴用者の被害に対する補償」として約三億六四〇〇万ドルの金額を示しましたが、そのときの日本側と韓国側のやりとりを、田村教授は次のように要約しています。

人数の算出根拠と金額の算出方法、補償金の基準、負傷の程度、死亡の日付、死亡の原因、埋葬料支払いの基準、個人・法人・政府の区別などを明確にすること。

さらに、「法律関係」と「事実関係」が明かなものは支払うが、そうでないものは支払えない。特に（略——引用者）被徴用者問題のうち、被徴用者の未収金については「納得できる数字を明かにして支払う」が、被徴用者の補償金については、「韓国側は精神的な苦痛への補償を請求しているが、当時韓国人の法的地位が日本人であったと言うことから、日本人に支払うことはできないと考える。……従って被徴用者の補償金という独立した項目として応じることは困難である」。

日本側は、「事実関係」の論証と資料の提出を要求しながらも、逆に韓国側が「日本側に正確な資料があるはずだ」と反論し、日本側による資料調査の実施と資料提示を要求すると、「よくわからない」とだけ回答し、資料調査と資料提示を回避しようとした。

（前掲『日韓交渉』、一八九～一九〇頁）

これは正に、「経済協力」方式を主導していった外務省の伊関佑二郎アジア局長（当時）が、第五次会談前に各省代表打ち合わせ会議で主張した、日韓交渉を補償なしの「経済協力」方式へ導くための欺瞞に満ちたやり方でした。

「最終的には政治的解決をすることになるにしても、初めから請求権の議論を全然しないわけにもいかないから、とにかく一応委員会を開いて議論し、「数字で話をきめるのは不可能だ」

ということを先方に納得させる必要」がある。

（前掲『歴史認識から見た戦後日韓関係』、一一七～一一八頁）

つまり、補償金を払うつもりはないのに、一応事によっては支払うという素振りを見せながら、相手に立証出来るはずがない（韓国側がもっていた証拠の多くは朝鮮戦争で失われ、逆に日本は多くの証拠を持ち、隠しているからです）と思われるやり方で、韓国側の補償要求をあきらめさせ、政治決着によって補償なしの「経済協力」方式へもっていく、いわば日本が仕掛けた罠に韓国を嵌める「交渉」だったのです。この点は、請求権協定の法的効力を考える上で重要ですので、もう少し日韓の「交渉」を検討しましょう。

請求権小委員会の議論が行き詰まる一方、被徴用者（軍人・軍属、労務者）の人数の究明が議論の焦点になり、請求権小委員会とは別に「被徴用者などに関する専門委員会」（一九六二年二月中に四回開催。以下、「被徴用者専門委員会」と略称）が開かれることになりました。

この会議について、田村教授は次のように述べています。

※引用文中のA～Cの記号と傍線、および傍点線は引用者によるものです。

第三回会議で日本側は以下のような指摘を行った。徴用された朝鮮人労務者に関する統計資料について、A一九四五年以前の個人名簿は各職場で作成されたため政府には個人別名簿は存在しないが、集計された数字は存在する。また、一九四六年六月に厚生省が一七県分の朝鮮人労務者の個人名簿を収集し、それ以後の個人名簿と統計も労働省及び内務省警務局が保管しているが、限定的な数値である。そのことを前提に日本側は次のような数字を提示した。

厚生省の統計によれば、「一九三九年九月以後、終戦まで集団的に日本に来た韓国人（ママ）総数は六六万七六八四名」、そのうち「自由募集が一四万八五四九名、官斡旋が約三二万名、国民徴用令によって徴用された者が約二〇万名」、また八月一五日当時の朝鮮人就労者数は三二万二八九〇名である。そうすると三九年からの移入労働者総数から四五年当時の就労者数を差し引いた三四万四七九四名が不明であるが、不明者については内務省警務局が調査している。厚生省の数字と若干異なるものの、その統計によれば「契約期間満了の帰還者が五万二千名、不良送還者が約一万六千名、職場離脱者が二二万六千名」で、「その他」死亡または病気などで帰還したものを含めて、朝鮮に帰還した労務者総数は三二万八千名である。

これに対して韓国側は、それぞれの数字の調査方法、労務者の死傷者の数などについて質問した。日本側は、前者は資料に基づく数字だが調査方法は不明であり、B後者は名簿が各職場にあり不明だと回答した。（略——引用者）

第三回会議の最後に韓国側は、「日本側は戦時中動員された韓国人（ママ）労務者を官斡旋、徴用などと区分しているが、官斡旋も徴用も当時韓国人（ママ）労務者を日本に連行した方法は非常に残酷だったことを承知していただきたい」と述べると、C日本側は「行き過ぎた点もあったかもしれないが、韓国人（ママ）労務者だからといって当時特別待遇したとは考えていない」と答えるだけであった。（前掲『日韓交渉』、一九一～一九二頁）

右に引用した日本側のA～Cの説明は、すべてウソです。当時、韓国側にはそのウソを見抜くことはできませんでした。なぜなら、日本はそれに関する情報を持っていながら隠蔽していたからです。

まず戦時中、日本が朝鮮人を組織的かつ大規模に強制連行・強制労働させるようになるのは、日中戦争が泥沼化し、兵役可能な男は兵隊にとられて日本が深刻な労働力不足に陥ったからですが、三九年九月からは「大量集団募集」（雇用主による直接募集だが複雑で厳格な統制下でおこなわれました）、四二年二月から「官斡旋」による募集（朝鮮総督府に本部、全朝鮮に支部・分会を持つ「朝鮮労務協会」が警察官憲と協力して労務者の割り当て、選定をおこない、訓練教育を施して日本の募集主に引き渡します）、そして四四年九月から「徴用制」による動員となりました。後になる程国家権力が前面にでてくるわけですが、「大量集団募集」では主に甘言や政策的強制（朝鮮人が希望する産業は認めず、国家が特に必要とした炭鉱を優先的に認める）によって動員し、四四年に入って朝鮮における農業労働力さえ逼迫《ひっぱく》化するようになると暴力的拉《ら》致《ち》が一般化しました。

そこで、右の引用文中のウソを見抜くために、日本政府が募集企業からどんな情報を得ていたか、見ておきましょう。次の引用文は、「大量集団募集」当時に北海道炭鉱汽船株式会社の労務部長だった前田一が自著（『特殊労務者の労務管理』山海堂、一九四三年一一月三〇日）で述べていることです。

……募集せる鮮人労務者を就業地に引率を了したる場合には雇用主は速かに其の就業地を管轄する警察署長、職業紹介所長及関係協和事業団体に労務者の本籍、氏名、年齢并びに其の家族の氏名、続柄及年齢等を報告し、夫等関係官庁及団体の指示に従ひ特に作業指導、訓練、生活輔導（ママ）其の他の保護方法を講じなくてはならぬ。又労務者が他に移動するとか、又は重症、疾病、死亡等の事情が発生した場合は雇用主は即刻関係官庁及団体に報告し、特に夫等の労務者を解雇せんとする場合には所轄警察署長の承認を得なければならぬ。尚雇用期間が満了した際には遅くも其の満了前二〇日以前に所轄警察署長宛届出でその指示を受けねばならぬ。三カ月の訓練期間が満了して合宿所から他に移るとか、又は朝鮮より家族を呼寄せる場合は事前に所轄警察署長の許可を受ける必要があり、その雇用主は毎月末現在を以て労働状況、賃金及生活状態等を地方長官に報告する義務があり、雇用主に於て夫等関係官庁の指示事項に違反した場合には事情により爾今鮮人労務者の新規募集を認めない事となっている。

（『日本帝国主義下の植民地労働史』松村高夫、不二出版、二〇〇七年五月二五日。七六頁）

この史料によると、（朝鮮人）労務者の本籍、氏名、年齢、その家族の氏名・続柄・年齢等の情報は必ず就業地を管轄する警察署長、職業紹介所、（注4）協和事業団体に報告されたのですから、その上部機関であった厚生省や内務省（三八年より職業紹介所は国営になり厚生省の管轄に、四二年からは警察行政を管轄する内務省の管理下に移されました）には連行された労務者の名簿があるはずですし、協和事業団体の実際の運営は警察がおこない、上部組織である中央協和会の事務局は厚生省におかれたのですから、こういう団体からも厚生省や内務省が必要な名簿や資料を手に入れることができたはずです。さらにまた、雇用主は地方長官に労務者の労働状況・賃金等を毎月報告する義務があったわけですから、少なくとも道府県にそれらの資料があったはずです。また、労務者の供出形態が「官斡旋」や「徴用制」に変わっても、こういう義務がなくなるはずはありません。総じていえば、政府や道府県は強制連行・強制労働被害者の名簿や各種の資料・情報を持っていたことは間違いありません。

例えば、『戦時朝鮮人強制労働調査資料集2―名簿・未払金・動員数・遺骨・過去清算―』（竹

内康人編著、神戸学生青年センター出版部、二〇一二年四月一〇日）によれば、厚生省は「朝鮮人労務者等に対する未払金その他に関する件」（地方長官宛通達・一九四六年一〇月一二日付）を通達し、「支払うべき賃金、退職金、または保管する積立金・貯金・有価証券で支払うべきものなどを供託し、事業主は供託が完了したときには地方長官へと報告すること」、事業者による供託は別紙「朝鮮人労務者に対する未払金の供託要領」によるとし、この供託を指示する文書は石炭統制会・全国鉱山会・日本建設工業統制会・日本鉄鋼業経営者聯盟などにもだされました。しかし、このようにして集めた朝鮮人労務者の名簿を含む供託関係資料や厚生省自身が所蔵する名簿類は、第一次日韓会談で韓国側に示すことはせず、逆に韓国側に被害の証明を求める対応しています。（以上、竹内康人編著、同資料集四三及び四五頁）

　このような日本側の交渉戦術は最終交渉となった第六次日韓会談でも変わることはなく、同資料の編著者である竹内康人氏は、次のように述べています。

> 供託名簿や厚生省調査労務者名簿、郵便貯金名簿、厚生年金保険名簿などがあったにもかかわらず、資料を隠蔽し、それを韓国側に提示しなかった。日韓交渉では賃金や預貯金などの未払い金の実態は提示されなかった。植民地支配は正当であり、資料は隠蔽して、未払い金の実態については明かにしないわけであるのだから、賠償や補償の議論での合意に至りようがない。

（竹内康人編著、同資料集四六頁）

以上で、日本側によるA及びBの説明がウソであることがはっきりしました。

次に、Cの「朝鮮人労働者だからといって特別に差別待遇したとは考えていない」という説明についてはどうでしょうか？

まず内務省は、一九四四年に入り官斡旋において朝鮮人労務者の暴力的拉致が一般化していたことを把握していました。そのことは、朝鮮人に対する国民徴用令適用を控え実情調査のため朝鮮に派遣された小暮泰用（同省嘱託）の内務省管理局長宛「復命書」にある、次の記述から明らかです。

徴用は別として、その他如何なる方式によるも、出動は全く拉致同様な状態である。それは、若し事前に於いてこれを知らせば、皆逃亡するからである。そこで、夜襲、誘出、その他各種の方策を講じて、人質的略奪拉致の事例が多くなるのである。

（『朝鮮人戦時労働動員』山田昭次・古庄正・樋口雄一共著、岩波書店、二〇〇五年八月二四日。五九〜六〇頁）

この小暮泰用の記述は「復命書」中の「七、朝鮮内ニ於ケル労務強制ノ状況並ニ学校報国隊ノ活動状況如何」にあるものですが、この記述は既に「四、第一線行政の実情」のところで行政の末端に位置する郡、邑、面の職員の「知的不足と素質低下等」の問題として次のように述べていたことを、再度述べたものでした。

民衆をして当局の施策の真義、重大性等を認識せしむることなく民衆に対して義と涙なきは固より無理強制暴竹《（ママ）》（食糧供出に於ける殴打、家宅捜索、呼出拷問労務供出に於ける不意打的人質的拉致等）乃至稀には障害致死事件等の発生を見る如き不祥事件すらある。

（『戦時期植民地統治資料 第七巻』水野直樹編、柏書房、一九九八年九月三〇日。四四頁）

日本人と違って朝鮮人が差別されていたことは、動員形態だけではありません。賃金や労働の種類、食事、病気や死亡時の取り扱い等、様々な面で差別を受けました。ここでは、賃金についてのみ触れておきます。

駒沢大学の古庄正名誉教授は、朝鮮人労働者に対する偏見と差別意識から、連行企業が朝鮮人労働者に対する特殊な労務管理と「差別待遇」を強制したことを指摘し（『駒沢大学経済学論集』第二四巻第二号・駒沢大学経済学会・一九九二年九月二五日所収、古庄正「朝鮮人強制連行問題の企業責任」、三〇頁。以下、同『経済学論集』と略称）、さらに朝鮮人の賃金差別について、次のように述べています。

※引用文中の省略記号（略）は、すべて引用者によるものです。

「差別的待遇」の最大の問題は、（略）むしろ「貯金」・「送金」その他の名目で月収の大部分を企業が吸い上げ、朝鮮人労働者にはほんのわずかの現金しか手渡さなかったことである。社団法人日本鉱山協会は、全国各地の会員に対して「待遇に関する事項」・「送金及貯金状況」を含む七項目について回答を求め、一九四〇年一二月『半島人労務者ニ関スル調査報告』としてまとめている。（略）これによれば、3分の2以上の鉱業所が月収の5割から9割を「貯金」ないし「送金」の名目で吸い上げていることがわかる。（略）「貯金」の名目での月収の吸い上げは、逃亡防止策のほかにも、企業にとって二つのメリットがあった。その一つは、これを「営業資金」として利用しえたことである。企業管理下の貯金は「通帳は事務所之を保管し、特別の事情ある者にあらざれば預金の払戻しの取扱ひをなさず」（日立鉱山）、あるいは「貯金払出の場合は所轄警察署長（協和支会長）の承認を得るものとす」（神美鉱山）とされていたので、その額は年々急増した。（略）企業にとっての「貯金」のいま一つのメリットは、その相当部分が未払い金としてプールされ、資金の一部として活用しえたことである。炭鉱でも鉱山でも工場でも、「酷使虐待」と「差別待遇」に耐えかねて逃亡者が続出したが、企業側はこれらの人びとに対して「貯金」は一切支払わなかった。（略）

筑豊の明治鉱業赤池砿では、「送還」、「逃亡」、「一時帰鮮」に「死亡」を加えると、着山人員の実に7割近くが契約期限をまたずに離山している。(略)砿山側はこれらの離山者に対して、「貯金」はもちろん、未払い賃金や退職積立金等各種未払い金さえ支払わず、「遺族扶助料」・「弔慰金」・「保険金」等さえ死亡者の遺族に届けることを怠った。(同『経済学論集』、三四～三七頁)

なお古庄名誉教授は、前掲の『朝鮮人戦時労働動員』で朝鮮人労働者の毎月の手取り金(筆者注：日本人鉱夫と異なり、月収から強制貯金等を大幅に差し引いた小遣い程度の手渡し金のこと)がどの企業においても一〇円程度しか支給されなかったことについて、朝鮮総督府の「朝鮮人内地移入斡旋要綱」によったためだと指摘しています(同書、五八頁)。この要綱は、「官斡旋」に転換する重要な募集方針を定めたもので、朝鮮人労働者を供出する側にあたる朝鮮総督府が決めました。前に引用した前田一の著書(『特殊労務者の労務管理』)でも掲載されています。一九四二年二月に定められたこの「鮮人内地移入斡旋要綱」では、石炭山関係では東京に本部のある石炭統制会の出張所を京城及び釜山に置き、各業者に代わって朝鮮総督府に本部のある労務協会と募集地域割当人員や供出日等の事項の折衝をおこない、労務協会が募集選別し一定期間訓練した後隊に編成し、朝鮮の出発地で雇用主に引き継ぐことになりました。このやり方は、逐次金属、鉄鋼土木関係に拡大されていきましたが、どの業種においてもこの要綱できめられたことは守らなければなりませんでした。その中の一つに、「隊及事業主ノ指導」の中の「賃金ハ生活費ニ必要ナル額以外ハ貯蓄スベキコト」がありました。

もちろん、日本の内務省も厚生省も、日本の朝鮮人の強制労働で利益を得た企業や各業種の団体も、一体となってこのような朝鮮人の強制動員体制を支えていたのですから、日本政府がこのような「差別待遇」を知らないわけはありません。日韓会談で韓国側に答えた「差別待遇したとは考えていない」というCの説明はうそだということが、以上で明白になりました。

（注4）協和事業団…在日朝鮮人に対する統制と治安管理を目的とする団体で、日本協和会を頂点に各道府県協和会（知事が会長、特高警察課長が常任理事で実質的責任者）、その下に全国の警察署の管内単位で協和会の支会（会長は警察署長）が張り巡らされました。在日朝鮮人の全ての戸主と単身者男子は協和会手帳（身分証明書になる）をもたされましたが、「朝鮮人戦時動員者も会員とされたが逃亡をおそれてほとんどが本人には渡されていなかった。」（前掲『朝鮮人戦時労働動員』、二一七〜二一八頁より）

こうして日本は、「請求権八項目」を含む一切の請求権〔この中には、六一年一二月の請求権小委員会第八回会議で、日韓交渉妥結後に新たに第一項から第五項に含まれない請求権が提起される場合のため、「それらを別個に扱うこととし、交渉成立後でも個人が請求できる道を開いておく」（前掲『日韓交渉』、一九三頁）という韓国側の重要な提案も含みます〕を韓国側にあきらめさせ、日本が考える「請求権問題の政治的妥結」つまり「経済協力方式」による一切の請求権の補償をしない「合意」を結ぶことに成功したのでした。

以上の交渉過程をまとめれば、請求権協定の「合意」にとって最も重要な「請求権八項目」の交渉（金額を含む）がおこなわれた第六次日韓会談で、日本は正に詐欺による交渉によって韓国側に補償の獲得は無理だと錯覚させ、「償い」を一切しない「経済協力方式」による政治決着へと導いたのでした。詐欺とはすなわち、「償いはしない」と日本政府内部で決定しておきながら、証拠を示せば補償も可能と期待させつつ、韓国側には無く日本側には豊富にあった（日本が作成し、日本が計画・実行したのですから当たり前ですが）「法律関係」と「事実関係」を証明する証拠の提示を相手に求め、逆に「韓国側から証拠の提示や説明を求められると、自らが持つ証拠を隠蔽しつつ「ない」・「わからない」と相手をだます不法なやり方をいいます。経済的に困難を抱えた韓国側の弱みにつけこみ、上述のような詐欺によって最終的に請求権の放棄はやむを得ないと錯覚させ、請求権協定や合意議事録に記されているように「完全かつ最終的に解決された」等の瑕疵ある意思表示へと韓国を誘導したのです。

仮に、日本側の言辞が真実であると信じて述べられたものであっても、正義衡平法の原則により、正当化することはできません。英米法の専門家である田中和夫氏は、次のように述べています。

※引用文中の英語表記は省略しています。

衡平法（引用者注：英米で発展した法。コモンローをそのまま適用すると正義に反するような場合、それを緩和したり補正したりして衡平をはかるためにつくられてきました）の瑕疵による契約の取消原因について、コモンロー（引用者注：「普通法」と訳され、英米で一般的にあるいは共通して適用される法）の法則を補充している。コモンローでは、意思表示の瑕疵による契約の取消原因として、詐欺と強迫とを認めていただけである。詐欺とは、不真実な事実を不真実としりながら表示した場合であるが、表意者が真実であると信じて不真実な事実を表示した場合においても、それを信頼して契約を締結した相手方の受ける不利益は同じことである。不法行為として賠償責任を負わせるためには、不真実と知りながら表示した場合と、真実と信じて表示した場合とを区別するのはよいとしても、契約の取消原因として両者を区別する理由はないと考えて、衡平法は、後者の場合すなわち善意不実表示をも契約の取消原因であるとした。

（田中和夫『英米法概説〔再訂版〕』、有斐閣、二〇〇三年一月三〇日、二八二頁）

以上から、詐術を弄して為された請求権協定の「請求権の問題が……完全かつ最終的に解決された」（第二条）等の「合意」は、正義衡平法の原則により、無効です。また、条約法条約第四九条（詐欺）によっても、請求権協定に拘束されることを無効にできます。

なお、正義衡平法の原則についていては、日本政府も西村熊雄条約局長が、五一年四月のダレス特使の補佐官フィアリーに対し、英国の講和条約案について「衡平の原則上、少なくとも日本の割譲地におけるライアビリチー（引用者注：「責任」のこと）についても日本に追及しないことを規定したい」と、朝鮮など「日本の旧植民地に対する日本の責任を追及しない旨を規定されたいとアメリカ側に要求していた」（前掲、吉澤文寿編著『歴史認識から見た戦後日韓関係、一〇八頁）ことがわかっています。また第一次日韓会談第二回本会議（五二年五月一六日）で日本側が提出した「日本国と大韓民国との間の友好条約草案」の第六条に「両国の請求権問題を『和協の精神』と『正義と衡平の原則』に則って解決する」とあったことからも、正義衡平法の原則を日本が受け入れていることは明らかです。

ですから韓国政府は、「国と国との約束を守れ」とか「徴用工問題は請求権協定で解決済み」などと主張する日本政府に対して、請求権協定の改正交渉を提起したり、正義衡平法の原則から外交保護権を使って「慰安婦」問題や「徴用工・女子挺身隊」問題の解決について日本側に交渉を申し入れることができます。

それでは最後に、日韓両政府はこれらの問題をどのようにして解決すればよいか、私見を述べたいと思います。

第一に、①被害者や遺族の気持ちに十分添った解決をはかること。

第二に、②加害国である日本が法的責任をとる形の解決であること。

①については、日韓両政府とも被害者と遺族にたいする配慮が不十分でした。だから、今に至っても本当に解決できなかったのです。とりわけ日本側には加害者としての自覚がなく、それゆえ被害者の気持ちを無視しがちでした。

②については、日本政府が戦後ずっと国際法を振りかざして自らの国家責任を避け、問題の解決を挙げて韓国政府の責任にしている以上、また日本のほとんどのマスコミもそれを支持している以上、法的解決なしに解決はできません。

繰り返しますが、日本政府は国連人権諸機関から何度もこれらの問題の「解決」が不十分だとの勧告を受けて来ました。せめて日本のマスコミには、なぜそのような勧告を日本が未だに受け続けているのか徹底的に調査し、問題の解決に資する報道をしていただきたいものです。

韓国政府にも、②を実現するために日本政府に交渉で働きかける方法は、いろいろあります。交渉がうまくいかないなら、国連や国際社会に訴えることもできます。まだどの国もやったことはありませんが、日韓請求権協定と日韓基本条約の真の合意に至っていないところ（前者では請求権がすべて解決されたと謳う第二条、後者では「大韓帝国との間で締結されたすべての条約及び協定は、もはや無効である」と謳う第二条）を、平和的に変更する勧告を国連総会に出してもらう方法もあります。国連憲章第一九条の規定です（島田征夫『国際法〔全訂版〕』弘文堂、二〇〇八年四月一五日、三七～三八頁参照）

国際司法裁判所に解決を委ねるのは最後の手段ですが、元「慰安婦」の方々の思いを実現するために、国際人道・人権法における「人道に対する罪」とＩＬＯ強制労働条約は韓国にとって重要な武器になります。国内であろうと植民地であろうと、戦時戦前であろうと、「従軍慰安婦」や「徴用工・女子挺身隊」問題ではどちらも日本に国家責任を発生させているのです。「当時は日本人だったから、補償できない」などという日韓会談で日本が使った理屈は通用しません。第三章第四節で論証したように、日本の植民地支配が不法だった以上、なおさら日本は被害者に対する補償を拒否することはできません。ＩＬＯ強制労働条約については、条約締結の際日本が何の留保も付けていないことは重要です。日本には、条約の何重にもわたる違反から発生した国家（国際）責任を回避する余地は、無いのです。

しかし、外交によって解決することが最善の方法です。対立が深まっている現在のような時こそ、為政者やマスコミは独善的にならず、問題を根本から冷静かつ理性的にとらえ、被害者と遺族の思いに立って、真摯に対処していくことが求められています。

そのような姿勢で過去を本当に清算できるなら、それは日本にとって、韓国の被害者や国民だけでなくアジア各国の多くの被害者・国民との和解と協力の確かな一歩となるでしょうし、何よりも「アジアに本当の友人がいない」などといわれた日本にとって本当の友人と名誉ある地位を獲得していく大きな一歩になるのではないでしょうか。

あとがき

　二〇一四年の春に、核兵器廃絶と戦後補償問題の解決とのために役立つような一書を成したい、と決意して以来すでに六年余りがたちました。自分自身の浅学非才もあり、また私にとって全く未知の領域である国際法の文献を調べたりする中で構想を大幅に変え、やさしく表現することよりも誤りのない記述を心掛けるようにしました。

　現在、特に韓国において「徴用工・女子挺身隊」および「慰安婦」訴訟の判決が確定したために、日韓関係が最悪な状態に至ったとマスコミも日本政府も嘆きあるいは怒っています。そして不思議なことに、被害国である韓国の側だけが態度を変えるべきだと主張しています。日韓関係悪化の原因はすべて韓国政府にある、というのです。加害者と被害者の立場がこれほど逆転し、加害者の側が上からものを言うような国は、現在の国際社会でも珍しいのではないでしょうか。

　日本政府がそれほど自国の主張に自信があるならば、なぜ戦後七〇年以上がたち、日韓基本条約と日韓請求権協定の締結から数えても五五年以上がたったのに、なにゆえ外交交渉の記録文書がすべて公開されないのでしょうか？　韓国側は、すでに二〇〇四年に関連文書を全面公開しています。

日本の研究者による日韓会談に関する文献をみて、疑問に思うことが一つあります。ＩＬＯ強制労働条約（一九三二年五月一日発効）のことが、日韓会談の交渉記録や日本側の内部文書に全く出てこないことです。「慰安婦」問題のことは脇においても（この補償問題は、交渉の場には出されなかったので）、「徴用工」の問題で強制労働条約のことが全く取り上げられないのは、非常に不自然です。

一九六〇年に草案され、六二年に政府の方針として確定された賠償抜きの「経済協力方式」を推進したといわれる伊関佑二郎（当時アジア局長）は、日本がこの条約を批准した同年（一九三二年）四月に外務省に入省していますから、この条約のことは当然知っていたはずです。もちろん伊関が外務省の最古参だというわけではないので、日本政府はこの条約と「徴用工」問題が関連することぐらい、日本の優秀な官僚たちに分からないはずはないでしょう。そういう意味でも、日本側の内部文書を含め日韓会談関連文書の全面公開を望みます。

つい先日韓国人元「慰安婦」の李容洙《イヨンス》さん（九二歳）が、記者会見で「慰安婦」問題を国際司法裁判所に付託するよう日韓両国政府に求め、メールを文在寅《ムンジェイン》大統領に送った、とのニュースを見ました（毎日新聞、二〇二一年二月一七日付）。御高齢であり、長年この問題の解決を待たれてこられた李容洙さんにとっては、当然の願いでしょう。同紙によれば、両国政府とも国際司法裁判所への付託については慎重姿勢をとっているそうですが、日韓の外交交渉によっては、急な展開があるかもしれません。この問題が国際司法の場で裁かれることになっても、その審理と判決が、李容洙さんを含め元「慰安婦」および遺族の方々の苦しみの緩和に、少しでも役立つことを期待します。

最後に、会うたびに親しく接して下さり、広島修学旅行に際しても一方ならずお世話いただいた故江口保先生に感謝いたします。また、本書の出版を気にかけていただいた勤務先の同僚や司書の先生たち、そして私のたどたどしい英文の手紙に対して親切なご返事を下さったA・クメント大使とスイス外務省外交史料室の皆様に、感謝いたします。

二〇二一年二月二一日

田中孝千代

領土問題及び韓国植民地化関連軍事年表（日露戦争〜韓国併合まで）

※楷書体（例えば、韓国）で記述した事項は、領土問題に関するものです。

一八七七年（明治10年）

三月一七日　内務省、「竹島外一島地籍編纂方伺」（同省の原案と島根県提出の地図付き）を右大臣岩倉具視に提出

二九日　太政官が、内務省の原案通り承認し、「竹島外一島之儀、本邦関係無之儀ト可相心得事」と決済。「竹島」〔鬱陵島（ウルルン島のこと）〕及び「松島」〔現、独島＝現在日本政府のいう竹島〕を一体と考え、この二島は朝鮮領であり、日本領ではないと公式に決定

一八八〇年（明治13年）

九月　軍艦天城による鬱陵島実地調査　この後日本での公式名称は、鬱陵島が「松島」、独島は「リアンクール列岩」（リヤンコ島）となる

一九〇〇年（明治33年）

一〇月二五日　大韓帝国勅令第四一号　鬱陵島を鬱島、島監を郡守と改め、郡の行政区域に鬱島や石島（独島のこと）を含めた

一九〇四年（明治37年）

一月二一日　韓国皇帝高宗《コジョン》及び韓国政府、局外中立宣言を諸外国に打電

二月　八日　臨時韓国派遣隊、仁川《インチョン》上陸（歩兵四個大隊を基幹とする兵力、約二二〇〇人）二個大隊が漢城《ハンソン》へ

八～九日　仁川沖海戦と旅順港海戦。八日夕方、仁川港外に出てきたロシアの砲艦を第二艦隊所属瓜生艦隊が奇襲攻撃、仁川港内で補足。翌日仁川沖で海戦、ロシアの砲艦と巡洋艦を大破（前者は自爆、後者は自沈）。同様に八日深夜、日本の駆逐艦が旅順港外部停泊地のロシア戦艦に対し魚雷による奇襲攻撃、激しい砲撃で撃退される。翌日、旅順の要塞砲も参加しロシア艦隊と連合艦隊が戦う。旗艦「三笠」を含め、双方に損害。以後、ロシア艦隊はこの春まで旅順港内に閉じこもる。

一〇日　日本、ロシアに宣戦布告（ロシアも同日、宣戦布告）

一九日　第一軍第一二師団長井上光、漢城府内の昌徳宮《チャンドックン》（本隊が借用）着。臨時派遣隊は原隊に復帰

二〇日　第一二師団、首都入城完了

二三日　日韓議定書調印（駐韓公使林権助、外部大臣署理李址鎔《イジョン》）

二九日　第一二師団主力、漢城《ハンソン》を発し平壌《ピョンヤン》占領へ

三月一〇日　韓国駐箚軍編成発令（三月二〇、東京で編成完了。四月三日、漢城着。軍司令官は原口兼済少将、平時編成の歩兵一個大隊・後備歩兵五個大隊半が基幹。漢城には駐箚軍司令部及び常に二個大隊以上を配置することになった）

一四日　第一軍の後続二個師団（近衛師団と第二師団）、大同江《テドンガン》河口の鎮南浦《チンナムポ》に上陸し北進

四月　城津《ソンジン》（咸鏡北道南端の町）の日本居留民、ロシア軍接近により元山《ウォンサン》（江原道《カンウォンド》北部の町）へ撤退。ロシア軍が沿海州より南下、咸鏡道《ハンギョンド》の多くを占領。ロシアの浦塩艦隊、元山港の日本の船舶を撃沈

三〇日　第一軍（三個師団のうち、四万二五〇〇人）、鴨緑江《アムノッカン》渡河作戦開始。翌五月一日、鴨緑江の戦闘。戦場は満州へ

五月　韓国駐箚軍管轄区を韓国全土に拡大（兵站部隊として、また占領地の守備・治安確保のため）

食糧などの物資徴集及び人力・牛馬の徴用等の兵站業務は、現地韓国での調達を原則とした

五月三一日　対韓施設綱領、閣議で決定 保護の実権を確立するため、日露戦争後も見すえ軍事・外交・財政・交通・通信・産業など韓国植民地化のための実行計画を決定した

六月一五日　陸軍兵輸送船、対馬海峡沖で浦塩艦隊巡洋艦により撃沈される（日本兵一〇九五名死亡）

七月　二日　韓国駐劄軍司令官、首都の治安権を握るとともに、漢城から平壌、元山、仁川、釜山《プサン》にのびる電信線・軍用鉄道区域に軍律八カ条（最高刑は死刑）を発布

九日　軍律八カ条の処罰対象を拡大、適用地域も韓国全域へ

七月二三日　山座円次郎外務省政務局長、「ヤンコ島」〔現、独島〕は韓国領と記述（『最新韓国実業指針』序文）

八月一四日　上村艦隊（第二艦隊、司令官海軍中将上村彦之丞）、韓国南部（慶尚南道《キョンサムナムド》）蔚山《ウルサン》沖で浦塩艦隊を大破

二三日　第一次日韓協約調印（特命全権公使林権助、外部大臣署理尹致昊《ユンチホ》）

九月　八日　長谷川好道陸軍大将、韓国駐劄軍司令官に就任（一〇月一三日着任）。同時に韓国駐劄軍隷属部隊は一二個大隊規模に拡大され（駐劄軍編成当初は六個大隊半だった）、この九月に咸鏡南道の中心地咸興《ハムフン》を占領

一四日　京釜鉄道（漢城と釜山を結ぶ日本の軍用鉄道）の軍役人夫徴発に対し、京畿道《キョンギド》始興郡で群衆蜂起

二五日　京義鉄道（漢城と義州を結ぶ日本の軍用鉄道）の軍役人夫徴発に対し、黄海道《ファンヘド》谷山郡で群衆蜂起

同　二五日　軍艦新高、「行動日誌」に「リアンコルド岩」の情報を記録〈「リアンコルド」岩、韓人之ヲ独島ト書シ、本邦漁夫等略シテ「リヤンコ島」ト呼称セリ〉（新高は、江原道の竹辺・鬱陵島間の海底電線連結工事中だった）

二九日　日本海軍、鬱陵島と韓国東海岸の望楼を結ぶ海底電線を開通（リヤンコ島の望楼設置の可否は調査中）

一〇月　八日　韓国駐劄軍司令官、咸鏡道《ハムギョンド》（咸鏡北道の多くはまだロシア軍の制圧下にあっ

た）の占領地に「軍政」を施行

一二月一三日　海軍軍令部、軍艦対馬の艦長宛リアンコルド島視察命令（有線電信所設置可否について調査）

一九〇五年（明治38年）

一月　九日　長谷川駐箚軍司令官、首都及び周辺地域の治安警察は同軍憲兵隊が行うと通告し、改正軍律（直接違法行為をした者だけでなく、妨害・犯人幇助・隠匿などの嫌疑者も処罰できるよう強化）を告示

以後、首都圏は事実上韓国駐箚軍の戒厳令下におかれた

同日　バルト艦隊が（喜望峰経由の本隊とスエズ運河経由の支隊が）マダガスカル島で合流し、三八隻の大艦隊となる

一〇日　内相、桂首相宛秘密公文「無人島所属に関する件」を送る

「無人島」（独島のこと）を「竹島」と名付けて日本領に編入し、「今後は島根県所属隠岐島司所管としたいので閣議をお願いする」との内容

二八日　閣議で、内務大臣要請の通り新島名を「竹島」とし、日本領に編入

二月二三日　咸鏡北道《ハムギョンフクド》の城津《ソンジン》からロシア軍撤退。同月二五〜二七日、咸鏡道諸隊が城津に

到着

三月　ロシア軍を国境の豆満江以北に後退させるため、後備第二師団の輸送部隊も城津に到着合流、咸鏡道諸隊は北関支隊と改称

五月二七日　日本海海戦　翌日、バルト艦隊残存艦も降伏

六月一九日　北関支隊、咸鏡北道の鏡城《キョソン》を占領

三〇日　海軍軍令部、「竹島」望楼設置を海軍大臣に要求

七月　三日　軍律を改定・整備（日本軍に有害な行為をした者は、日本の法規も参考に刑罰を課す）

八月三〇日　「竹島」望楼完成・起動

九月　三日　北関支隊、咸鏡北道北部の会寧《ホエリョン》（豆満江《トマンガン》をはさむ中国との国境の町）を占領

五日　日露講和条約調印

一〇月　韓国全土の制圧のため、従来の駐箚軍部隊に代わり韓国駐箚軍に隷属する戦時編成の二個師団を配置

（一三師団の約半分を咸鏡道、第一五師団をその他の地域に配置した平時

編成の二個師団をうわまわる規模である）

二七日　日本閣議、保護権確立実行計画決定（一一月初旬実行、林公使に全権委任、韓国皇帝への勅使〔特派大使〕派遣、韓国駐箚軍司令官への協力命令、日本軍の漢城集結など）

一一月　九日　鬱陵島から「竹島」経由、松江までの海底電線敷設完了

一一月一七日　この日から翌日にかけ、旧王宮（景福宮《キョンボックン》）前広場と鍾路付近で終日日本軍による演習

一七日　第二次日韓協約〔乙巳《ウルサ》保護条約〕調印（特命全権公使林権助、外部大臣朴齋《パクジェ》純《スン》）

一九〇六年（明治39年）

三月　二日　初代統監伊藤博文、漢城着任

二八日　島根県調査団、鬱陵郡守を訪問。独島の日本領編入に言及か？　翌日、郡守は江原道《カンウォンド》観察使に「独島が今日本の領地ゆえに視察に来島した」と報告。この報告書は同観察使により、同年五月に韓国政府に届けられ、参政大臣は「独島が日本領になったということは全く根拠がなく、独島の状況を調

査して報告せよ」と指令した

五月　元官吏・儒生などを中心とする義兵蜂起、韓国南部で始まる

八月　七日　韓国駐箚軍、新軍律（死刑を除外したが、他の内容はほとんど変わらず）を韓国政府に強要、公布

一九〇七年（明治40年）

二月　六日　韓国駐箚部隊のうち第一五師団は帰国、第一三師団は韓国一円に分散配置、師団司令部は漢城に移された

六月　高宗皇帝、第二回万国平和会議に密使を派遣、乙巳《ウルサ》保護条約無効を訴える（ハーグ密使事件）

七月一九日　日本軍、王宮（慶運宮《キョンウングン》）を占領し守備兵配置

二〇日　統監府、宦官を代役に皇帝譲位式を強行（この日を新旧皇帝交替の日とする）

二一日　深夜、日本軍一個大隊が王宮を急襲、宮内府大臣・内大臣・侍衛隊将校らを逮捕

二四日　第三次日韓協約〔丁未《チョンミ》七条約〕及び非公表覚書〔丁未覚書〕調印（統監伊藤博文、内閣総理大臣李完用《イワニョン》）同日、歩兵第一二旅団（福岡）を増派

八月　一日　韓軍解散式をきっかけに漢城《ハンソン》で日韓両軍の市街戦
以後、義兵蜂起全土に拡大（翌年にかけてピークに達する。多くの韓国軍元将兵・市民・農民等が参加した）

九月　長谷川好道韓国駐箚軍司令官告示（義兵に参加したり、逮捕妨害・武器の隠匿等を行う者がいる場合、村落全体の責任とし、厳重の措置をとる）この後、一一月まで韓国駐箚軍による焦土作戦続く（膺懲的討伐）

一〇月　明石元二郎韓国駐箚軍参謀長が韓国駐箚憲兵隊長を兼任、以後韓国駐箚憲兵隊の主要任務は治安警察となる
（義兵鎮圧のため、年末には七分隊、四六〇余の分遣所が全土に配置され、韓国駐箚憲兵隊は将校以下二四〇〇人余の大兵力となる）
同月、義兵鎮圧のため伊藤統監の要請で騎兵一個連隊増派

一一月一八日　新皇帝即位（純宗《スンジョン》皇帝。韓国最後の皇帝、王宮は昌徳宮《チャンドックン》）

一九〇八年（明治41年）

五月　七日　義兵鎮圧のため伊藤統監の要請で歩兵二個連隊増派〔歩兵第二三（熊本）及び第二七（旭川）〕

七月　韓国人憲兵補助員制度導入（憲兵政治を補完するため、各憲兵に韓国人密偵をあてがう。年末には四二三〇余人に達した）

九月　一日　増師にともない改編を終えた第六師団、それまでの第一三師団と交替

一二月二一日　韓国駐箚軍司令官交替（長谷川好道に代わり、陸軍大将大久保春野が就任）

一九〇九年（明治42年）

一月　七日　純宗皇帝西北巡幸（～二月。日本軍・憲兵の護衛の下、義州《ウィジュ》まで伊藤統監が随従、義兵慰撫を計るため皇帝の威光を利用した）

四月一〇日　三首脳（伊藤統監、桂太郎首相、小村寿太郎外相）による韓国併合方針案、作成合意

五月　それまでの緊急増派した部隊に代わり臨時韓国派遣隊（司令部及び二個連隊からなる三八三三人）を派遣。これにより、韓国内常駐兵力は、常設一個師団（首都近郊及び北部）と臨時韓国派遣隊一（南部。歩兵一個旅団に相当）となった

六月一五日　伊藤博文が統監を辞し、副統監曾禰荒助が第二代統監に就任

七月　六日　右の三首脳による韓国併合方針（「適当の時機に於て韓国の併合を断行する

こと」等）閣議決定、天皇裁可

九月～一〇月　臨時韓国派遣隊、義兵鎮圧のため「南韓大討伐作戦」実施

一〇月二六日　義兵将安重根《アンジュングン》、ハルビン駅頭で伊藤博文を射殺

一九一〇年（明治43年）

二月　一日　第二師団、それまでの第六師団と交替

五月三〇日　寺内正毅陸軍大将が第三代統監に就任（漢城着任は七月二三日）

六月二四日　憲兵隊司令官明石元二郎、韓国政府から警察権を委任させる

七月～八月　韓国駐箚軍司令官の命令により、極秘のうちに地方部隊が漢城郊外の龍山地区に続々終結

八月二二日　新旧王宮（昌徳宮、慶運宮）を含め、漢城全域に日本軍を配置
韓国併合条約調印（統監寺内正毅、内閣総理大臣李完用《イワニョン》）

八月二九日　併合を知らせる純宗《スンジョン》皇帝の「勅諭」

★年表は、「領土問題」については『史的検証 竹島・独島』（内藤正中・金柄烈、岩波書店、二〇〇七年一〇月一五日）により作成し、韓国植民地化関連軍事事項については主に以下の文献により作成しました。

①『日露戦争と日本軍隊』大江信乃夫、立風書房、一九八七年九月九日
②「韓国駐箚軍の形成から朝鮮軍へ　常設師団の誕生」徐民教
③「韓国駐箚軍と義兵闘争」朴廷鎬
＊②、③は『帝国支配の最前線 植民地』坂本悠一編、吉川弘文館、二〇一五年五月一日所収
④『韓国併合』海野福寿、岩波新書、一九九五年八月四日
⑤「一九〇四～一九一〇年、韓国国権侵奪条約の手続き上の不法性」李泰鎮
＊⑤は『国際共同研究 韓国併合と現代——歴史と国際法からの再検討』笹川紀勝・李泰鎮編、明石書店、二〇〇八年一二月二〇日所収
⑥『日韓併合』片野次雄、彩流社、二〇一〇年八月一五日
⑦『機密日露戦史〈新装版〉』谷壽夫、原書房、二〇〇四年五月二五日
⑧「日露戦争下における朝鮮東北部の『軍政』」加藤圭木
＊⑧は『一橋社会科学』第八巻、一橋大学大学院社会科学研究科、二〇一六年一〇月所収

★追記　現在の日韓対立の一つとなっている領土問題、つまり独島《トクド》（日本名は「竹島」）の帰属に関わる事柄を年表の中に含めたのは、この問題が日露戦争の推移と直接関係して発生

したからです。具体的にいえば、一八七七年の太政官決済（鬱陵島と「竹島」は朝鮮領であり、日本領ではないと決定した）を知っていた内務省の官僚の反対にもかかわらず、バルト艦隊迎撃のための軍事的必要（望楼建設及び海底電線敷設）から、閣議で「竹島」を日本領に編入したものです。この太政官決済を発見した堀和生氏は、論文「一九〇五年日本の竹島領土編入」（『朝鮮史研究会論文集』第二四集、朝鮮史研究会編、緑蔭書房に所収）で、日本政府による「竹島」編入は正当化できないものであったことを歴史学の上から明らかにしました。

また、ロシア史及び現代朝鮮の研究者である和田春樹氏は、堀和生氏の研究も踏まえた上で「日本は、竹島につづいて朝鮮民族の大事な国土、朝鮮半島を不法占領して、自らの領土にしてしまい、三五年後に返さざるをえなくなったのです。このことを韓国人とよく話し合えば、おのずから答えがでるでしょう。韓国が実効支配する竹島＝独島に対して主権主張するのは、断念する以外に道はありません」（『領土問題をどう解決するか 対立から対話へ』、和田春樹、平凡社、二〇一二年一〇月一五日、二三一頁）と述べています。

■著者略歴

1948 年　大分県に生まれる

兵庫県立尼崎高等学校を経て九州大学入学

1975 年　同大学史学科（西洋史学専攻）卒業

2011 年　西南学院中学校・高等学校定年退職

同じ時代の風をうけながら

—アジアの中で、現在・そして日本の法的責任を考える

2021 年 6 月 23 日　初版第 1 刷発行
著　者　田中孝千代
発行所　株式会社牧歌舎
〒 664-0858　伊丹市西台 1-6-13　伊丹コアビル 3F
TEL.03-6423-2271　FAX.03-6423-2272
http://bokkasha.com　代表：竹林哲己
発売元　株式会社星雲社（共同出版社・流通責任出版社）
〒 112-0005　東京都文京区水道 1-3-30
TEL.03-3868-3275　FAX.03-3868-6588
印刷・製本　藤原印刷株式会社

ISBN 978-4-434-29152-4　C0031